二十一世纪高等教育规划教材

军事理论教程

主　审：王洋聪

主　编：王立国

副主编：何建新

编　委：舒宏应　王农跃　孙建伟

　　　　王启帆　张　淇　刘占业

　　　　姚宏岗

中 华 书 局

图书在版编目(CIP)数据

军事理论教程/王立国主编. —北京:中华书局,
2009.6
二十一世纪高等教育规划教材
ISBN 978 - 7 - 101 - 06826 - 9

Ⅰ. 军… Ⅱ. ①王… Ⅲ. 军事理论 - 高等学校:
技术学校 - 教材 Ⅳ. E0

中国版本图书馆 CIP 数据核实字(2009)第 098692 号

责任编辑:王　军
策　　划:极品源

军事理论教程

王立国　主编

＊

中华书局出版发行

(北京市丰台区太平桥西里 38 号 100073)

http://www.zhbc.com.cn

保定市西城胶印有限公司印刷

＊

787×1092 毫米・1/16・印张 13.5・300 千字
2013 年 7 月第 2 版　　2013 年 7 月第 1 次印刷
印数:1 ~ 3000 册　　定价:26.00 元

ISBN 978 - 7 - 101 - 06826 - 9

经销电话:010 - 82561973

再版前言

军事科学是反映战争规律和战争指导规律，用以指导国防和军队建设，战争准备和实施的知识体系，它是社会科学中一门综合性很强的学科。军事理论是军事科学体系的重要组成部分，是关于战争和军事现象及其发展规律与特点的系统化的、概括性的知识。它在军事实践的基础上形成，并为其目的服务。这一理论在总结各种军事活动的基础上，并根据武装力量编制体制、武器和军事技术装备的发展而不断完善。

在普通高校开设军事课，对学生进行军事理论教育和组织学生参加军事技能训练，是《中华人民共和国兵役法》、《中华人民共和国国防法》、《中华人民共和国国防教育法》的规定和要求，是普通高校教学内容的重要组成部分，是普通高校学生的一门必修课。开设这门课可以使学生认清国防与国家的安危存亡、荣辱兴衰的密切关系，提高学生对国防地位、作用的认识，增强国防观念和国家安全意识；了解国际风云变幻对我国构成的威胁与挑战，明确自己担负的历史责任；树立正确的世界观、人生观、价值观和高尚的道德情操；激发他们热爱祖国、关心国防，自觉为实现中国梦、我的梦而努力奋斗的热情。

本书自 2009 年第一版以来，一直作为高等院校军事理论课教材在使用。在使用过程中，得到了广大师生的普遍认可，大家认为该书结构合理，内容完备、实用性和可读性强，符合高等院校军事理论课程的教学实际，同时也收到了不少关于该书修订方面的真知灼见。结合大家的意见和建议，我们在初版的基础上对本书的部分篇章结构及内容作了调整，使其更加符合教育部、总参谋部、总政治部 2007 年重新颁发的《普通高等学校军事课教学大纲》的要求。修订后的本书，既保持了初版的总体结构与风格，又从内容上作了必要的修改及完善。全书以国防教育为主线，以军事理论为重点。围绕国家人才培养和国防后备力量建设的需要，紧扣当代复杂的国际政治、军事、经济形势，分析和回答了当代大学生所关心的国际军事问题和国防建设问题。重点向学生传授中国国防、军事思想、战略环境、军事高技术、信息化战争等方面的基本理论知识，着眼于时代的发展，力争创新，吸收最新军事科学成果。希望本次再版图书能更好的为广大师生"教"与"学"服务。

本教材由中国地质大学江城学院王立国教授主编，由武警湖北省总队军事学硕士研究生王洋聪少校担任主审，参加编写的还有何建新、舒宏应、王农跃、孙建伟、王启帆、张淇、刘占业、姚宏岗等老师。此次再版得到了地方和军队相关部门有关领导的支持，另外本书还借鉴和参考了多部军事学专著、教材及资料，受篇幅所限，恕不一一列出。在此，对上述单位和个人一并表示衷心感谢！

受水平所限，本书难免有错漏，敬请广大读者批评指正。

《军事理论教程》编写组

2013 年 7 月

目　　录

第一章　中国国防 ……………………………………………… 1

　第一节　国防概述 …………………………………………… 1
　　一、国防概念 …………………………………………… 1
　　二、国防要素 …………………………………………… 2
　　三、中国国防历史及启示 …………………………… 10

　第二节　国防法制 ………………………………………… 15
　　一、国防立法 ………………………………………… 15
　　二、国防法律制度 …………………………………… 18
　　三、国防法律的实施 ………………………………… 25

　第三节　国防建设 ………………………………………… 28
　　一、国防领导体制 …………………………………… 28
　　二、新中国国防建设取得的主要成就 ……………… 29
　　三、国防建设目标 …………………………………… 32
　　四、武装力量建设 …………………………………… 32

　第四节　国防动员 ………………………………………… 41
　　一、国防动员概述 …………………………………… 42
　　二、国防动员的分类和内容 ………………………… 43
　　三、国防动员的要求和原则 ………………………… 48

第二章　军事思想 …………………………………………… 52

　第一节　军事思想概述 …………………………………… 52
　　一、军事思想的科学含义 …………………………… 52
　　二、军事思想的形成与发展 ………………………… 52
　　三、军事思想的体系内容、指导作用及其代表作 … 56

　第二节　毛泽东军事思想 ………………………………… 57
　　一、毛泽东军事思想的科学含义 …………………… 57
　　二、毛泽东军事思想形成和发展的历程 …………… 58
　　三、毛泽东军事思想的主要内容 …………………… 62

四、毛泽东军事思想的历史地位和指导意义 ······ 69

第三节　邓小平新时期军队建设思想 ······ 70
一、邓小平新时期军队建设思想的主要内容 ······ 70
二、邓小平新时期军队建设思想的历史地位和现实意义 ······ 75

第四节　江泽民国防和军队建设思想 ······ 77
一、江泽民国防和军队建设思想 ······ 77
二、江泽民国防和军队建设思想的内容 ······ 79

第五节　胡锦涛关于我军在新世纪新阶段历史使命的论述 ······ 87
一、对新世纪国防和军队建设的重要指导作用 ······ 88
二、新阶段人民军队职能任务的新拓展 ······ 88
三、围绕履行新的历史使命，推进军队建设与改革 ······ 89

第三章　国际战略环境 ······ 91

第一节　国际战略环境判断及安全形势分析 ······ 91
一、战略环境概述 ······ 91
二、国际战略环境的历史演变 ······ 92
三、国际战略环境判断 ······ 94
四、世界安全形势分析 ······ 96
五、当前中国在维护世界和平中的作用 ······ 98

第二节　世界主要国家的军事战略 ······ 99
一、美国军事战略——试图独霸世界 ······ 99
二、俄罗斯军事战略——极力捍卫大国地位 ······ 103
三、欧盟军事战略——努力实现共同防务 ······ 106
四、日本军事战略——争做军事大国 ······ 109
五、印度军事战略——维护地区军事强国 ······ 113

第三节　我国周边安全环境 ······ 115
一、我国周边安全环境的历史演变 ······ 116
二、我国周边安全环境现状及趋势 ······ 116
三、我国周边战略方针 ······ 121

第四章　军事高技术 ······ 125

第一节　军事高技术概述 ······ 125
一、军事高技术的概念与分类 ······ 125
二、军事高技术的主要特点 ······ 125
三、军事高技术的发展与应用 ······ 126
四、军事高技术对现代战争的影响 ······ 129

第二节　高技术在军事上的应用 ···················· 131
一、精确制导 ···························· 131
二、侦察监视技术 ························ 136
三、伪装与隐身技术 ······················ 142
四、电子对抗技术 ························ 149
五、航天技术 ·························· 158
六、指挥控制技术 ························ 165
七、新概念武器 ·························· 170
第三节　高技术与新军事变革 ···················· 175
一、新军事变革概述 ······················ 175
二、新军事变革的主要动因 ·················· 177
三、新军事变革的基本内容 ·················· 178
四、新军事变革的重要影响 ·················· 179
五、新军事变革的发展趋势 ·················· 181

第五章　信息化战争 ····························· 184

第一节　信息化战争的概述 ······················ 184
一、信息化战争的概念 ···················· 184
二、信息化战争产生的动因和国际背景 ············ 185
三、信息化战争的基本内容 ·················· 186
第二节　信息化战争的特征与发展趋势 ·············· 187
一、信息化战争的特征 ···················· 187
二、信息化战争的发展趋势 ·················· 191
第三节　信息化战争与国防建设 ·················· 193
一、拓展信息化条件下国防安全的思路 ············ 193
二、确立信息化思想新观念 ·················· 194
三、加快信息化条件下军队的建设 ·············· 195
四、信息化条件下战争的后备力量 ·············· 200

附录　《军事课》教学大纲 ···················· 202

参考文献 ································ 207

第一章　中国国防

第一节　国防概述

一、国防的概念

国防就是国家采取的防卫活动，《中华人民共和国国防法》规定：国防指国家为防备和抵抗侵略、制止武装颠覆，保卫国家主权统一、领土完整和安全所进行的军事活动，以及与军事有关的政治、经济、外交、科技、教育等方面的活动。这是任何一个国家都必须具有的最主要的职能，是国家存在和发展的根本保障，有国家就必有国防，国无防不立，无国防则无国家。任何国家的存在和发展，都是与国防紧密相关的。存在与发展是国家的最基本的利益，而国家要生存和发展都离不开国家的主权独立、领土完整、安全、稳定。而这一切都必须以国家强大的国防为基础，如果没有强大的国防，国家就不可能有真正的独立、统一、安全和稳定，国家也就不可能存在，发展就更是无从谈起。对于世界各国来说，发展就是竞争，竞争不仅仅是经济力的竞争，更是包括国防力在内的综合国力的全面竞争，一个国家如果不具有强大的国防力，就既不能真正地实现自己的全面独立，也不能实现国家的全面发展，在很大程度上会成为某些大国的附庸，在政治、经济、外交等方面受制于人。因而国防力就是国家综合国力中的主要组成部分，国家的发展就必须同时实现国防的发展，国家的强大也就必须同时是国防力量的强大。

国家不仅是领土主权的体现，而且是社会制度性质的体现。因而任何国家的国防也就必然都具有双重的任务，一是要抵抗外来的侵略，保卫国家的领土主权统一、完整和安全；二是要制止国内出现的破坏国家稳定、分裂国家的武装颠覆活动。所以，国防就是制止一切危害国家的统一、稳定的活动的国家行为。因而我们国家的国防就不仅要坚决抵抗外来侵略，而且要捍卫我国的社会主义制度，坚决制止一切反对社会主义制度、分裂社会主义国家的武装颠覆活动。任何国家政权都是统治阶级利益的体现，军队则是国家政权的主要组成部分，是保护统治阶级根本利益的暴力工具，因而国家主要运用军事力量的国防行为，也就是国家的主要活动，直接决定着国家的安危存亡，国防也就是国家利益的直接体现，正如恩格斯在《家庭、私有制和国家的起源》一书中所深刻指出的那样："国家的产生是同暴力、军队同时发生的，自从有了国家，就开始有了防务。"所以，我们的国防就是社会主义国家的国防，是主要运用军事力量捍卫国家领土主权的安全和保卫社会主义制度的国家行为。

二、国防要素

（一）国防的主体

国防的主体是国防活动的实行者，就法律的角度而言，国防的主体是国防权利的享有者和国防义务的承担者，也是国防法律的遵守者和实施者。从这个意义上看，国防的主体首先是国家。但国家不仅仅是一个抽象的概念，也是由各类组织和各种人员组成的实体。因此，组成国家的各级各类国家机关和武装力量，各政党和社会团体，各企事业组织，全体公民，都是我国国防活动的主体。因为他们都享有一定的国防权利，履行一定的国防义务，都必须遵守中华人民共和国的国防法律和法规。

1. 国家

在中外诸多"国防"概念中，一般认为国防的主体是国家，这就意味着国防是国家的事业，是国家的固有职能。

从国家的起源与发展看，任何国家，自诞生之日起，就要固国强边，防备和抵御各种外来侵略，以保障国家安全，维系国家生存。因此，国防必然随着国家的产生而产生，随着国家的发展而发展，最终，也只能随着国家的消亡才会消亡。

从国家的本质看，国家是阶级专政的工具，是统治阶级利益与意志的体现，实现这种利益与意志，必须通过国家权力，国防就是要维护国家的这种权力；而且也只有依靠国家的这种权力才能使国防得以运转，只有国家，才能有效地领导和组织国防事业。

从国防的本义上看，国防是国家的防务，是全民族的防务，与国家的各个部门、各种组织以及每一个人都息息相关。

在我国，长期的和平环境使一些人产生了错觉，认为国防活动仅仅是军队的活动，这种错觉不仅导致了理论上的混乱，也导致了一些行为上的错误。如有的单位和部门认为自己与国防无关，没有国防方面的责任和义务；有的单位甚至将本部门的工作同维护国防利益对立起来，从而给国防建设带来了严重的消极影响。

因此，明确国防的主体是国家非常重要。它意味着加强国防建设，进行国防斗争，决不仅仅是军队的事，而是一切国家机关和武装力量，各政党和社会团体，各企事业组织以及全体公民的共同责任。

2. 国家机关

国家机关是国家的象征和代表，包括国家的权力机关，行政机关，军事机关，审判机关，法律监督机关。我国权力机关由全国人民代表大会及地方各级人民代表大会和民族自治地方的人民代表大会组成，行政机关由国务院及地方各级人民政府和民族自治地方的人民政府组成，军事机关由中央军事委员会及其下属的各个军事职能部门组成，审判机关由最高人民法院、地方人民法院和军事法院等专门人民法院组成，法律监督机关由最高人民检察院、地方各级人民检察院和军事检察院等专门人民检察院组成。

国家机关的总和称为国家机构。国家机构的特点在于：

第一，它是统治阶级的组织，代表统治阶级的利益，由统治阶级中最积极、最有领导和组织能力的那一部分成员组成。

第二，它是十分严密的组织，是一个完整的体系，不仅各个国家机关的内部组织要求严密有序，而且各个国家机关之间，中央和地方之间，上级和下级之间，都有着紧密、有机的联系。

第三，它是行使国家权力的组织，它保证国家机器的开动和运转，行使国家法律赋予的各种职权。

第四，它是以特殊的强制力为后盾的组织，这种特殊的强制力亦即国家暴力，依靠国家暴力，国家机构可以在国家统治力所能伸展的范围内，排除各种干扰，消除敌对因素，充分行使国家权力。

正是由于具备上述特点，在国防活动中，国家机构必然居于领导的地位，负有组织和指挥的职能。

3. 武装力量

武装力量是国家各种武装组织的统称，是国家或政治集团执行其对内对外政策的主要暴力工具。国防建设以武装力量建设为主要内容，国防斗争以武装力量运用为主要手段。

当今世界各主要国家，为了巩固国防，维护国家利益，应付未来可能发生的战争，都重视保持一定规模的武装力量，并根据本国情况和国际形势的发展变化，不断改进武装力量的组织结构，调整编制体制，更新武器装备，提高整体素质，使其既有威慑能力，又有实战能力。

各国武装力量的构成不尽相同，一般由常备军、预备（后备）役部队和武装警察性质的部队构成，有些国家还有民兵等群众性武装组织。

在中国共产党领导下，我们在土地革命战争、抗日战争、人民解放战争中和新中国成立后，创立并始终坚持了适应人民战争需要的主力军、地方军和民兵三结合的武装力量体制。后来，为适应国防需要，这一体制又有所发展。

1984年5月第六届全国人民代表大会第二次会议通过的《中华人民共和国兵役法》规定："中华人民共和国的武装力量，由中国人民解放军、中国人民武装警察部队和民兵组成。"它们各自肩负不同的职能，共同抵御侵略，巩固国防，维护国家安全。

4. 政党

政党是代表某一阶级、阶层或集团并为维护其利益而斗争的政治组织。由于阶级利益往往体现为国家利益，而国家利益又需要运用国防手段来维护，因而政党在国防活动中必然要发挥重要的作用。

在我国，实行共产党领导下的多党合作制。这是我国的一项基本政治制度，也是一种新型的政党制度。它是在中国新民主主义革命和社会主义革命的历史进程中，在中国共产党与各民主党派长期合作的基础上逐渐形成和发展起来的，是中国具体的历史条件和现实条件的产物。

中国共产党作为执政党，代表无产阶级和广大劳动人民的利益。我国宪法明确规定了中国共产党在国家生活中的领导地位，其中也包括对国防的领导。宪法"序言"写道："中国各族人民将继续在中国共产党领导下，……逐步实现工业、农业、国防和科学技术现代化，把我国建设成为高度文明、高度民主的社会主义国家。"同时，各民主党派作为参政党，通过中国人民政治协商会议与共产党"长期共存，互相监督"、"肝胆相照，荣辱与共"，参与对国家大针方针的政治协商，参与对国家机关的民主监督。

这些民主党派主要有：中国国民党革命委员会（民革）、中国民主同盟（民盟）、中国民主促进会（民进）、中国农工民主党、中国致公党、中国民主建国会（民建）、九三学社、台湾民主自治同盟（台盟）。这些民主党派多是在抗日战争和反对国民党独裁统治的斗争时期成立的，带有统一战线和阶级联盟的性质，具有反帝爱国和要求民主的政治纲领，为反抗侵略、争取民族独立做出了积极贡献。

新中国成立后，中国共产党保持和发展了同民主党派的合作关系，各民主党派参加了人民民主专政的政权，它们的一些负责人担任了中央和地方各级国家机关的领导职务，共同管理国家事务，其中也包括国防方面的有关事务。

各民主党派的其他人士也有对国防建设提出建议、献计献策的权利，有对违害国防利益的行为进行劝阻、制止和控告的权利，有维护国防利益的各项义务。

5. 社会团体

社会团体是群众性的组织。我国的社会团体较多，其中主要有：

中华全国总工会，它领导着中国各地区工会组织和各产业工会组织；

中国共产主义青年团，是中共产党领导的先进青年的群众组织；

中华全国妇女联合会，是中国共产党领导的全国各族女职工、女农民、女知识分子和其他劳动妇女，拥护社会主义的爱国妇女和拥护祖国统一的爱国妇女的群众组织；

中华全国青年联合会，是中国共产党领导下，以中国共产主义青年团为核心力量的各青年团体的联合组织；

中华全国学生联合会，是中国共产党领导下的全国高等和中等学校学生会的联合组织；

中国工商联合会，是全国各类工商业者组成的人民团体。

各个社会团体是将广大人民群众与党和国家紧密联系起来的重要纽带，在过去的反侵略战争中曾经做出过巨大贡献。

在抗日战争中，中国共产主义青年团就曾发挥过青年先锋队的作用。抗美援朝战争中，各社会团体积极配合共产党的领导，动员各个阶层、各个行业的爱国人士、人民群众支援前线，参军参战。在当前的国防活动中，各个社会团体仍有着不容忽视的积极作用。例如，工会、工商联组织对于国防科研生产，学生联合会对于国防教育，共青团对于武装力量建设，都具有相当重要的影响。

6. 企事业组织

企事业组织是我国各个企业、事业单位的统称。企业是从事生产、流通或服务性活动的独立核算经济单位，也是国防建设的重要力量。我国的社会主义公有制的经济基础决定了全民所有制企业和集体所有制企业占有主导地位，但随着社会主义市场经济的发展，私营企业、中外合资企业与外商独资企业正在迅速增加。

我国国防科技工业的发展和国防经济的运行，主要依赖全民所有制企业和集体所有制企业。但是无论哪一种企业，只要设置在中华人民共和国境内，都必须受到我国国防法律的约束，都可能承担一定的国防义务。例如，在支持建立和发展民兵组织，按照国家计划进行动员准备，接受军事定货等方面，企业有着义不容辞的责任。尤其是战时，企业更应积极努力地履行国防义务。

事业单位，是受国家机关领导、不实行经济核算的组织，如学校、研究所等。这一类组织虽然大多不像企业那样可以在国防建设中提供物质性的产品，但也具有十分重要的作用。

它们可以也应当根据自身特点参与国防活动，在国防知识的宣传、教育、国防科学技术研究、战时医疗保障等诸多活动中，它们可能是具体的实施者。

许多国防建设工作，必须通过它们才能完成。随着社会主义市场经济的建立和发展，一些事业单位正转变为企业单位，但其在国防活动中的作用并不因之有丝毫减弱。

7. 公民

公民，此处专指中华人民共和国公民，是具有中华人民共和国国籍的人。"国家兴亡，匹夫有责"。国防，关系到国家的生死存亡，关系到公民的切身利益。国防活动虽然由国家领导和组织，但要靠全体公民的支持和投入。

我国宪法规定"中华人民共和国公民有维护祖国的安全、荣誉和利益的义务，不得有危害祖国安全、荣誉和利益的行为。""保卫祖国、抵抗侵略是中华人民共和国每一个公民的神圣职责"，"依照法律服兵役和参加民兵组织是中华人民共和国公民的光荣义务。"上述条款，是对我国公民应尽的国防义务的高度概括。

历史上，中国古代就有"以民为本"的国防指导思想，强调人民支持国防的极端重要性。抗日战争中，毛泽东同志也曾指出："唯有全民族的统一团结，力求进步，依靠民众，才能支持长期战争与取得最后胜利，否则是不可能的。"（《毛泽东军事文选（内部本）》第134页）在我党领导的历次反侵略战争中，都注重充分发动人民，依靠人民，大打人民战争，取得了一个又一个辉煌胜利。

同样，在今后的国防活动中，也要以广大人民为依靠，发动公民依法履行兵役义务，保护国防设施，保守国防秘密，完成军事订货，协助战备值勤，支援防卫作战……总之，必须有全体公民的大力支持和广泛参与，才能保证国防活动的顺利实施。

（二）国防的目的

作为国家的主要职能的国防的目的，就是捍卫国家的主权统一、领土完整和国家的安全。

1. 捍卫国家的主权统一

主权是国家的体现，是一个国家存在的最根本的标志，是一个国家根据自己的意愿决定国家的一切事务的独立自主行使的权力，没有主权也就没有国家，因而国家和主权就是不可分割的，集中地代表着一个国家的最高利益。如果一个国家没有独立的主权，也就等于没有国家的独立。因而按照国际法的表述，主权就是一个国家不受外来控制的自由。所以，捍卫国家的主权也就是捍卫国家的独立、荣誉和民族的尊严，这是一个国家的国防第一位的、最根本的目的。国家的主权，必须是完全统一的，不可分割的，在一个国家中只能有一个中央政权代表国家行使管理国家的最高权力，一切地方政府都必须服从中央政府的管辖和领导，这是国家主权的最根本的原则。破坏国家主权的统一，就是破坏国家的主权；分裂国家的主权，就是分裂国家；危害国家的主权，就是危害国家的最根本的利益。因而国防的根本目的就是要坚决维护国家主权的统一，绝不允许任何危害国家主权统一的现象出现。国家的国防，既要防备外敌入侵损害国家的主权，又要防备国家内部的分裂主义势力危害国家的主权统一。

2. 保卫国家领土的完整

一个国家的领土，是指位于这个国家主权支配下的地球表面的特定部分，包括领土疆界以内的陆地、水域的底土和上空，也就是国家的领陆、领海、领空。领土，是一个国家存在和发展的自然物质前提，是国家存在的物质载体，是构成国家的最主要的要素，是国家的最直接的体现，没有领土，也就没有国家；失去领土，也就是失去了国家的主权。所以，国家的主权与领土就是直接的统一，是不可分割的。没有对领土的占有和控制，国家主权就不存在，对领土的侵犯也就是对国家主权的直接侵犯。国家主权的统一因而也就必然要表现为领土的完整，领土的完整就是：凡属本国的领土决不能丢失，决不允许被分裂、肢解和侵占。因此，国防的最直接的目的就表现为对国家领土完整的保卫，这与捍卫国家的主权统一是完全一致的，捍卫国家主权统一必然要表现为保卫国家领土的完整，保卫国家领土的完整也就是捍卫国家主权的统一。保卫国家领土的完整，既要防止外敌的侵略瓜分，也要防备国家内部的分裂主义势力。

3. 维护国家的安全

任何国家都必须实现生存和发展，而国家的主权统一和领土完整则是国家生存和发展的基础。国家只有实现外部环境的和平、内部的稳定才能够使国家享有、保证主权统一和领土的完整的安全的生存环境，实现国家的发展。国家的安全也就是外部的和平与内部的稳定的统一。对于一个国家来说，安全也就是国家安全与国际安全的统一。安全也就是国家的主权统一和领土完整的保障所必须具有的形势和环境，如果有利于国家的主权统一和领土完整，没有对国家的独立、和平，内部稳定、团结的威胁，国家就处于安全的环境之中，反之，则处于一个不安全的环境之中。如果国家没有外部的和平与内部的稳定，处于外敌威胁和内部的动乱之中，就会危害国家的生存和发展，使国家削弱捍卫国家主权统一和保卫领土完整的实力，最终损害国家的根本利益。因此，国家就必须调动一切力量、运用一切有效手段维护外部的和平与内部的稳定，实现国家的安全。坚决制止国内外一切敌对势力危害国家安全的行为，为此，既要防止外敌的入侵，又要制止破坏国家稳定的内乱的出现，这样才能实现国家的长治久安，保证国家的发展，所以维护国家的安全就是国防的主要目的和任务。

（三）国防的手段

国防的手段，就是国家为了达到国防的目的而运用的一切方法和措施。加强国防建设不仅仅只是加强国家的军事力量的建设，它主要包括以下几个方面：

1. 军事

虽然当今世界形势已经发生了很大的变化，但军事手段依然是一个国家最主要的国防手段。因为当前一国对另一个国家的侵略主要的手段还是采用军事力量，通过军事威胁或直接的武装侵略来达到夺取各种利益的目的。因而对一个国家的利益和安全的最大威胁还是军事威胁，而对于一个国家的内部的稳定和统一来说，最大的威胁就是可能出现的武装颠覆活动，而为了制止武装颠覆活动这种有组织的暴力活动，最有效的手段还是使用军事力量；国家只有运用不怕强敌、敢于牺牲的军事手段，才有可能消灭侵略者的军事力量和国内的敌对破坏势力，从根本上遏止外来的侵略和内部的武装颠覆活动。因此，一个国家为了保卫自身的安全、维护主权的统一和领土的完整、内部的稳定主要依靠的还是军事手段。所以，在今天如果没有军事手段的使用，就没有真正的国防。

国家为了正确处理各种可能引起危害国家的安全和稳定的国内外矛盾，首先应当运用的就应当是政治手段或外交手段，只有在运用政治手段或外交手段已经无法解决矛盾的情况下才能够使用军事手段，因而军事手段就是国家为了维护安全和稳定而采取的最后手段，而且是国家所必须掌握而不能放弃的手段。这是因为军事手段不仅是国家可以直接抵抗侵略和制止武装颠覆的最有效的手段，而且是国家使用政治手段或外交手段的最强有力的基础和保障、坚强的后盾。正如中国的古语所说："兵不可废，废则召寇。"一个国家只有具有强大的军事力量作保障才有可能使用政治手段和外交手段来维护国家的安全和稳定。所以，为了维护国家的安全和统一，一个国家的军事力量和使用军事力量的手段就具有双重的功能，一方面是在国家面临外来侵略和内部的武装颠覆活动时能够予以坚决的反击和制止；另一方面是国家所拥有的军事手段和使用军事手段的意志和决心对于那些企图发动侵略和武装颠覆活动的敌对势力所具有的强大的威慑力，使敌对势力和敌对分子产生畏惧而不敢轻举妄动，从而使国家可以不使用直接的军事手段就能够维护国家的安全和稳定。

2. 政治

政治是国家利益的集中代表，我们这里所说的政治活动，主要是指政府为了国家的生存和发展而进行的各种活动，国防建设工作因此也就是国家的主要政治活动。作为国防手段的政治活动，则是指国家为直接实现国防的目的而进行的各种活动。

首先，就是国家建立的有利于国防建设的各种基本政治制度和国策。如果一个国家能够确立正确的政治制度，创建先进的政治文明，能够鼓舞团结全国各民族人民、各阶层人民为实现国家的繁荣富强而奋斗，不断增强国家的综合国力，实现国家的发展与人民生活水平提高，促进社会和谐的实现，这样就能够实现国家的稳定统一，长治久安，这也就从宏观上为国家的安全奠定了全面的最坚实的基础。

其次，则是指国家关于国防建设的基本方针战略等。如果一个国家高度重视国防的建设，能够制定正确的国防战略，不断增强各方面的国防实力，就为国家的安全提供了可靠的组织和物质保障。

再次，就是国家针对具体的国防目标而制定的政策措施等。如果一个国家能够努力提高人民的综合素质，加强国防教育，增强人民的爱国主义热情和敢打必胜的坚强信念、能够激励人民参加国防建设的积极性，这也就为国家的安全的实现奠定了最坚实的精神力量的基础。

因而，衡量一个国家的制度先进与否，就不仅要看是否有利于经济的发展，是否有利于国家的长治久安，而且还必须看是否有利于国家国防实力的增强。

3. 经济

在今天，经济已经日益成为维护国家安全的主要国防手段。

首先，一个国家的经济不仅是国家综合国力的基础，而且是一个国家的国防的主要物质基础。一个国家的军事实力只能来源于国家的经济实力，没有强大的经济，就不可能有强大的国防。如果没有以发达的经济为基础的国防科技工业，一个国家的国防也就无从谈起，所以一个经济落后的国家因而也就不可能具有强大的国防，一个国家只有拥有强大的经济实力才会具有强大的战争实力和战争潜力，才会具有强大的军事威慑力，当今世界上国家之间的国防实力的较量主要就是经济实力的较量。因而，削弱敌方的经济实力，增强自己的经济实力就成为主要的国防手段。

其次，一个国家的国防实力还表现为对于支持战争的重要战略物资的控制能力，国家只有具有强大的经济实力才能够增强自己战略物资的储备，在战争环境中能够打破敌方的经济封锁，以满足经济发展的需要和增强国防实力的直接需要。如果一个国家能够在战略物资的控制能力上取得优势，削弱敌方对战略物资的控制能力，也就在国防实力上取得了优势。

再次，一个国家的安全在今天不但需要经济资源基础，而且特别需要确立健康的经济秩序。如果没有稳定的经济秩序，国家的经济实力也会受到严重的损害。所以，破坏一个国家的经济秩序就会严重破坏一个国家的稳定和安全，削弱一个国家的国防实力。

其四，我们在今天必须拓展国防和国防手段的观念，一个国家的安全不仅在于物质的、有形的利益的安全，还在于无形的、非物质利益的安全。国家的信息网络系统的安全在今天就是国家安全的重点，是国家应当予以保卫的重点。如果国家的信息网络系统被破坏，不仅会给国家的经济利益造成巨大的危害，而且还会在政治上造成巨大的危害，所以，加强国家信息网络系统的安全保卫在今天也就成为了国家的重要国防手段。因而，国家发展经济就是加强国防建设的根本，是国家最主要、最根本的国防手段，国家之间在经济发展上的竞争从根本上来说也就是国防实力上的竞争。

4. 外交

国家的外交活动实际上是国家的政治的体现，是国家为了生存和发展而在处理与其他国家的相互关系时所采取的各种方法措施。国家开展的外交活动既是为了谋求国家的经济利益，而更多的则是要为国家创造一个安全的保障环境。所以，任何国家的外交的主要任务和重点都是为了国家的安全，因而，外交手段就一直是每个国家最重要的国防手段，谋求国家的安全也就始终是国家外交活动的核心内容，离开了维护国家安全这个最主要的目标，外交活动也就失去了意义。外交斗争既要以国家的综合国力为后盾，也要依靠正确的外交策略，如果外交策略正确，也可以使国家摆脱战争危险而获取安全；同样，外交斗争既要以军事斗争为后盾，也不能完全依赖于军事力量，因而我们就决不能低估外交手段在保卫国家安全方面的巨大作用。战争因矛盾而起，而国家之间有的矛盾是完全可以通过外交方式解决的，因而通过积极的外交活动也可以达到保卫国家安全的目的。所谓运用外交手段，就是通过和平的手段来达到战争的目的，运用和平的方式来代替战争解决国家之间的矛盾，以避免战争可能带来的巨大伤亡和破坏。

国家的外交斗争主要表现在两个方面：一是与有利害矛盾冲突的国家进行外交协商，从国家的大局和根本利益出发，化解相互之间的矛盾冲突，缓和紧张局势，用双方都能够接受的条件来达成共识，避免战争的出现。二是国家要通过积极的外交活动努力营造世界和平协商的机制，促进世界各国形成利用国际合作组织调解处理国际矛盾冲突和地区矛盾冲突的信念和共识，以维护持久的世界和平，避免武装冲突和战争的出现，这也必然会有利于国家自身安全的实现。国家还必须通过积极的外交活动与周边国家建立长期持久的友好互利合作关系，形成用和平协商方式解决相互之间矛盾的机制，努力避免紧张局势的出现，要防患于未然，为国家创造一个长期持久的周边安全环境，因而在周边国家中开展的睦邻外交活动就是国家最重要的国防手段。

（四）国防的对象

国防的对象就是国家为了实现安全所要防备、抵抗、制止的行为。这就规定了国家使用国家武装力量的根本前提条件。

因为国防利益是国家的最高利益，使用作为国家机器主要组成部分的武装力量——军队，则是国防的主要手段，所以，对国防对象的规定就是直接关系到国家安危的重大原则问题。在应当使用武装力量的时候，不使用武装力量会严重危害国家的安全；在不应当使用武装力量的时候，使用武装力量同样会严重危害国家的安全。因而世界上任何国家都严格规定了国家使用武装力量的限制。我国的《国防法》就规定了国防的对象一是侵略；二是武装颠覆。这就是说，我国的国防所要防备和制止的就是侵略和武装颠覆这两种严重危害国家安全的行为，国家只有在防备和制止这两种行为时才能够使用国家的武装力量，而且必须对这两种严重危害国家利益和安全的行为使用国家的武装力量予以抵抗和打击。从一般情况来看，国防的目标和任务是维护国家外部的安全和平与内部的稳定统一这二者的统一，但对国家利益最大的威胁主要的还是来自外部的侵略，因而我们所说的国防主要还是针对外来的侵略而言。这也就是说，国防的首要任务还是抵御外敌的侵略，其次才是制止来自内部的武装颠覆活动。

1. 侵略

侵略，是一个国家对另一个国家的主权统一、领土完整和安全的最严重的危害，直接关系到国家的生死存亡、关系到国家的最高利益和荣誉，因而就是每一个国家都必须坚决反对和抵抗的行为。所以，国防的首要任务就是制止和抵抗外来侵略，国防就是制止和抵抗外来侵略的直接统一。如果没有对侵略的防备和抵抗，国防也就不存在了。

我国的《宪法》和《国防法》都规定了侵略是我国国防的对象，而没有简单地把"武装侵略"作为国防的对象。这是非常准确的，具有极大的现实意义。这既与国际法相一致，也符合当今世界形势和我国的实际要求。从古至今，所有的侵略都主要表现为使用军事力量发动战争的武装侵略。但是，也包括了使用或借助军事力量的优势，运用压力侵略其他国家的行为，这也包括了运用自己的有利国际地位和经济优势严重危害其他国家主权和各种利益的行为。在科学技术迅猛发展的今天，一个国家除了使用军事手段，利用技术优势或其他优势也可以造成对另一个国家主权的严重危害。例如，一个国家不需要使用军队，只通过使用计算机病毒就可以给另一个国家造成不亚于一场战争的严重损失，所以侵略的手段和范围都已经发生了极其重大的变化。一个国家在今天如果只依靠军事力量已经难以维护国家的安全了。因此，为了保护自己的安全也就必须运用除军事力量以外的各种手段，军队和人民群众都将是直接的国防力量。因而，我国对国防对象的准确规定就会使我们在维护国家的安全的斗争中具有更大的主动权，使我们能够更充分地调动一切力量来全面增强国防力量，运用一切手段来进行各个方面的斗争，更全面地保卫国家的安全，从各个方面来加强我们的国防建设，在新的历史条件下真正地全面提高我们国防建设的现代化水平。

2. 武装颠覆

颠覆，就是有组织、有目的地推翻政府，改变国家性质的行为，而不是一般的反政府行为，是直接威胁国家内部的统一和安全的严重行为。因此，颠覆就是破坏国家政治稳定和统一的内乱。例如，一些国家出现的军事政变、武装叛乱，这也包括那些恐怖主义活动，因而是任何一个国家的政府都必须坚决制止和加以镇压的行为。制止和镇压颠覆活动是关系到国家命运的大事，这直接关系到国家的根本利益和最高利益。对于一般的颠覆活动，国家可以动用司法力量和国家安全机关就能够予以制止。从严格意义上来说，这不属于国防的对象，因为这还不需要国家动用武装力量——军队来对这种行为进行制止。

但如果颠覆活动演变成了武装颠覆，成了运用有组织的暴力推翻政府的行为，就构成了对国家的稳定、统一的最严重的威胁。制造武装颠覆活动的人其实都是国外敌对势力的代理人和工具，所以，武装颠覆活动就直接危害了我们国家的根本利益和最高利益，危害了我国人民的根本利益，因而也就是我们必须动用武装力量坚决予以制止的行为。如果对武装颠覆活动不予以坚决地镇压，就没有国家内部的稳定和统一，不但会直接阻碍国家的发展，而且会破坏国家存在所需要的正常的社会秩序。

有的武装颠覆活动甚至会演变成大规模的内战，使全民族都面临一场严重的灾难。因而我国《国防法》把武装颠覆活动确定为国防的对象就是完全正确的，这既符合世界各国的情形，更符合我国的国情。世界上的国家在遇到危害国家政权的存在的国内的武装叛乱活动、分裂国家的破坏活动都是要动用军队加以制止的。这样，我们就会认识到，任何国家的国防都是具有对内对外的双重功能的，目的就是要坚决制止一切严重危害国家的安全、统一、稳定的行为，无论这种行为是来自于外部，还是来自于内部。

三、中国国防历史及启示

在我国全面建设小康社会、加快推进社会主义现代化的新的发展阶段，运用辩证唯物主义和历史唯物主义的思想武器，考察国防在社会发展历史进程中的特殊地位和作用，研究当代中国国防的重大理论与实践问题，是推进现代化建设、完成祖国统一、维护世界和平与促进共同发展的重要课题。

（一）中国国防历史

"国无防不立，民无兵不安"。国防是人类社会发展与安全需要的产物，关系到国家和民族生死存亡、荣辱兴衰的根本大计。中华民族有着5000年的文明史，其国防有丽日经天、万国归附、威震欧亚的光荣，也有积贫积弱、山河破碎、有国无防的惨局。中国的国防主要经历了三个大的时期。

1. 中国古代国防

中国古代国防是从第一个奴隶制王期——夏朝的建立开始，到最后一个封建王朝清朝后期（鸦片战争前）为止，历经5000年左右，其间经历了20多个朝代的兴衰更替，国防建设内容十分丰富。

（1）中国古代的兵制建设

兵制建设，广义上讲是指古代的军事制度（武装力量体制），主要是军队的编制、领导体制和兵役制度等，是国防建设的主要组成部分。

据史书记载：原始社会没有军队，到了夏朝，出现了由少数不参加生产劳动的贵族上层成员组成的卫队，担任王室警卫，一旦发生战争，便临时征集平民组成军队。贵族卫队是军队的核心和骨干，这就是最初形式的国家军队，也是后世国家常备军的雏形。

到了商朝，国家军队已有固定的编制和数量王师三师。商朝后期，随着社会的发展，战争规模的不断扩大，军队的建制也趋于成熟。

西周时期出现了常备军。

春秋战国时期，随着战车数量的增加，又出现了军的编制，多数编为左、中、右三军或上、中、下三军，每军有战车200乘左右。

秦统一中国后，随着中央集权制的建立，国家有了统一的军队，并形成了由京师兵、郡县兵、边兵组成的武装力量体制。汉承秦制，武装力量体制基本上沿用了中央部队、地方部队、边防部队这三种基本类型。

从军事领导体制上看，奴隶社会"礼乐征伐自天子出"，军队由国王直接指挥。到春秋战国时期，出现了将、相分职，由将领兵的局面。秦统一中国后，设立了专管军事的太尉之职。隋朝设立了兵部，宋朝设立了枢密院，清朝有了军机处，对皇帝负责，专管调兵用兵。

（2）中国古代边、海防工程建设

边防、海防是国防建设的重要内容。中国古代的边防建设主要是修筑防御工程体系和实行固边政策。如长城就是中国古代各民族在内部纷争中逐渐修建起来的巨大边防工程。它是以城墙为主体，并筑有垛口、堑壕守墙、烽火台和敌台等工程设施相结合的连续线式防御体系。城池是冷兵器时代车兵、步兵、骑兵等防守的屏障、进攻的障碍。在古代战争中，攻守城池是战争的主要形式之一，有城破则国亡之说，因此，各王朝都很重视城池建设。

中国古代海防建设是从明代开始的。明朝初年，日本海盗形成了庞大的队伍，历史上称为"倭寇"。他们在中国东南沿海进行武装掠夺和骚扰，给沿海地区带来了深重的灾难。为了抵御倭寇，朱元璋开始加强海防建设，在沿海设置卫、所体制（规定"度地要害，系一郡者设所，连郡者设卫"），建立水军。直到明朝中期以后，戚继光组成戚家军，在沿海地区构筑水城，编练军队，才彻底平定了倭寇，海防得到了巩固。清朝前期，在明代卫、所体制的基础上，逐步将沿海建成炮台要塞式的海岸防御体系。如，海岛要塞：长山列岛、舟山群岛等；海口要塞：虎门、温州、吴淞口、大沽口等；海岸要塞：福州、厦门、烟台、威海、旅顺、大连等；江防要塞：江阴、江宁（南京）等。并编有江河水师和外海水师。在天津还建有满蒙八旗水师营（相当于海军基地）。

（3）中国古代的国防政策和国防理论

战争是国家的大事，是最现实的国防问题。以此说明整个国防在国家政治生活中举足轻重的地位。关于决定战争胜负的因素，古代军事家认为，战争胜负，是作战双方人力、财力、物力、军事实力、精神因素等诸方面的竞赛。要取得战争的胜利，保卫国家的生存，唯有改革政治，发展经济，操练士兵，委任良将，严明法纪。

寓兵于农、兵民合一的国防政策。寓兵于农作为政治、军事制度，在中国源远流长。远古至商、周、春秋战国时代，中国尚无严格的军民之分，当时，人口少，生产力低下，部落民族之间，各诸侯国之间，战争频繁，国家打仗时人人参战，全民皆兵；不打仗时则为民，仍事稼穑。汉代实行屯田，屯田有民屯和军屯之分。军屯是直接的寓兵于农，民屯亦有戍边的成分。汉武帝元狩年间，在"上郡、朔方、西河、河西开田官，斥塞卒六十万人戍田之"。自汉代至清朝中期，这种屯田戍边一直没有间断。

富国强兵思想。早在春秋战国时期，不少著名的政治家、军事家就提出"强兵之要，首在富国"。而根据当时中国社会经济以农业为主的实际，又进一步提出"富国首在重农"的思想。管仲说："……粟多则国富，国富者兵强，兵强者战胜，战胜者地广"。并说："甲兵之本，在于田宅"。近代郑观应认为："欲制西人以自强，莫如振兴商业"。

（4）国防教育

中国是一个具有国防教育传统的国家。文学家苏轼写有《教战守》一文，力主对天下之民实行教战，"使士大夫尊尚武勇、讲习兵法；庶人之在官者，教以行阵之节；役民之司盗名，授以刺击之术"。策论涉及的教战对象和内容，也反映了作者所期望的国防教育的组织形式。

2. 中国近、现代国防

从 1840 年到 1949 年这一百多年的历史，是中国遭受外国列强侵略、民族遭受屈辱的历史，也是一部中华民族反对外国列强侵略压迫，争取民族独立和解放的斗争史。

1840 年鸦片战争以前，中国是一个主权独立的封建国家。虽然生产力落后，但从国防上看还是巩固的。16 世纪倭寇入侵，被中国军队赶出了中国国土。17 世纪初，民族英雄郑成功收复了被荷兰殖民主义者占领的台湾。17 世纪中叶，沙皇俄国侵占中国东北的雅克萨等地，筑城盘据。清政府谋求和平解决，在多次谈判无效的情况下，于 1685 年、1686 年清军两次出兵击败俄军。后经平等谈判，签定了《中俄尼布楚条约》，从法律上确定了中俄东段边界。

18 世纪后期，中国封建社会开始走下坡路，国防力量由盛到衰，在鸦片战争前夕国防实力已衰竭到了极点。军队装备落后，仍然使用古时的大刀、长矛、弓箭以及少量的鸟枪、火绳枪和用黑色炸药发射的铁炮；战术呆板，作战方法仍然采用密集整体冲杀的方阵队形；指导思想陈旧，仍以骑射为主，因此战斗力很弱。相反，当时世界资本主义国家正处于迅速发展时期，热兵器代替了冷兵器，军队官兵手中大量使用的是发射弹丸的枪炮，作战方法上广泛运用"线式"散兵战术，作战能力大增。外国资产阶级在其强大国防力量的支持下，向国外扩大市场，他们除了向中国输出一般商品外，更置中国王法于不顾，大量地向中国倾销鸦片。有人用四句话来概括当时的情况：全国处于一片吞云吐雾之中；片刻之烟，耗数十日之资；将无斗志，兵不能战；国库空虚，民不聊生。

1921 年中国共产党成立，中国人民的救亡图存斗争开始了新的阶段，中国工人阶级开始以自觉的姿态登上了历史舞台。1927 年 8 月 1 日，南昌起义打响了武装反抗国民党反动派的第一枪，标志着中国共产党独立领导武装斗争的开始。

1931 年，日本帝国主义制造了"九·一八"事变，暴露了其首先占领我国东北，进而灭亡全中国的狂妄野心。面对日本帝国主义的武装侵略，国民党政府坚持"攘外必先安内"的反动政策，采取妥协投降的"不抵抗主义"，一边对红军继续围剿，一边相继与日本签定了丧权辱国的《淞沪停战协定》、《塘沽协定》等，使日本侵略者步步深入我国国土。1937 年 7 月 7 日，日本发动了"卢沟桥事变"，开始了蓄谋已久的全面侵华战争，中华民族面临亡国的严重危险。中国共产党始终高举团结抗日的旗帜，号召全国人民武装反抗日本帝国主义的侵略，积极倡导和推动抗日民族统一战线。在 8 年的抗战中，八路军、新四军在极其艰苦的条件下，不怕牺牲，英勇杀敌，为中国抗日战争的胜利作出了不可磨灭的贡献。抗日战争是中国近现代史上第一次取得完全胜利的伟大的民族解放战争。抗战胜利后，国民党政府又在美帝国主义的支持下，依靠暂时的军事优势，企图夺取抗战胜利果实，使中国仍旧成为大地主、大资产阶级专政的半殖民地、半封建国家，悍然发动内战。中国人民在中国共产党领导下，进行了伟大的解放战争。经过 3 年多的英勇作战，推翻了国民党反动政府，成立了中华人民共和国，从此结束了 100 多年来中华民族有国无防的屈辱历史，开始谱写中国国防史的新篇章。

3. 中国当代国防

新中国成立 50 多年来，中国国防不断发展强大，主要经历了四个阶段。

（1）初创阶段

这一阶段（1949年底至1953年）内惩匪患，外抗强敌入侵，国防建设主要完成了三个方面的任务：

解放了全国大陆。中国人民解放军先后进行了广西战役、西南战役、海南岛战役等战役战斗，同时向新疆和西藏进军，采用作战与和平解决的方式，解放了除台湾、金门和少数沿海岛屿以外的全部国土。肃清了大陆上国民党的残余武装，消灭了匪患。建立了守备部队，加强了海边的守卫。

取得了抗美援朝战争的伟大胜利。志愿军保家卫国出兵朝鲜，经过2年零9个月的艰苦战斗，中朝军队共歼敌109万人，迫使美帝国主义在停战书上签了字。抗美援朝战争的伟大胜利使我军军威大振，国威大振。

适应新形势和战争的要求，逐步完成了从单一陆军向诸军、兵种全面建设的过渡，为我军向现代化和正规化迈进奠定了基础。

（2）全面建设阶段

这一阶段（1953年底至1965年6月）军队的正规化、现代化建设全面展开，国防建设突飞猛进，为建设强大国防打下了坚实基础。1953年12月7日，全国军事系统党的高级干部会议确定了我国国防建设的主要任务是：防御帝国主义的侵略，保卫社会主义建设，保卫亚洲和世界和平。在这个总方针的指引下，国防建设主要完成了四个方面的工作：一是先后压缩了军队编制：恢复确定了总参、总政、总后领导体制，明确了大军区、省军区、军分区三级体制。成立了军事科学院、国防科技委员会。在制度上实行了义务兵役制、干部薪金制、军衔制等几项重大改革，颁布了各种条令条例，使我军统一装备、统一编制、统一训练、统一制度、统一纪律，实现了规范化的转变，使我国国防建设有了新的起点。二是按照现代战争的要求，加强了诸军兵种的合成训练。1955年11月，我军在辽东地区举行了一次规模空前的演习，之后又在山东半岛、上海等地进行了较大规模的军事演习，标志着我军合成训练提高到一个新水平。三是出色地完成了作战任务。1958年在东南沿海地区与敌斗争中，粉碎了盘据台湾的国民党军队"反攻大陆"的梦想；从1959年3月到1962年3月，完成了平息西藏武装叛乱的作战；1962年10月20日至11月21日，完成了中印边界自卫反击作战，歼敌近9000人，保卫了祖国领土。四是国防工业迅速发展并形成了体系。到建国10周年前后，我国国防工业不仅完善了领导机构，建立了一系列生产常规武器的工厂，基本满足了师以下部队装备的需要，而且还建立了一大批国防科研机构，尖端技术研究也取得了进展，大大缩短了同当时世界发达国家的差距。

（3）曲折发展阶段

"文化大革命"（1966年5月至1976年10月）10年动乱中，我国国防建设在挫折中前进。军队建设和国防建设同其他各项工作一样，遭到了挫折和破坏。毛泽东针对林彪和"四人帮"破坏军队建设的阴谋，严肃指出"还我长城！"从而保持了军队的稳定。成立了新的兵种第二炮兵（即战略火箭部队）。加强了战场建设、大、中城市的民防建设、全国战略后方建设（又称"大三线"）和各地区战略后方建设（又称"小三线"）等。这一阶段，我军在珍宝岛自卫反击作战（1969年）、西沙群岛自卫反击作战（1974年），以及援越抗美作战（1965年至1969年）中出色地完成了作战任务。在支援社会主义建设、参加抢险救灾中也作了大量的工作。

（4）国防建设新阶段

这一阶段（1978 年 12 月至今），随着全党工作重点的转移，国防建设指导思想实行了战略性转变。一是国防建设和军队工作从立足于"早打、大打、打核战争"的临战状态转变到和平时期正常建设的轨道；二是在服从国家经济建设大局的前提下，有计划、有步骤、有重点地加强以现代化为中心的国防建设；三是从单方面强调军队建设转变到全面增强综合国力上来；四是从主要对付全面战转变到重点准备打赢现代条件下的局部战争上来。军队实行精减整编，体制改革。1985 年中央决定裁军 100 万，经过 3 年多的努力，完成了这项巨大的任务。1997 年党的十五大又确定军队再减编 50 万人。通过精减整编，我军编制趋于合理、精干、合成性强，符合国防现代化建设需要。国防工业系统有计划地生产民用产品，为国家经济建设增添了力量。民兵预备役工作在调整改革中不断发展，国防后备力量建设步伐加快。主要表现：一是机构健全。在中央，各省、市、自治区政府都设有国防动员机构。军队在总部和大军区均设有国防动员机构。省军区、军分区、人武部既是同级党委的军事部门，又是政府的兵役机关，是兼后备力量建设与国防动员工作于一体的机构。这些机构的建立，为战时动员的顺利开展奠定了良好的基础。二是建立了强大的后备军。我国国防动员体制除自上而下地建立人民武装领导机构外，还实行了民兵与预备役相结合的制度，这对完善国防后备力量体制，具有重要意义。

我军武器装备的现代化建设有了新的发展。"两弹一星"（即原子弹、氢弹和人造卫星）的研制成功，使我国成为世界上少数几个能独立自主掌握核技术和空间技术的国家之一。我们依靠自己的力量，建立起有限的核反击武库，射程从数百千米至一万多千米，既可固定发射，又能机动发射。同时建有与之相配套的作战、防护工程和各种设施，使之具有较强的生存能力。由于采用了先进可靠的制导技术，可随时按党中央和中央军委的命令给侵略者以毁灭性的打击。

（二）中国国防历史的启示

我国几千年的国防史为我们积累了丰富宝贵的经验，留下了宝贵的历史文化遗产，激励着一代又一代的中华儿女为祖国而战，为民族而战，为反对侵略而战，证明了中华民族是不可欺凌、不可战胜的。在现阶段建设社会主义现代国防的过程中，历史仍给我们以重要而有意义的启示：

1. 国防强大的基础是经济实力的强大

早在春秋战国时期我国军事思想家就提出了"富国强兵"的重要思想。从秦到清，这一思想在各个朝代的前期都得以贯彻实施，统治者往往通过一系列的改革、变法，在一定程度上解放了生产力，促进了经济的发展，所以秦有统一六国的大业，唐有贞观之治，清有康乾盛世，这些都是统治者重视经济发展的结果。相反，各个朝代的衰败、更替，大多是其末期的政治腐败、经济落后所导致的。在这一点上，现代国防与古代国防具有极大的共同性，所以邓小平同志提出了改革开放、解放生产力、提高国民生活水平的战略方针，经过二十几年的实践，这一高瞻远瞩的策略取得的成就举世瞩目。

2. 巩固国防的根本是政治昌明

一个国家要长治久安，就必须深得民心，政治昌明。历史上，凡是兴盛的朝代，除了大力发展经济外，大都修明政治，实行比较开明的治国之策。秦之所以能统一六国，很大程度上取决于此，而到了秦朝后期，政治腐败、统治专横、实行暴政，最终激起了农民起义。

3. 国家统一、民族团结、军民一致是强大国防的保证和关键

国家统一、民族团结、军民上下团结一致是一个国家自强的根本，是国防力量的源泉，只有这样，才能筑起国防真正的钢铁长城，才能让任何侵略者望而却步。

在抗日战争时期，中国共产党紧紧抓住这一战略，放手发动人民战争，同全国军民一道有效地打击了日本帝国主义，最终取得了全面胜利。

总之，中国的国防史是一部可歌可泣的历史，教训与启示，永远值得我们记取。

第二节　国防法制

国防法制是指国防法律规范以及制定、修改、废止和实施国防法律规范的活动的总和，是国家法制的重要组成部分，也是国防和军队建设的重要内容。

国防法制一般包括国防立法、国防法律制度、国防法律的实施等主要问题。

一、国防立法

国防立法是指拥有国防立法权的国家权力机关、行政机关、军事机关以及被授权的其他机关，为规范军事活动，调整军事领域的各种社会关系，在其职权范围内依照一定的程序，制定、修改和废止国防法律规范的活动。

（一）国防立法体制

国防立法体制是指有关国防立法机构和国防立法权限的体系与制度。主要包括国防立法主体和国防立法权限两个基本问题。

1. 国防立法主体

国防立法主体是指有权制定、修改和废止国防法律规范的国家机关。国防立法是国家立法的一部分，国家立法的一般主体都可以成为国防立法的主体。

根据我国宪法规定，国家的立法主体包括最高国家权力机关、最高国家行政机关、地方国家权力机关、地方国家行政机关、民族自治地方国家权力机关。

国家立法的一般主体在国防立法中起着十分重要的作用。但国防立法所产生的国防法律规范，许多是调整军队内部关系的特殊规范，所以军事机关就自然成为国防立法中的重要主体。目前，《中国人民解放军立法程序暂行条例》已对国防立法中的特殊主体，即享有国防立法权的军事机关，作出了明确规定，它们是中央军委、总参谋部、总政治部、总后勤部、总装备部以及各军兵种、各军区。

2. 国防立法权限

国防立法权限是指特定的国家机关制定、修改、废止国防法律规范的权力及其范围。

根据我国宪法和有关法律，国防立法权的行使范围大致划分如下：

（1）全国人民代表大会制定宪法中的国防法律条款和基本国防法律。宪法是国家的根本大法，具有最高的法律效力，所以，宪法中的国防法律条款，是国防法律规范的最高层次，是制定其他国防法律规范的根本性依据。基本国防法律的效力仅低于宪法，主要规定国防领导体制，武装力量的构成、任务、建设目标和原则，国防建设与斗争的基本制度，社会组织和公民的基本国防权利与义务，对外军事关系等。在国防法律体系中，基本国防法律起着诠释、衔接宪法，统领其他国防法律法规的作用。

（2）全国人大常委会制定国防法律。国防法律以宪法和基本国防法律为依据，其内容主要是国防和军队建设某一方面重要的原则、制度和行为规范，它们是宪法中的国防法律条款和基本国防法律的具体化，如已经制定的《兵役法》《军官服役条例》《军官军衔条例》《预备役军官法》《军事设施保护法》《人民防空法》《香港驻军法》《惩治军人违反职责罪暂行条例》等，国防法律调整的社会关系主体广泛，立法程序严格，具有较强的稳定性。

（3）中央军委制定军事法规，国务院单独或与中央军委联合制定国防行政法规。军事法规和国防行政法规以国防法律为依据，其内容主要是国防和军队建设某一方面中某一重要事项的原则、制度和行为规范。包括：一是国防法律规定需要由国务院、中央军委联合或分别制定实施办法的事项，如《军事设施保护法》规定其实施办法由国务院和中央军委制定。二是国务院、中央军委依职权需要制定军事法规和国防行政法规的重要事项。属于调整国防建设领域内的社会军事关系，但不直接涉及军队和现役军人的规范，由国务院单独制定，如《军人抚恤优待条例》《退伍义务兵安置条例》等。属于调整军队内部基本活动、军人基本行为及相互关系的规范，由中央军委制定，如《司令部条例》《后勤条例》《战斗条令》等。凡属于调整国防建设领域，涉及军队、军人与地方各级人民政府、社会组织和公民相互关系的规范，则由国务院和中央军委联合制定，如《士兵服役条例》《国防交通条例》等。一般说来，由国务院单独或与中央军委联合制定的国防行政法规在全国范围内具有一体遵行的法律效力，由中央军委制定的军事法规在全军具有一体遵行的法律效力。

（4）军委各总部、各军兵种、各军区制定军事规章，国务院有关部委单独或与军委各总部联合制定国防行政规章。军事规章和国防行政规章以军事法规和国防行政法规为依据，结合本系统或本区域的实际情况做出具体规定，以保证实施军事法规或国防行政法规的贯彻实施。由军委各总部和国务院各部、委制定的军事规章或国防行政规章在全军或全国一定范围内具有法律效力，如《单兵训练规定》《兵员管理规定》《牺牲、病故人员遗属抚恤的规定》等；由各军兵种、各军区制定的军事规章通常只在本系统、本区域具看法律效力。

（5）地方各级权力机关和行政机关制定地方性国防法规和规章。地方性国防法规和规章以国防法律和国防行政法规为依据，其内容是本地区国防建设的制度和行为规范，主要限于兵员征集、军人优抚及退伍安置、国防教育、军事设施保护等方面，如广东省人大常委会制定的《广东省征兵工作规定》、北京市人民政府制定的《退伍义务兵安置办法》等。

（二）国防立法的原则

国防立法原则是指立法机关或被授权的国家机关在制定国防法律规范过程中必须遵循的准则。

1. 以宪法为依据的原则

宪法规定了国家的性质和国家最基本的政治制度、经济制度和社会制度，是国家的根本大法，也是制定其他法律的基本依据。国防法律是国家法律的重要组成部分，无疑必须以宪法为依据，维护宪法的权威和尊严。我国宪法规定了全国人大及其常委会在国防领域的职权；规定了国务院领导和管理国防建设事业的职权；规定了中央军事委员会的组成和领导全国武装力量的职权；规定了武装力量的性质、宗旨、任务、建设目标和活动原则；规定了军事审判和军事检察机关的设置；规定了社会组织和全体公民在国防领域的权利和义务等，所有这些都是制定国防法律的基本依据。因此，国防立法活动必须遵守宪法，以宪法为准绳，按照宪法的规定行使国防立法权限，以宪法有关国防的规定作为国防立法的基础。国防立法的内容不得与宪法总的基本精神和国防条款相抵触。

2. 维护国防利益的原则

国防利益是国防建设和斗争各方面利益的总和。维护国防利益，关系到国家政权的稳定，人民生活的安宁，"四化"建设的成败，反侵略战争的胜负。

在国防立法中坚持这一原则，一是要把维护国防利益作为国防立法的主导思想，使维护国防利益有法可依；二是要把维护国防利益作为国防法律规范的核心内容；三是要对危害国防利益的行为给予法律制裁。

3. 国防法律从严的原则

国防法律从严是指国防法律的制定比普通法更严格、严厉。

这是因为：第一，特别法严于普通法是一条普遍的法则，而国防法律属于特别法；第二，国防利益是国家最高利益之一，国防法律严于普通法，是维护国防利益的需要。在国防立法中坚持从严的原则，一是要赋予军人比普通公民承担更多的法律义务；二是对违反国防利益的行为实行比一般违法行为更严厉的制裁；三是对战争时期违反国防法律的行为从重处罚。

4. 民主的原则

在国防立法中坚持民主的原则表现在两个方面：一是制定程序的民主性。一部国防法律的制定，应当积极动员有关的国家机关及有关人员参加，特别是应当动员军队有关官兵参加。通过民主程序，广泛听取他们的意见，集中他们的智慧，确保国防法律反映广大人民和军队官兵的共同呼声，确保国防法律真正维护国防利益。二是制定内容的民主性。国防法律应当具体规定维护国防行为主体合法权益的事项和范围，规定保障和实现这些内容的具体措施。由于国防活动的军事性，国防法律首先应当保证国防活动的高度集中统一，但这与保障在各个重大事项上实行民主决策，保障广大国防行为主体的各项民主权利并不矛盾。一部符合民主原则的国防法律，应当做到保障国防活动高度集中统一和维护国防行为主体民主权利的有机统一。

在国防立法中坚持民主原则还必须处理好民主与集中的关系。这是一个统一体的两个方面，其目的都是为了使国防法律充分体现人民和广大官兵的意愿，保证国防立法的质量。发扬民主有助于避免立法中的主观主义、官僚主义；在民主的基础上经过集中，则有助于避免分散主义和极端民主化，使国防法律真正体现人民和广大官兵的意志。

5. 协调统一的原则

我国是统一的社会主义国家，统一的国家必须有统一的法律。在国防立法中坚持协调统一的原则，主要包括以下内容：①下级立法机关或授权立法机关制定的国防法律规范，要与上级立法机关或授权立法机关制定的国防法律规范相一致，不得有矛盾或抵触，否则，要予以撤销或修改。②在国防立法时应考虑和确定某一国防法律规范在整个国防法律规范体系中所处的位置，即与其他国防法律规范的关系。国防法律规范体系是一个网状的结构，每一部国防法律规范都定位于一定的网眼中，法律规范与法律规范之间虽有联系，但不能替代。③平行的国防法律规范之间应衔接、协调，避免重复交叉。④对国防法律规范的结构布局、文字表述应一致。

二、国防法律制度

国防法律制度是指国家为进行国防建设和国防斗争而制定或认可的法律制度体系。

（一）我国的国防法律制度体系

目前，我国的国防法律制度主要包括以下各个方面的内容：

1. 军事组织方面的法律制度

军事组织法律制度是规定各种军事组织系统中体制编制结构、职责权限划分及其相互关系的法律规范的总和。它能调整军事组织中各种与国防有关的社会关系，涉及有关国防和武装力量的组织形式、体制编制、人员装备编配等方面的内容。当前，我国尚无专门的军事组织法典或单行的军事组织法规，有关规定散见于宪法、国防法和其他国防法律、法规的条款之中。

2. 军事行政管理方面的法律制度

军事行政管理方面的法律制度是调整军事行政管理活动中各种社会关系的法律规范的总和，是进行军事行政管理活动的法律依据。具体内容主要有：①内务制度，主要由《中国人民解放军内务条令》规定；②纪律制度，主要由《中国人民解放军纪律条令》规定；③队列制度，主要由《中国人民解放军队列条令》规定；④警备制度，主要由《中国人民解放军警备条令》规定；⑤武器装备管理制度，主要由《中国人民解放军武器装备管理工作条例》《民兵武器装备管理规定》等规定；⑥保密制度，主要由《中华人民共和国保守国家秘密法》和《中国人民解放军保密条例》规定。在国防法律制度中，军事行政管理法律制度是一个调整内容丰富、法规数量众多的分支门类，占有较大的比重和重要的地位。

3. 兵役方面的法律制度

兵役方面的法律制度是国家调整兵役活动中各种社会关系的法律规范的总和。

它主要规定国家的兵役制度、公民的兵役义务、兵役工作机构的职责、兵员征集和动员的方式等内容，是国家开展兵役工作，确保公民服兵役，确保常备军和后备兵员补充的法律依据。由全国人民代表大会制定的《中华人民共和国兵役法》规定了兵役方面的基本法律制度。在它之下，国家和军队还制定了一系列兵役方面的法律法规，形成了具有中国特色的兵役制度，主要包括：①现役制度；②预备役制度；③兵员征集制度；④对违反兵役法的惩处制度。

4. 军事训练方面的法律制度

军事训练方面的法律制度是调整军事训练活动中各种社会关系的法律规范。其主要内容是军队的教育训练制度。它既包括中央军委颁发的军事训练法规，也包括军委各总部、各军兵种、各军区制定的军事训练规章。其中，中央军委制定的《中国人民解放军军事训练条例》是全军一体遵行的军事训练制度。

5. 军队政治工作方面的法律制度

军队政治工作方面的法律制度是中国共产党中央军事委员会和国家军事机关制定的，旨在保证党的绝对领导而在军队进行的思想工作和组织工作的各种法律规范的总和。它既包括党的中央军委制定的军队政治工作法规，也包括军委各总部、各军兵种、各军区制定的政治工作规章。其中，中国共产党中央军事委员会制定的《中国人民解放军政治工作条例》是军队政治工作的基本法规。

6. 国防后勤方面的法律制度

国防后勤方面的法律制度是调整国防后勤活动中各种社会关系的法律规范的总和。主要内容包括：①国防经费拨款制度，是国家关于国防经费分配、使用方面的法律规范；②军队后勤组织编制制度，是关于军队后勤组织机构的设置和人员装备编配的法律规范；③军队后勤专业工作制度，它规定军队后勤各项专业工作的基本原则、基本任务、业务管理和专业保障等方面的内容；④后勤保障制度，即国家在平时和战时保障武装力量后勤供应的法律规范，主要有《国防交通条例》《军用饮食供应站、供水站管理办法》。

7. 人民武装警察部队方面的法律制度

武警部队适用的法律制度包括：①指国家制定的与武警部队有关的法律制度，如兵役制度、动员制度、军人优抚制度、革命烈士褒扬制度等；②中央军委及四总部制定的可在武警部队适用的军事法规、规章，如内务、纪律、队列、政治工作、营产管理、军事训练、军事人事等方面的制度。

8. 优抚与安置方面的法律制度

优抚与安置方面的法律制度是调整武装力量成员优抚与安置活动中的各种社会关系的法律规范的总和。主要包括优待、抚恤武装力量成员以及安置离退休、转业军人的法律规定。其中，优抚方面的法律制度主要有《中华人民共和国中央军事委员会关于授予军队离休干部中国人民解放军功勋荣誉章的规定》《革命烈士褒扬条例》《军人抚恤优待条例》等规定；安置方面的法律制度，主要有《军队干部退出现役暂行办法》《军队干部退休暂行规定》《军队干部离职休养暂行规定》《中国人民解放军士官退出现役安置暂行办法》《退伍义务兵安置暂行条例》等规定。

9. 国防科研生产方面的法律制度

国防科研生产方面的法律制度是调整国防科研生产活动过程中各种社会关系的法律规范的总和。它是国家对国防科研生产实施决策、管理、监督的法律依据。主要包括：①国防科研生产基本制度；②国防科研生产管理制度；③国防科技成果管理制度；④国防科技人员管理制度等。

10. 国防动员方面的法律制度

国防动员方面的法律制度是国家调整战时与动员活动中的各种社会关系的法律规范的总和。它是国家实施战时管制以及由平时状态转入战时状态，统一调动人力、物力、财力为战争服务的法律依据。主要包括：①国防动员基本制度；②武装力量动员制度；③国民经济动员制度；④国防交通动员制度；⑤人民防空动员制度；⑥战略物资储备制度等。

11. 国防教育方面的法律制度

国防教育方面的法律制度是调整国防教育活动中的各种社会关系的法律规范的总和，是国家对全民进行国防教育，增进其国防观念，提高其国防素质的法律依据。它既包括国家权力机关制定的国防教育法律，主要有《中华人民共和国国防教育法》，也包括地方权力机关和行政机关制定的地方性法规和规章。

12. 军事设施保护方面的法律制度

军事设施保护方面的法律制度是调整人们在保护军事设施活动中各种社会关系的法律规范的总和。它是国家保护军事设施的安全和使用效能、维护国家军事利益的法律依据，主要由《中华人民共和国军事设施保护法》《关于长期保护测量标志的通告》《关于保护通信线路的规定》《保护海底电缆的规定》《关于保护机场净空的规定》等一系列法律法规组成。

13. 安全防卫方面的法律制度

安全防卫方面的法律制度是调整在国家安全防卫活动中的各种社会关系的法律规范的总和。它是保证国家进行领土防卫和确保安全的法律依据之一，主要由《中华人民共和国领海及毗连区法》《中华人民共和国飞行基本规则》《中华人民共和国出境入境边防检查条例》等一系列法律法规组成。

14. 军事刑事法律制度

军事刑事法律制度是规定军职人员违反职责罪和其他公民危害国防利益犯罪及其刑罚处罚的法律规范的总和。主要由《中华人民共和国刑法》中的第七章（危害国防利益罪）、第十章（军人违反职责罪）及其他法律法规中的有关条款组成。

15. 对外军事关系方面的法律制度

对外军事关系方面的法律制度是国家调整对外军事关系和处理对外军事事务的法律依据。主要由我国与外国签订的双边或多边军事条约以及我国参加的各种国际军事约章组成，其内容涉及交战行为，也涉及军控、军贸、军训、军工合作等其他行为。

（二）有关国防法规介绍

我国的国防法律制度涉及面广，内容非常丰富，是一个十分庞大的法律制度体系，为了便于教学，本教程重点介绍几个与公民密切相关的国防法规。

1. 《中华人民共和国国防法》

《中华人民共和国国防法》于 1997 年 3 月 14 日由第八届全国人民代表大会第五次会议通过，并由中华人民共和国主席令第 84 号公布施行。该法共 12 章 70 条。

主要内容如下：

（1）第一章为总则，主要规定了国家国防活动的范围、国防活动的基本原则、国防建设与经济建设的关系、国防领导体制以及公民的国防权利和义务。

（2）第二章规定了国家机构在国防方面的职权。

（3）第三章规定了中华人民共和国武装力量的性质和任务，依法治军的方针，中国共产党对武装力量的领导，武装力量的总体目标和基本要求，武装力量的各个组成部分及其任务，确定我国武装力量规模的原则，我国的兵役制度和军衔制度，禁止非法建立武装组织和进行武装活动等。

（4）第四章对我国边防、海防和空防的地位和范围、防卫和管理体制以及设施的建设和保护作了规定。

（5）第五章对我国国防科研生产和军事订货工作领域的基本任务、方针、原则、方向、体制等重大问题作了规定。

（6）第六章是对国防经费和国防资产的规定，主要规定了国防经费的保障及其增长原则，国防经费的拨款制度，国防资产的范围和产权、管理原则及其保护等。

（7）第七章是对国防教育的规定，即对国防教育的目的、责任主体、方针原则、组织实施和经费保障等作了规定。

（8）第八章是对国防动员和战争状态的规定，即对国防动员条件、要求、战略物资储备以及国防动员的组织实施和征用作了规定。

（9）第九章是对公民以及各类社会组织包括国家机关、社会团体和企业事业单位在国防方面的义务和权利的规定。

（10）第十章是关于军人的义务和权益的规定。

（11）第十一章为我国处理对外军事关系的方针政策作了规定。

（12）第十二章为附则，主要规定了特别行政区的防务和《国防法》施行的时间。

《国防法》是我国国防方面的基本法律，在国家法律体系中占有重要位置。它是宪法关于国防方面的原则规定的具体化，是宪法的子法。同时，它又是我国所有军事法律法规中最基本的法律，是军事法体系的母法。《国防法》的制定为完善我国的军事法律体系奠定了基础。其重大意义主要有：①把党和国家在国防建设、军队建设方面的方针、政策和优良传统，用法律的形式加以确认，有利于长期稳定地贯彻实施；②充分发挥法律机制在国防建设中的规范、调节、保障和引导作用，有利于国防建设更好地适应国家经济体制的转变；③为进一步完备国防法制提供基本的法律依据，有利于国家法制的健全和完善；④用法律的形式向国际社会表明我国的国防性质和国防政策，有利于树立和维护我国爱好和平的国际形象。

2.《中华人民共和国国防教育法》

《中华人民共和国国防教育法》于 2001 年 4 月 29 日经中华人民共和国第九届全国人大常委会第 21 次会议表决通过。同日，国家主席江泽民签署第 52 号主席令公布施行。该法共 6 章 38 条。主要内容如下：

（1）第一章为总则，主要规定了国防教育的意义与目的，国防教育的方针与原则，公民接受国防教育的权利和义务，国防教育的领导及职责，以及国防教育的褒扬和鼓励，规定国防教育日等。

（2）第二章是对学校国防教育的规定，主要对学校国防教育的地位和作用，教育行政部门的职责，各级各类学校组织实施国防教育形式、内容和要求，以及对学校国防教育的保障等作出规定。

（3）第三章是对社会国防教育的规定，主要对社会国防教育的组织形式，实施方法和教育内容，各级政府机关和社会组织的国防教育职责，以及社会资源为国防教育服务等作出规定。

（4）第四章是对国防教育保障问题的规定，主要对国家机关，企业事业组织，军区、省军区（卫戍区、警备区），军分区（警备区）和县、自治县、市、市辖区人民武装部，城市居民委员会、农村村民委员会，文化、新闻、出版、广播、电影、电视等部门和单位，烈士陵园、革命遗址和其他具有国防教育功能的博物馆、纪念馆、科技馆、文化馆、青少年宫等场所，在开展国防教育的组织措施，经费保障，教材保障，设施、场所保障，以及国防教育基地的规划、建设和管理等方面所作的规定。

（5）第五章是对法律责任的规定，主要对国家机关、社会团体、企业事业组织以及其他社会组织或个人违反本法进行责任追究的规定。

（6）第六章为附则，主要规定本法的公布施行时间。

国防教育是建设和巩固国防的基础，也是增强民族凝聚力和提高全民素质的重要途径。在新的历史时期，总结历史经验，着眼未来发展，制定一部具有中国特色的国防教育法是十分必要的，也是具有重要意义的。

3. 《中华人民共和国兵役法》

《中华人民共和国兵役法》是国家关于公民参加武装组织或在武装组织外承担军事任务和接受军事训练的法律。它是由国家最高权力机关全国人民代表大会依据《宪法》制定的，目的在于保障军队平时和战时兵员补充，保证兵员质量，加强武装力量建设，以满足我军现代化建设和未来反侵略战争的需要，是我国兵役制度的根本大法。

中华人民共和国成立后，国家十分重视《兵役法》的制定工作。1955 年 7 月 30 日，经第一届全国人民代表大会第二次会议审议通过，公布了第一部《中华人民共和国兵役法》。该法共 9 章 58 条，规定实行义务兵役制。1978 年 3 月 7 日，第五届全国人民代表大会第一次会议通过了《关于兵役制问题的决定》，将义务兵役制改为义务兵与志愿兵相结合的制度。1984 年 5 月 31 日，经第六届全国人民代表大会第二次会议通过，公布了新的《中华人民共和国兵役法》。新《兵役法》共 12 章 65 条，与 1955 年颁布的兵役法相比，修改和补充的主要内容是：①将义务兵役制改为以义务兵役制为主体的义务兵与志愿兵相结合、民兵与预备役相结合的兵役制度；②将中华人民共和国的武装力量由中国人民解放军各军种组成，改为由中国人民解放军、中国人民武装警察部队和民兵组成；③对士兵和军官服现役的制度作了重要补充；④在后备力量建设方面，完善了军官和士兵预备役制度，规定了预备役人员和高中以上学校学生军事训练的办法；⑤强调平时必须做好战时兵员动员的准备工作，规定了战时实施快速动员的原则和要求；⑥明确了省军区、军分区和县、市人民武装部兼各该级人民政府的兵役机关；⑦对现役军人的优待和退出现役后的安置作了一些原则规定；⑧对违反兵役法的行为，原则规定了处罚办法。总的看来，1984 年的《兵役法》，既考虑了当时的现实情况，又考虑到将来一段时间的发展趋势，比较符合我国和我军的实际情况。

1998 年 12 月 29 日，第九届全国人民代表大会常务委员会第 6 次会议通过的全国人民代表大会常务委员会《关于修改＜中华人民共和国兵役法＞的决定》，对我国的兵役制度又作了进一步的修正。把 1984 年《兵役法》规定的我国"实行义务兵役制为主体的义务兵与志愿兵相结合、民兵与预备役相结合的兵役制度"，即简称"一个主体、两个结合"的兵役制度，改为"中华人民共和国实行义务兵与志愿兵相结合、民兵与预备役相结合的兵役制度"，即简称"两个结合"的兵役制度，这也是 1998 年《兵役法》修改的核心内容。重新修改的现行《兵役法》共 12 章 68 条。它对我国现行的兵役制度、兵员的平时征集与战时动员、士兵与军官的现役和预备役、民兵和预备役人员的军事训练、高等院校和高级中学学生的军事训练、现役军人的优待和退出现役的安置，以及对违反兵役法的惩处等，都作了明确规定。该法的颁布实施，对完善我国的兵役法规，增强全国人民的国防观念和提高依法服兵役意识，加强国防现代化建设具有十分重要的现实意义。

兵役法在我国军事法体系中占有重要地位。在《中华人民共和国国防法》出台之前，兵役法实际上单独起着军事基本法的作用。许多军事法律法规都是依据兵役法的有关内容制定的。因此，兵役法的颁布和实施，是完善我国军事法制的基本措施，是加强军队建设和国防后备力量建设的必要条件。而且，兵役法也是进行全民国防教育和增强全民国防观念的重要依据。几十年来，在党中央、国务院、中央军委领导下，各级党委和人民政府、企业事业单位以及社会各界贯彻执行兵役法，努力做好兵役工作、民兵预备役工作和优抚安置工作，充分发挥了兵役法对于国防建设和武装力量建设的法律保障作用。

4.《中华人民共和国国防动员法》

《中华人民共和国国防动员法》于2010年2月26日由十一届全国人大常委会第十三次会议通过，并由中华人民共和国主席令第二十五号公布，自2010年7月1日起施行。该法共共14章72条。主要内容如下：

（1）第一章为总则，主要规定了本法的立法目的和立法依据；动员工作遵循的方针、原则；国家、社会组织及公民在国防动员中的权利及义务。

（2）第二章主要规定了动员令的发布及解除权限，规定动员机构的设置、职责分工和隶属关系。

（3）第三章主要规定了动员计划的编制、审批、执行、检查等有关的各项制度。

（4）第四章主要规定了与国防密切相关的建设项目和重要产品相关的各项制度。

（5）第五章主要规定了预备役人员储备制度。

（6）第六章主要规定了战略物资储备与调用制度。

（7）第七章主要规定了军品科研、生产与维修保障制度。

（8）第八章主要规定了战争灾害的预防与救助制度。

（9）第九章主要规定了国防勤务的定义和公民免服国防勤务的情形；国防勤务的组织领导、权限划分以及对公民服国防勤务的报酬和优抚原则。

（10）第十章主要规定了民用资源征用与补偿制度。

（11）第十一章主要对国防动员中的宣传教育作出了规定。

（12）第十二章主要对国防动员中的一些特别措施作出了规定。

（13）第十三章是对法律责任的规定，主要对公民、企事业组织、主要责任人违反本法进行责任追究的规定。

（14）第十四章为附则，主要规定本法的施行时间。

（三）公民的国防权利和义务

公民的国防权利是指宪法、法律赋予公民在国防活动中享有的权利或利益。国家从法律和物质上保障公民和组织享有这种权利的可能性。公民的国防义务是指由宪法、法律规定的公民在国防方面应当履行的责任。国防义务是法定义务、法律义务，是由国家强制力保证其落实的。每一个公民都享有相应的国防权利，也必须履行相应的国防义务。

1. 公民的国防权利

根据我国《国防法》的规定，公民享有三个方面的国防权利：

（1）国防建设建议权。《国防法》第54条规定：公民和组织有对国防建设提出建议的权利。所谓建议权，就是公民有权对国防建设的指导思想、方针原则、规章制度、措施方法等提出改进意见。此项权利是公民依宪法相应的对国家事务的建议权在国防建设方面的体现。

（2）制止、检举危害国防行为权。《国防法》第54条规定：公民和组织有对危害国防的行为进行制止或者检举的权利。所谓制止权，就是公民有权采取一定的方式方法使危害国防的行为停止下来，从而维护国防利益。所谓检举权，就是在危害国防的行为发生以后，公民有权进行揭发。对违法犯罪行为进行制止、检举是公民享有的一项普遍性权利，在国防领域也不例外。国家和社会保护行使此项权利的公民，使之免于因此而受到打击报复或其他损害。

（3）损失补偿权。《国防法》第55条规定：公民和组织因国防建设和军事活动在经济上受到直接损失的，可以依照国家有关规定取得补偿。公民享有受到公平待遇的普遍性权利，当公民因国防建设和军事活动而在经济上受到直接损失时，有权依照国家有关规定请求补偿。必须明确的是，有些补偿措施是在战后落实的，不能把预先得到补偿作为接受动员和接受征用的条件。战时，国家可能一时拿不出钱来，那就先征用，战后再补偿。

2. 公民的国防义务

我国的国防法规赋予公民的国防义务主要有以下七项：

（1）维护国家统一和安全的义务。我国《宪法》第52条规定：中华人民共和国公民有维护国家统一和全国各民族团结的义务。维护国家统一主要是指维护国家领土的完整，任何公民都不得破坏、变更和以其他各种形式分裂肢解国家领土；维护国家政权的统一，不允许任何公民以各种方式分裂国家政权，破坏国家的统一，不允许任何人以任何方式把国家主权割让给外国。

我国《宪法》第54条规定：中华人民共和国公民有维护祖国的安全、荣誉和利益的义务，不得有危害祖国的安全、荣誉和利益的行为。维护国家的安全主要是指维护国家的领土、主权不受侵犯，国家各项机密得以保守，社会秩序不被破坏。

履行维护国家统一和安全这项义务，就是要求每一个公民都有高度的爱国主义精神和爱国主义行动，以国家利益为最高利益，自觉维护祖国统一、安全、荣誉和利益，绝不做危害国家安全、民族荣誉和祖国利益的事。

（2）履行兵役的义务。我国《宪法》第55条规定：保卫祖国，抵抗侵略，是中华人民共和国每一个公民的神圣职责。依照法律服兵役和参加民兵组织是中华人民共和国公民的光荣义务。我国《国防法》第50条规定：依照法律服兵役和参加民兵组织是中华人民共和国公民的光荣义务。我国《兵役法》第3条规定：中华人民共和国公民，不分民族、种族、职业、家庭出身、宗教信仰和受教育程度，都有义务依照本法的规定服兵役。按照我国《兵役法》的规定，公民履行兵役义务有服现役、服预备役和参加民兵三种形式。参加民兵组织，服预备役，以及高等院校和高级中学学生参加军事训练，是我国应征公民在军队之外履行兵役义务的普遍形式。所有预备役人员必须依法参加军事训练，执行其他军事任务，并随时准备应征入伍服现役。

（3）支持国防建设的义务。我国《国防法》第53条规定：公民和组织应当支持国防建设，为武装力量的军事训练、战备勤务、防卫作战等活动提供便利条件或者其他协助。这是一项适用比较广泛的义务。例如，在国家为国防目的进行征用时，公民和组织应当积极配合，不得抵制、阻挠，否则将承担相应的法律责任。这项义务的核心是支持和协助，支持是指对国防建设的广泛的支持，而协助的重点是武装力量的军事活动，特别是要深刻认识军队在国防建设中的地位和作用，积极支持军队的建设，在全社会形成尊重、爱护军队的良好风尚，并从各方面大力支持军队平时的各项工作和战时的各种作战勤务。同时，要积极支持民兵、预备役部队建设，民兵和预备役部队是武装力量的重要组成部分，做好民兵、预备役工作是加强国防后备力量建设的重要工作和长期的战略任务。

（4）接受国防教育的义务。我国《宪法》第24条规定：在人民中进行爱国主义、集体主义和国际主义、共产主义的教育。我国《国防法》第52条规定，公民应当接受国防教育。我国《国防教育法》第5条进一步强调：中华人民共和国公民都有接受国防教育的权利和义务。国防教育是建设和巩固国防的基础，是增强民族凝聚力和提高全民素质的重要途径，普及和加强国防教育是全社会的共同责任，自觉接受国防教育是公民应尽的义务。

（5）支前参战的义务。我国《国防法》第47条规定：一切国家机关和武装力量、各政党和各社会团体、各企业事业单位和公民，在和平时期必须依照法律规定完成动员准备工作；在国家发布动员令后，必须完成规定的动员任务。《兵役法》第48条规定：预备役人员随时准备应召服现役，在接到通知后，必须准时到指定的地点报到；第49条规定：战时遇有特殊情况，国务院和中央军事委员会可以决定征召36岁至45岁的男性公民服现役。根据《宪法》精神和《国防法》《兵役法》的规定，在战争发生时，为了对付敌人突然袭击，抵抗侵略，适龄公民应当积极响应祖国的战时征召。部分服现役参加战斗，其余的除了随时准备应召服现役外，要在政府的领导下，由当地军事指挥机关组织，积极担负战备勤务，支援前线作战。例如，支前送武器弹药、给养，后运伤员，守护重要军事设施和交通运输线路，参加军警民联防等。

（6）保护国防设施的义务。我国《国防法》第52条规定：公民和组织应当保护国防设施，不得破坏、危害国防设施。《军事设施保护法》进一步明确规定：中华人民共和国的所有组织和公民都有保护军事设施的义务。禁止任何组织或者个人破坏、危害军事设施。任何组织或者个人对破坏、危害军事设施的行为都有权检举、控告。根据《国防法》和《军事设施保护法》等有关保护军事设施规定的要求，公民应当自觉遵守各类军事设施的保护规定。

（7）保守国防秘密的义务。我国《宪法》第53条明确规定：中华人民共和国公民必须遵守宪法和法律，保守国家秘密。《国防法》第52条进一步规定：公民和组织应当遵守保密规定，不得泄露国防方面的国家秘密，不得非法持有国防方面的秘密文件、资料和其他秘密物品。《中华人民共和国保守国家秘密法》规定，国家秘密关系国家的安全和利益，一切国家机关、武装力量、政党、社会团体、企事业单位和公民都有保守国家秘密的义务。

三、国防法律的实施

国防法律的实施是指国防法律规范在社会生活中的运用和实现，即国家机关及其工作人员、社会组织和公民实现国防法律规范的活动。

（一）行政执法

国防法律实施中的行政执法特指国家一般行政机关和军事行政机关及其工作人员依据国防行政法律规范解决具体行政事务的过程。它又可分为行政检查和行政处理两种方式。

1. 行政检查

行政检查是指一般行政机关和军事行政机关依法对相对人遵守国防法律、法规、规章，执行国家国防方面的计划、决定、命令的情况进行了解的行为。

主要包括以下具体的活动：

（1）审查：指执法机关对相对人的有关文件、决议、计划、材料、报告、账册、单据、报表、证件等进行核对、查证，判断其合法性。

（2）调查：指执法机关通过调查手段查明相对人的守法情况。

（3）检查：指执法机关对相对人守法的各个方面情况进行全面的或个别的一般性了解的方法。

（4）听取汇报：指执法机关通过相对人自己的说明来了解相对人守法的情况。

（5）统计：指执法机关通过对某些数据的了解行使检查权。这种方法应用十分广泛，如兵员统计、武器装备统计、后备力量资源统计等。

（6）登记：指执法机关对相对人有关情况记录进行了解的检查方法，如兵役机关对预备役人员所在单位、住所或编入预备役部队、预编到现役部队等情况的登记。

（7）责令提供必要的情况：指执法机关为实施检查，可以要求相对人对有关事项提供必要的证明、资料，如驻国防生产企业的军事代表有权要求生产单位提供生产的军用物资的样品、成品和有关资料、生产或实验报告等。

（8）清查：指执法机关对相对人的有关物质资料进行清理、查对的方法，如军队房地产、军用设施的清查。

（9）考核：指执法机关对相对人某一方面情况或某些方面情况进行考查核对，如军事训练考核、军官任职考核、专业技术人员专业考核等。

2. 行政处理

行政处理特指一般行政机关和军事行政机关依法对相对人是否遵守国防法律规范所作的具体决定。主要包括以下几种形式：

（1）行政奖励：特指国家一般行政机关和军事行政机关及其授权单位、组织，为鼓励先进，对为国防和军队建设作出贡献的单位和个人给予物质或精神利益而实施的具体行政行为。

（2）行政处分：特指国家一般行政机关和军事行政机关对所属工作人员违反国防法律规范，不履行国防义务或者危害国家军事利益的行为，依据行政法给予的惩戒。行使处分权的主体是国家一般行政机关和军事行政机关，而不包括非国家行政机关。受行政处分的相对人是国家公务员或是军人。

（3）行政处罚：特指国家一般行政机关和军事行政机关对相对人违反国防法律规范，不履行国防义务或者危害国家军事利益，尚不构成犯罪的行为，依据行政法给予的强制性制裁。行政处罚与其他行政处理的行为不同，它必须是由特定的行政机关行使处罚权。

（4）行政强制执行：特指国家一般行政机关或军事行政机关对于拒不履行国防义务的

公民、法人或其他组织依行政法采取必要的强制措施，迫使其履行义务或实现与履行义务相同状态的行政执行行为。从性质上看，它不是给相对人设定新的义务，而是要求相对人履行原有的义务；从目的上看，不是着眼于惩戒或制裁，而是着眼于义务内容的实现。

（二）司法

国防法律适用中的司法特指国家一般司法机关或军事司法机关依照法定权限和程序，运用刑法、民法、行政法处理违反国防法律规范的刑事、民事、行政案件的专门活动。这种专门活动的目的，在于通过司法主体正确运用和执行法律规范，来维护国家军事利益和军人的合法权益。

在我国，国防法律适用中的司法主体由于其管辖权限的不同，分为一般司法机关和军事司法机关。一般司法机关是指根据法定权限和程序，依照刑法、民法、行政法处理一定范围内违反国防法律规范案件的一般公、检、法机关。其司法管辖主要是一切非军人和非军事组织违反国防法律规范的刑事、民事、行政案件。军人或军事组织的民事案件和部分经济案件，在非国防法律适用的司法中，由一般司法机关管辖，但在国防法律适用的司法中，军人或军事组织一切案件则由军事司法机关管辖。军事司法机关是指依照法定权限和程序，处理军人或军事组织违反国防法律规范案件的军队保、检、法机关。其司法管辖主要是一切军人（包括军队在编职工）违反国防法律规范的刑事案件，一切军事组织违反国防法律规范的经济案件，普通公民违反国防法律规范危害国家军事秘密的刑事案件。

国防法律适用的司法活动，以管辖案件的性质，可分为刑事司法、民事司法、行政司法。国防法律适用中的刑事司法特指国家一般司法机关和军事司法机关依照法定权限和程序，对违反国防法律规范的刑事案件侦查、起诉、审判、执行的过程。国防法律适用中的民事司法特指国家一般审判机关依照法定的权限和程序，对涉及国防法律关系的民事案件进行审判、执行的过程。司法主体只能是国家一般审判机关，不包括军事审判机关。国防法律适用中的行政司法特指国家一般审判机关依照法定的权限和程序，对涉及国防法律关系的行政案件进行审判和执行的过程。司法机关的主体只能是国家一般审判机关，不包括军事审判机关；被诉主体只能是国家一般行政机关，不包括军事行政机关。

（三）国防法律的遵守

国防法律的遵守是指社会主体依照国防法律规范，行使国防权利和履行国防义务的活动。这里所说的社会主体可分为两大类：一类是特殊主体，即军事机关、军人和其他担负军事任务的人员；另一类是一般主体，即国家一般机关、社会组织和全体公民。这两类主体都必须遵守与其相关的国防法律规范。

在遵守活动中，对不同层次的守法主体，有以下不同的要求：

第一，要求全体社会成员都自觉遵守国防法律规范。为此，应不断地对社会主体进行国防法律的宣传教育。通过教育，克服遵守国防法律规范是军事组织、军人的事，与一般国家机关、社会组织和公民无关的狭隘观念；克服国防法律只是约束人民群众的，领导者或者国家机关可以超越国防法律，甚至无视国防法律、任意践踏国防法律的特权观念；树立遵守国防法律规范的义务观念，从而提高遵守国防法律的自觉性。

第二，要求党和国家干部要模范地遵守国防法律规范。各级干部是受人民委托来管理国家的,是代表党和国家工作的,他们只有模范地遵守国防法律规范,特别是领导干部带头做到有法必依、执法必严、违法必究,才能有资格要求和带领群众遵守国防法律,管理好国家事务。但是,如果干部特别是领导干部不遵守或不认真遵守国防法律,势必会破坏党和国家在群众中的威信,损害国家的军事利益,进而损害国家和人民的根本利益。因此,我国宪法特别强调干部必须"模范地遵守宪法和法律",规定公民对任何违法失职的国家干部有权向各级国家机关提出控告,并赋予检察机关对国家干部是否严重违法乱纪以检察权。

第三节 国防建设

国防建设是指为国家安全利益需要,提高国防能力而进行的各方面的建设。它是国家建设的重要组成部分,包括精神和物质两个方面的建设。国防建设的内容主要包括武装力量建设、战场建设、人力物力的多种动员准备以及边防、海防、空防和人防建设;战略物资的储备;国防工业建设和国防科学技术研究;对人民群众和学生进行国防教育和军事训练,发展国防体育事业;建立、健全国防法规体系;军事理论研究,发展军事科学,制定并完善符合实际的战略战术原则;后备力量的建设,以及与国防相关的铁路、公路、水运、民航、邮电、能源、水利、造林、气象、卫生、航天等方面的建设。武装力量建设是国防建设的重点。

一、国防领导体制

国防领导体制是指国防领导的组织体系及相应制度,它包括国防领导机构的设置、职权划分、相互关系等,它是国家政权组织形式和机构的重要组成部分。

一般设有最高统帅、最高国防决策机构、国家行政机关中管理国防事务的部门、武装力量领导指挥系统等。根据《宪法》和《国防法》,中华人民共和国的国防领导职权由以下机构行使:

(一)中共中央的国防领导职权

中国的武装力量受中国共产党领导。党的中央军事委员会和国家的中央军事委员会的组成人员和对军队的领导职能完全一致。中央军委实行主席负责制,中央军委主席即为全国武装力量的统帅。

(二)全国人民代表大会及其常务委员会的国防职权

全国人民代表大会选举国家中央军委主席,根据中央军委主席的提名,决定中央军委其他组成人员的人选,决定战争和和平的问题,并行使宪法规定的国防方面的其他职权。全国人大常委会在全国人民代表大会闭会期间决定战争状态的宣布,决定全国总动员或者局部动员,并行使宪法规定的国防方面的其他职权。

（三）国家主席在国防方面的职权

国家主席根据全国人大及其常委会的决定，宣布战争状态，发布动员令，并行使宪法规定的国防方面的其他职权。

（四）国务院在国防方面的职权

国务院领导和管理国防建设事业，编制国防建设发展规划和计划，制定国防建设方面的方针、政策和行政法规，管理国防经费和国防资产，领导和管理国防科研生产，领导和管理国民经济动员工作和人民武装动员、人民防空、国防交通等方面的有关工作，领导和管理拥军优属和退役军人安置工作，领导国防教育工作，与中央军委共同领导人民武装警察部队、民兵的建设和征兵、预备役工作以及边防、海防、空防的管理工作，并行使法律规定的与国防建设事业有关的其他职权。国务院设有国防部以及其他与国防建设事业有关的部门。

（五）中央军事委员会在国防方面的职权

中央军委领导和统一指挥全国武装力量，决定军事战略和武装力量的作战方针，领导和管理人民解放军的建设，向全国人大或者全国人大常委会提出议案，制定军事法规，发布决定和命令，决定人民解放军的体制和编制，任免、培训、考核和奖惩武装力量成员，批准武器装备体制和发展规划、计划，并行使法律规定的其他职权。

在中央军委之下，设有人民解放军总部机关，即中国人民解放军总参谋部、总政治部、总后勤部、总装备部。总部既是中央军委的工作机关，又是全军军事、政治、后勤、装备工作的领导机关。总参谋部负责组织领导全国武装力量的军事建设，组织指挥全国武装力量的军事行动；总政治部负责管理全军党的工作、组织、政治工作；总后勤部负责组织领导全军后勤工作；总装备部负责组织领导全军装备工作。为了加强国防领导的协调，国务院和中央军事委员会还建立了协调会议制度。

《国防法》规定，国务院和中央军事委员会可以根据情况召开协调会议，解决国防事务的有关问题。会议议定的事项，由国务院和中央军事委员会在各自的职权范围内组织实施。国家还建立了国防动员委员会，它是国务院、中央军委领导下主管全国国防动员工作的议事协调机构。国家国防动员委员会主任、副主任由国务院、中央军委领导兼任，委员由国务院有关部委、军队总部有关领导组成。国家国防动员委员会下设4个办公室：国家人民武装动员、国家经济动员、国家人民防空、国家交通战备。

二、新中国国防建设取得的主要成就

我们党历来重视国防建设。新中国成立以来，在党中央、中央军委领导下，依靠自力更生，我国的国防建设取得了很大成就，逐步建立起了有中国特色的现代化国防体系。

（一）铸造了一支现代的合成军队

军队是国防力量的主体，我国根据国防的实际需要和国家的基本承受能力，建设了一支诸军兵种相结合的具有现代作战能力的革命化、现代化、正规化军队。

陆军从步兵单一兵种发展到拥有以装甲兵、步兵组成的地面突击力量，以炮兵、防空兵、陆军航空兵组成的火力支援力量，以侦察兵、通信兵、工程兵、防化兵、气象兵和电子对抗专业部（分）队组成的作战保障力量；以运输、输油管线、卫生、军需等专业部（分）队组成的后勤保障力量；以装备供应、修理、器材等专业分队组成的装备技术保障力量为一体的集团军，大大提高了现代条件下陆军的合成作战能力。目前，陆军中的装甲兵、炮兵、陆军航空兵等技术兵种已占70%。部队的机动作战、火力打击等能力已今非昔比。

海军已发展成为拥有潜艇部队、水面舰艇部队、海军航空兵、海军岸防兵和海军陆战队等兵种及专业兵的海上精锐之师，舰艇部队日趋导弹化、电子化、自动化，已经具备了现代海上综合作战能力，不但具有在水面、水下、空中及对岸上实施攻防作战的能力，还可以协同其他军种执行海上作战任务。

空军已发展成为拥有航空兵、空降兵、地面防空兵（包括高射炮兵和地空导弹兵）、雷达兵、通信兵等诸多兵种及专业兵，具备较强的空中和地面攻防作战能力的合成军种。在全国范围内，构成了航空兵和地面诸兵种合成的完整防空体系。

第二炮兵是我军的一个独立兵种，虽然起步较晚，但发展很快，目前已发展成为一支核导弹与常规导弹兼有，近、中、远程和洲际导弹齐备，既可实施固定发射，也可机动发射，并建有与之相配套的作战、防护工程和各种设施，具有较强的生存能力和远程机动打击能力的高技术兵种。它既可以独立执行自卫核反击战略打击任务，也可以协同其他军种对敌纵深实施常规打击，特别是核潜艇导弹和车载式机动洲际导弹的发射成功，标志着我们具有了机动、隐蔽的第二次核打击能力。

在加强军队院校建设上，新中国成立以后，我军各类军事院校在解放前有限院校的基础上得到了迅速发展，培养了一大批国防人才。在新的历史时期，中央军委进一步强调"要把教育训练提高到战略地位"。在这个思想指导下，全军开办了各级各类指挥院校，培养了一批又一批能适应现代战争需要的各级指挥人才和各类专业技术人才。

50多年来，人民解放军由单一军种发展成为诸军兵种合成的强大军队，高技术军兵种已成为我军战斗力的骨干力量。21世纪的人民解放军将按照江泽民提出的"政治合格、军事过硬、作风优良、纪律严明、保障有力"的总要求，以科学发展观为指导，继续优化体制编制，更新教育训练内容和手段，改善武器装备，加强军队的质量建设，提高诸军兵种的合成化水平，向精兵、合成、高效的方向发展。

（二）建立了比较完善的国防动员体制

经过50多年的建设，我国已经形成了以常备军为骨干、后备力量为基础，二者互为补充、协调发展的国防力量统一体，同时建立了一套比较完善的国防动员体制，能够迅速将国防潜力转化为军事实力。

1. 健全了国防动员机构

动员包括人力、财力、物力等方面动员。因此，国家的动员领导体制是涉及各个领域的复杂体系。我国的动员体制是在中央军委下设人民武装委员会，负责指导和协调全国后备力量建设和动员工作。同时，在国务院设国家动员委员会，在各级政府机关设国防动员机构。国防动员委员会是在国务院和中央军委领导下，主管全国国防动员工作的有关议事协调机构。其任务是贯彻积极防御军事战略方针，组织实施国家国防动员工作，协调国防动员工作中经济与军事、军队与政府、人力与物力之间的关系，以增强国防实力，提高平战转换能力。

军队从总部机关到各集团军、海军基地、战区空军、第二炮兵基地都设有动员机构和动员军官，特别是在大军区一级设有动员部。省军区、军分区、人民武装部，既是同级党委的军事部门，又是政府的兵役机关，是后备力量建设与动员工作于一体的机构。

2. 建立了强大的后备力量

国防后备力量包括预备役部队和民兵。如果说常备军是国家武装力量的主体，那么，国防后备力量则是常备军的力量源泉和动员扩编的基础，是在和平时期制约战争、维护和平的重要国防威慑力量，是夺取未来战争最后胜利的战略力量。

1984年5月，全国人大通过的新《兵役法》，确立了我国民兵与预备役相结合的国防后备力量体制，本着"控制数量、提高质量、抓好重点、打好基础"的原则，到1987年，各大军区都建立了预备役部队，按解放军的编制组建，有正式的番号和军旗，实现了我国国防后备力量的新发展。目前，我国民兵已发展成为一支拥有炮兵、防空兵、通信、工兵、防化以及海、空军等专业技术分队的强大群众武装。预备役部队已拥有不同军兵种的师、团和专业技术部（分）队，其快速动员和执行作战任务的能力大大提高。

（三）形成了门类齐全、综合配套的国防科技工业体系

国防科技是衡量一个国家综合国力的重要标志之一，也是国防现代化建设的一个重要方面。经过50多年的建设和发展，我国的国防科技工业经历了从无到有，从小到大，从落后到先进的过程，建立起电子、船舶、兵器、航空、航天和核能等门类齐全、综合配套的科研实验生产体系，取得了一大批具有国内或国际先进水平的科研成果，为我军现代化建设，增强我国的综合国力作出了重要贡献。

（1）在军事电子方面，逐步发展成为具有相当规模，门类齐全的新兴工业部门，特别是在指挥自动化、情报侦察、预警探测、电子对抗和通信等方面，为我军提供了各种新式装备和产品，进一步增强了部队侦察、通信、指挥和作战能力。

（2）在船舶工业方面，先后自行研制建造了核动力潜艇、常规潜艇、导弹驱逐舰、导弹护卫舰、导弹快艇等作战舰艇，以及各种辅助舰艇和新型鱼雷、水雷、反水雷等新装备。

（3）在兵器工业方面，研制生产了一大批具有先进性能的坦克、装甲车辆、火炮、弹药、轻武器、军用光电器材和综合火控、指挥系统等新型武器装备，为我军现代化作出了重要贡献。

（4）在航空工业方面，已能够生产歼击机、轰炸机、直升机、运输机、教练机等，基本满足了海空军作战和飞行训练的需要。

（5）在航天科技工业方面，已拥有地地、地空、海空和空空导弹武器系统，运载火箭和各种应用卫星的研制与实验能力以及各种应用卫星的发射能力，在世界高技术领域占有一席之地。

（6）在核工业方面，我国不仅可以生产制造原子弹、氢弹，还掌握了核潜艇技术，形成了我国的核威慑力量。另外，在和平利用核能方面，我国也取得了突破性进展。

三、国防建设目标

（一）巩固国防，防备和抵抗侵略。

中国的领陆、内水、领海、领空神圣不可侵犯。中国根据新形势下国家防卫的需要，坚持对国防活动的统一领导，坚持独立自主和全民自卫原则，实行积极防御军事战略，加强武装力量建设和边防、海防、空防建设，采取有效的防卫和管理措施，保卫国家安全，维护海洋权益。一旦国家遭受侵略，中国将依照宪法和法律，坚决进行抵抗。

（二）制止分裂，实现祖国完全统一。

中国是全国各族人民共同缔造的统一多民族国家。中国政府禁止对任何民族的歧视和压迫，也禁止任何破坏民族团结和制造国家分裂的行为。台湾是中国不可分割的一部分。中国政府按照"和平统一、一国两制"的基本方针和现阶段发展两岸关系、推进祖国和平统一进程的八项主张，以最大的诚意、尽最大的努力争取和平统一的前景，但决不承诺放弃使用武力。中国坚决反对任何国家向台湾出售武器或与台湾进行任何形式的军事结盟。中国武装力量坚决捍卫国家主权和统一，有决心、有能力制止任何分裂行径。

（三）制止武装颠覆，维护社会稳定。

中国宪法和法律禁止任何组织或个人组织、策划、实施武装叛乱或武装暴乱，颠覆国家政权，推翻社会主义制度。中国坚决反对一切形式的恐怖主义、分裂主义和极端主义。中国武装力量把依法维护社会秩序和社会稳定作为重要职责，严厉打击各种恐怖活动，打击敌对势力的渗透和破坏活动，打击危害社会稳定的各种犯罪活动，促进社会的安定团结。

（四）加强国防建设，实现国防和军队现代化。

中国坚持国防建设与经济建设协调发展的方针，坚持走一条经费投入比较少而效益比较高的道路，在经济发展的基础上推进国防和军队现代化。中国军队坚持以毛泽东军事思想、邓小平新时期军队建设思想为指导，全面贯彻"三个代表"重要思想，坚定不移地走中国特色的精兵之路，积极推进各项改革，适应世界军事变革的趋势，努力完成机械化和信息化建设的双重历史任务，实现军队现代化的跨越式发展。

（五）维护世界和平，反对侵略扩张。

中国不称霸，不参加军事集团，不谋求势力范围，反对战争政策、侵略政策和扩张政策，反对军备竞赛。中国支持国际社会为公正合理地解决国际争端所做的努力，支持一切有利于维持全球战略平衡和稳定的活动，积极参与国际反恐怖主义合作。（《2002年中国的国防》白皮书）

四、武装力量建设

武装力量建设是指为建立和加强国家武装力量所采取的一系列举措。它以军队建设为主体，是国防建设的重要组成部分。目的是提高武装力量的作战能力，为国家的根本利益服务。

（一）我国武装力量的体制和编成

1. 我国武装力量的体制

武装力量的体制是构成武装力量战斗力的一个重要因素。体制是否科学将决定着武装力量能否胜任其肩负的使命。《中华人民共和国国防法》和《中华人民共和国兵役法》规定，中华人民共和国的武装力量由以下几部分组成：

（1）中国人民解放军现役部队和预备役部队。中国人民解放军是中华人民共和国武装力量的骨干，是抵抗侵略、保卫祖国、维护国家主权和安全的主要力量。中国人民解放军由现役部队和预备役部队组成。现役部队是国家的常备军，由陆军、海军、空军、第二炮兵组成。中国人民解放军预备役部队组建于1983年，是以现役军人为骨干，以预备役军官、士兵为基础，按统一编制为战时实施成建制快速动员而组建起来的部队，其师团已纳入军队建制序列，授有番号、军旗。

预备役部队平时隶属省军区，战时动员后归指定的现役部队指挥。在预备役军官中，有些是地方党政领导干部。预备役部队的基本任务是努力提高部队的军政素质，不断增强现代条件下的快速动员和作战能力；切实做好战时动员的各项准备工作，随时准备转为现役部队，执行作战任务；积极参加社会主义建设，在物质文明和精神文明建设中，发挥骨干带头作用。组建预备役部队是实施成建制快速动员的好形式，是提高储备质量的好办法，是节约军费开支和加强国防建设的好措施。

由于解放军主要担负对付外敌入侵的任务，需要统一调动，统一使用。因此对其必须实施高度集中的垂直领导，归中央军委统一指挥。

（2）中国人民武装警察部队。它是国家武装力量的重要组成部分，是保卫社会主义现代化建设的一支重要力量。《中华人民共和国国防法》规定，人民武装警察部队担负国家赋予的安全保卫任务，维护社会秩序。它是人民民主专政的重要工具之一。其主要职能作用是：①维护国家主权和尊严。主要通过执行边境武装警卫勤务、边防检查勤务、安全检查勤务、海上巡逻勤务，来履行这一职能。②维护社会治安。作为公安机关的一部分，人民武装警察部队担负着用公开武装的形式预防和镇压敌对势力的破坏，应付各种紧急意外情况，维护社会治安的任务。③保卫党政领导机关、重要目标和人民生命财产的安全。主要通过执行警卫勤务、守卫勤务、消防工作、反恐怖活动来实现。

人民武装警察部队的任务决定了它具有军事性、公安性、地方性的特点，也决定了武警部队必然有不同于解放军的组织领导体制。所谓军事性，是指人民武装警察部队同人民解放军一样，根据人民解放军的建军思想、宗旨、原则，按照人民解放军的条令、条例和有关规章制度，结合武警部队特点进行建设，以军事手段履行自己的职责。所谓公安性，是指武警部队又是公安机关的组成部分，在完成任务上，要坚持以执勤为中心，有效地保卫国家安全，这种任务有着很强的执法护法性；在隶属关系上，武警部队接受公安机关的分级管理和分级指挥，以武装形式配属公安机关，和公安队伍在同一战线上以不同方式履行同一职责。所谓地方性，是指武警部队按照国家区域分级设置，遍布全国各地，在多数情况下都是在本地区执行任务，接受地方各级党委、政府的领导，对稳定和发展本地区政治、经济、文化具有重要作用。

人民武装警察部队属于国务院编制序列，由国务院、中央军委双重领导。

实行统一领导管理与分级指挥相结合的体制。人民武装警察部队设总部、总队（师）、支队（团）三级领导机关。各级机关设司令部、政治部、后勤部。武警总部是武警部队的领导指挥机关，领导管理武警内卫部队的军事、政治和后勤工作，对列入武警部队序列的其他部队的军事、政治、后勤工作进行指导。

武警总部直辖若干师和大专院校。各省、自治区、直辖市设武警总队，各总队分设初级指挥学校，总队以下根据行政区划和任务需要，设若干个支队，支队下辖大队、中队。

中国人民武装警察部队依其任务不同分为以下三类：

第一类：内卫部队。这是武警部队的主要组成部分，受武警总部的直接领导和管理。其主要任务是承担固定目标执勤和城市武装巡逻任务，保障国家重要目标的安全；处置各种突发事件，维护国家安全与社会稳定；支援国家经济建设和执行抢险救灾任务。

第二类：列入武警序列由公安部门管理的部队。其中，边防部队主要担负边境检查、管理和部分地段的边界巡逻以及海上缉私；消防部队主要担负防火灭火任务；警卫部队主要担负党和国家领导人、省市主要领导及重要来访外宾警卫任务。

第三类：列入武警序列受国务院有关业务部门和武警双重领导的部队。这些部队既担负经济建设任务，同时又负有维护国家安全和社会稳定的任务。其中，黄金部队主要担负黄金地质勘察、黄金生产任务；水电部队主要承担国家能源重点建设项目，包括大中型水利、水电工程以及其他建设任务；交通部队主要担负公路、港口及城建等施工任务；森林部队主要担负东北、内蒙古、云南森林的防火灭火以及维护林区治安和保护森林资源的任务。

人民武装警察部队的武器装备以步兵轻武器为主，兼有少量重型武器和特种武器。人民武装警察部队是国家必不可少的人民武装力量，它的存在直接关系到国家和社会的安定，关系着人民生命财产的安全和人民民主专政的巩固。所以，人民武装警察部队的建设只能加强而不能削弱。

（3）中国民兵。民兵是国家的后备武装力量。《中华人民共和国国防法》规定，民兵在军事机关的指挥下，担负战备勤务和防卫作战任务，协助维护社会治安。为确保完成这一任务，必须确立有关民兵的各项基本制度。新时期的中国民兵建设已经取得了很大成绩。以法律的形式确立了在国务院、中央军委领导下的民兵组织领导体制。全国的民兵工作由总参谋部主管；各大军区按照上级赋予的任务，负责本区域的民兵工作；省军区、军分区和县（市）人民武装部是本地区的民兵领导指挥机关；乡、镇、部分街道和企事业单位设有人民武装部，负责民兵和兵役工作。

地方各级人民政府对民兵工作实施原则领导、组织和监督。中国民兵的作用主要是积极参加社会主义现代化建设，带头完成生产任务；担负战备勤务。保卫边疆，维护社会治安；随时准备参军作战，抵抗侵略，保卫祖国。

民兵制度。民兵区分为基干民兵和普通民兵。28 岁以下退出现役的士兵和经过军事训练的人员，以及选定参加军事训练的人员编入基干民兵组织。其余 18～35 岁符合服兵役条件的男性公民，编入普通民兵组织。女民兵只编基干民兵，人数控制在适当的比例内。陆海边疆、少数民族地区和城市有特殊情况的单位，基干民兵的年龄可适当放宽。民兵必须是身体素质良好，政治可靠的人员。《兵役法》规定，实行民兵与预备役相结合的制度。一是规定基干民兵为一类预备役，普通民兵为二类预备役；二是把参加民兵组织和服预备役年龄、政治、身体条件一致起来；三是在有民兵组织的地方，在基层工作上把两者结合起来，使基层民兵组织成为预备役的基本组织形式。对于未编入民兵组织，但符合民兵条件的，进行预备役登记。

民兵的编组。民兵一般以乡（镇）、行政村和厂矿企业为单位，按照民兵人数多少，分别编为班、排、连、营、团。基干民兵、普通民兵、男民兵、女民兵应分别编组。行政村一般编民兵连（营），领导本村的基干民兵和普通民兵。县、乡（镇）所属企业单位，凡人员比较稳定，行政、党团组织比较健全，可建立民兵组织，属乡（镇）武装部直接领导。乡镇编基干民兵营或连，领导全乡的基干民兵。城市民兵的编组，大型厂矿企业可以车间或分厂为单位编组，中小企业可实行跨车间或班组编组。

民兵训练。民兵干部和基干民兵的训练原则上由县（市、区）人民武装部组织实施。根据训练大纲的要求，干部训练时间为30天，一般在一年内完成；民兵训练时间为15天，一次完成。通过训练，干部具备相应的军事技能和组织指挥能力，并提高开展本职工作的能力；民兵学会使用手中的武器装备，掌握基本军事技能；分队能担负一般战斗任务。民兵干部主要进行本级指挥和教学法训练，基干民兵主要进行技术和战术基础训练。专业技术兵的训练时间可根据需要适当延长，一般比步兵训练时间多一些。

2. 中国人民解放军的编成

中国人民解放军由陆军、海军、空军三个军种和一个独立兵种第二炮兵等四大军兵种构成。每个军兵种都是一个多系统、多层次有机结合的整体，不仅有战斗兵种、战斗保障兵种及专业部队，而且设有各级领导机构、后勤保障系统和院校培训体系。各军兵种还建有相当规模的预备役部队。

（1）中国人民解放军陆军。陆军是在陆地上作战的军种，是军队的主要组成部分。中国人民解放军陆军担负着在陆地歼灭敌人的任务，既能独立作战，又能与海军、空军联合作战。它由步兵（摩托化步兵、机械化步兵、山地步兵）、装甲兵、炮兵、防空兵、陆军航空兵、工程兵、防化兵、通信兵、电子对抗兵等兵种及侦察兵、测绘兵、汽车兵等专业兵构成。步兵是徒步或搭乘装甲输送车、步兵战车实施机动和作战的兵种，是地面作战的主要力量。装甲兵是以坦克及其他装甲战车、保障车辆为基本装备，执行地面突击任务的兵种。炮兵是以各种压制火炮、反坦克火炮、反坦克导弹和战役战术导弹为基本装备，执行地面火力突击任务的兵种。防空兵是以高射炮、地空导弹武器系统为基本装备，执行对空作战任务的兵种。陆军航空兵是装备攻击直升机、运输直升机和其他专用直升机及轻型固定翼飞机，执行空中机动和支援地面战斗的兵种。

中国人民解放军陆军的基本组织层次是集团军、师（旅）、团、营、连、排、班。团以上大多采用合成编组，如集团军通常辖若干个步兵师（旅）及装甲（坦克）师（旅）、炮兵旅、防空旅、直升机大队、工兵团、通信团及各种保障部（分）队等。陆军按任务还划分为野战部队、边防部队、警卫警备部队等。

中国人民解放军陆军未设置独立的领导机关，由总部有关部门行使领导职能。集团军至团的各级领导机关通常设置司令部、政治部（处）、后勤部（处）、装备部（处）。

（2）中国人民解放军海军。海军是以舰艇部队为主体，在海洋上作战的军种。现代海军具有在水面、水下、空中及对岸上实施攻防作战的能力，有的还具有实施战略袭击的能力，可独立地或与其他军种协同执行海洋机动作战任务。中国人民解放军海军由水面舰艇部队、潜艇部队、海军航空兵、海军岸防兵、海军陆战队等兵种及专业兵构成。

水面舰艇部队是在水面执行作战任务的兵种，是海军的基本作战兵力，包括战斗舰艇部队和勤务舰船部队，具有在广阔海域进行反舰、反潜、防空、水雷战和对岸攻击等作战能力。主要用于攻击敌方海上兵力和岸上目标，支援登陆、抗登陆作战，保护或破坏海上交通线，进行海上封锁、反封锁作战，运送作战兵力和物资，参加夺取制海权和海洋制空权的斗争等。平时还用于保卫大陆架、专属经济区，保卫和参加海上科学试验与调查作业、开发海洋资源，维护国家海洋权益。其编制层次通常为支队（相当于师级）、大队（相当于团级）、中队（相当于营级），如驱逐舰支队、护卫舰大队、导弹快艇中队等。

潜艇部队是在水下执行作战任务的兵种。按潜艇动力，分为常规动力潜艇部队、核动力潜艇部队；按武器装备，分为鱼雷潜艇部队、导弹潜艇部队和战略导弹潜艇部队。具有在水下使用鱼雷、水雷、导弹武器对敌方实施攻击的能力。主要用于消灭敌方大、中型运输舰船和作战舰艇，破坏敌方海上交通线，保护己方海上交通线，破坏、摧毁敌方基地、港口和岸上重要目标。还可以执行侦察、布雷、反潜、巡逻和运送人员物资等任务。其基本编制为支队，辖有若干艘潜艇（团级）。

海军航空兵是主要在海洋上空执行作战任务的兵种。通常由轰炸航空兵、歼击轰炸航空兵、歼击航空兵、强击航空兵、侦察航空兵、反潜航空兵部队和执行预警、电子对抗、运输、救护等保障任务的部队编成。它是夺取和保持海洋战区制空权的重要力量，海军的主要突击兵力之一，能对海战的进程和结局产生重大影响。其编制层次为舰队航空兵、航空兵师、团、大队（营）、中队（连）。

海军岸防兵是海军部署于沿海重要地段、岛屿，以火力执行海岸防御任务的兵种。通常由海岸导弹部队和海岸炮兵部队组成。其基本任务是封锁海峡航道，消灭敌方舰船，掩护近岸海区的己方交通线和舰船；支援海岸、岛屿守备部队作战，保卫基地、港口和沿海重要地段的安全。其编制有独立团、营、连等，分属于海军基地或水警区。

海军陆战队是海军中担负渡海登陆作战任务的兵种，是实施两栖作战的快速突击力量。通常由陆战步兵、炮兵、装甲兵、工程兵及侦察、通信等部（分）队组成。其基本任务是独立或协同陆军实施登陆作战、抗登陆作战。其编制序列为旅、营（团）、连、排、班。

中国人民解放军海军领导机关设有司令部、政治部、后勤部、装备部，下辖北海、东海、南海舰队和海军航空兵部，各舰队辖基地、舰艇支队、水警区等。

（3）中国人民解放军空军。空军是主要进行空中作战的军种。具有快速反应、高速机动、远程作战和猛烈突击的能力，既能协同其他军种作战，又能独立执行战役、战略任务。空军是现代立体作战的重要力量，能对战争的进程和结局产生重大影响，在现代国防和现代战争中具有重要的地位和作用。中国人民解放军空军由航空兵、地空导弹兵、高射炮兵、空降兵及雷达、通信、电子对抗、气象等部队组成。

航空兵是空军的主要组成部分和作战力量，包括歼击航空兵、强击航空兵、轰炸航空兵、侦察航空兵、运输航空兵等。歼击航空兵是歼灭敌空中飞机和飞航式空袭兵器的兵种；强击航空兵是攻击敌地面部队或其他目标的兵种；轰炸航空兵是对地面、水面目标实施轰炸的兵种；侦察航空兵是以侦察机为基本装备，从空中获取情报的兵种；运输航空兵是装备军用运输机和直升机，执行空中输送任务的兵种。

地空导弹兵是装备地空导弹和执行防空任务的兵种，通常与歼击航空兵和高射炮兵共同行动。

高射炮兵主要用于防空作战，歼灭敌空中目标，协助歼击航空兵夺取制空权。

空降兵是以机降或伞降方式介入地面作战的兵种，由步兵、装甲兵、炮兵、工程兵、通信兵及其他专业部（分）队组成，主要任务是夺取敌纵深内的重要目标或地域。

中国人民解放军空军领导机关设有司令部、政治部、后勤部、装备部，其下的基本组织层次为：军区空军、空军军（基地）、师（旅）、团（站）、大队（营）、中队（连）。军区空军根据任务辖一至数个空军军（基地）或航空兵师，一至数个防空混成师、地空导弹师（旅、团）、雷达旅（团）或高炮旅（团）。

空军军（基地）下辖数个航空兵师及必要的战斗保障、勤务保障部（分）队。

（4）中国人民解放军第二炮兵。第二炮兵也称地地战略导弹部队，是人民解放军中装备地地战略导弹武器系统，执行战略核反击任务的部队。这支部队组建于20世纪60年代中期，经过40多年的建设，逐步发展，不断壮大，已具有一定的规模和实战能力，成为主要的核威慑和战略核反击力量。它对实现积极防御战略方针，加强国防，以及提高中国的国际地位起着重要作用。中国人民解放军第二炮兵由地地战略导弹部队和常规战役战术导弹部队组成。

地地战略导弹部队是装备地地战略导弹武器系统，执行战略核反击任务的部队。它的主要任务是遏制敌人对中国使用核武器，在敌人对中国发动核袭击时，遵照统帅部的命令，独立地或联合其他军种的战略核部队对敌人实施有限而有效的自卫反击，打击敌人的重要战略目标。地地战略导弹部队是一支具有一定规模和实战能力的主要核威慑和战略核反击力量。它由中程、远程和洲际导弹部队，工程部队，作战保障、装备技术保障和后勤保障部队组成。

常规战役战术导弹部队是装备常规战役战术导弹武器系统，执行常规导弹突击任务的部队。它由近程、中近程常规导弹部队，工程部队，作战保障、装备技术保障和后勤保障部队组成。

第二炮兵领导机关设有司令部、政治部、后勤部、装备部，其下的基本组织层次为基地、旅、营。

（二）我国武装力量建设的目标

武装力量建设的目标是指武装力量建设在一定时期内所要达到的程度和标准。它决定着武装力量建设的规模和水平。我国《宪法》第29条规定：国家加强武装力量的革命化、现代化、正规化的建设，增强国防力量。我国《国防法》又重申了这一规定。我国《宪法》和《国防法》把实现"三化"作为整个武装力量的建设目标，这就为加强武装力量建设，增强国防实力，提供了最高的法律保障。

就武装力量内部而言，军队、武警、民兵在"三化"建设中的内容和手段上各有不同，程度上也有差异，但都必须为实现革命化、现代化、正规化而共同努力。

1. 革命化

我国武装力量的革命化主要是指在中国共产党的绝对领导之下，坚持无产阶级的政治方向，坚持全心全意为人民服务的宗旨；掌握革命理论，继承和发扬优良传统；培养严守纪律和自我牺牲的精神，培养压倒一切敌人和压倒一切困难的精神，培养爱国主义和国际主义的精神，使我国武装力量永远是党和国家的钢铁长城，永远是国家的捍卫者，永远是社会主义的捍卫者，永远是人民利益的捍卫者。其中最根本的是确保政治上永远合格，绝对听从党的领导与指挥，为巩固中国共产党的执政地位提供重要的力量保证。

实现武装力量的革命化必须大力加强政治建设。第一，必须认真学习和贯彻党的路线、方针、政策，使武装力量建设的政治方向同党的奋斗目标始终保持一致，保证武装力量永远忠于党，忠于人民，忠于社会主义国家。当前，我们面临新的历史转折，面临十分严峻的反"和平演变"斗争和改革开放的考验。在这种情况下，要实现武装力量革命化的目标，就必须牢记历史经验，与时俱进，认真进行"三个代表"和"科学发展观"为主要内容的教育，把贯彻执行党在新时期的路线、方针、政策，变为广大干部战士的自觉行动。第二，必须坚持不懈地用马克思主义、毛泽东思想教育部队，引导广大官兵树立无产阶级世界观。历史上，每逢我党提出一条正确路线，为了提高官兵贯彻执行的自觉性，都伴随着一场普遍的马克思主义、毛泽东思想的教育运动。当前，只有继续深入抓好这一教育，才能确保武装力量坚定不移地贯彻执行党的基本路线，才能挫败国内外敌对势力的阴谋，在思想上筑起抵御和平演变的钢铁长城。第三，加强政治建设，还必须坚持和完善军队政治工作制度，努力把各级党组织建设成统一领导和团结部队的核心。

2. 现代化

我国武装力量的现代化主要是指三个方面的内容：一是武器装备的现代化，即要跟上世界新技术革命的发展，努力缩小同发达国家武装力量在武器装备方面的差距，发展和装备先进的武器，并努力使我们能有几件有效制敌的"杀手锏"。二是人员素质的现代化，即培养能熟练使用现代化武器，能指挥和进行现代战争的人。要求武装力量的广大官兵必须适应现代战争要求，掌握现代科学知识和技能，掌握先进的军事思想和理论，善于全面地研究和运用现代战争条件下的战略战术。三是人和武器的最佳组合，即精简机构，提高效率，建立科学的体制编制，保证人与装备所具有的潜力能够得到最大限度的发挥。

在上述三个方面的内容中，武器装备的现代化是武装力量现代化的物质基础和外在标志。它一方面直接促进了军队战斗力的提高，另一方面使现代化战争在一定程度上成为现代技术的较量和现代武器装备的较量。同时，还进一步推动和导致战争理论、战争方式和作战方法的革命性变革。人员素质的现代化是武装力量现代化的关键所在。武器装备的对抗和较量，毕竟只是现代战争的表现形式，就其实质而言，现代战争仍然是人的质量竞争。实现"物"的现代化与实现人的现代化相比，在一定意义上，可以说后者比前者更重要，也更困难。因此，必须把提高人的素质摆在我国武装力量现代化建设的突出位置，并重点解决。

3. 正规化

我国武装力量的正规化就是要建立起与武装力量现代化建设相适应的科学合理的组织结构和高效周密的运行机制，实行统一的指挥、统一的制度、统一的编制、统一的纪律、统一的训练，增强组织性、计划性、准确性、纪律性。

武装力量的正规化建设是一个完整有机的系统工程，各个方面既有独立的内容，又有紧密的联系。

（1）统一的指挥：就是要统一服从党中央、中央军委的领导与指挥，保证政令军令畅通，维护武装力量的高度稳定和集中统一。

（2）统一的制度：凡属全国性的军事制度，必须由全国人大及其常委会、国务院、中央军委统一制定。中国人民解放军全军性的制度，必须由军委、总部统一制定，颁发全军执行。中国人民武装警察部队和有关民兵的基本制度，也由国务院和中央军委统一制定。要坚决纠正自立章法的现象和工作上的随意性，建立科学高效的运行机制。

（3）统一的编制：中央军委、国务院统一颁发的编制，必须坚决执行。任何单位和个人都不得擅自决定超编超配。统一编制并非不分南方北方，不分任务和条件地"一刀切"，相反，体制编制要合理，军兵种的发展比例要科学、协调，就必须照顾到不同战区的具体情况，要认真论证，审慎定编，并保持相对稳定。

（4）统一的纪律：中央军委和国务院制定的军事法规均有明确规定，武装力量纪律的内容、维护纪律的原则和措施、奖惩的项目、条件和程序等，必须坚决贯彻执行。

（5）统一的训练：军队、武警和民兵应分别按照统一的训练方针原则、统一的条令条例、统一的训练大纲和训练标准，实行统一领导，分级管理，从难从严从实战出发进行训练，未经批准，不得改变训练任务、减少训练时间，更不得降低训练标准，以确保训练质量。

（6）武装力量的组织性、计划性、准确性、纪律性是一个整体，核心是纪律性。科学的计划、严密的组织、准确的行动，都要有严格的纪律作保障。没有严格的纪律，武装力量就不可能达到高度集中统一，就不可能真正实现正规化。加强正规化建设，就是要把我国武装力量的纪律提高到整齐划一、令行禁止的程度。

我国武装力量的革命化、现代化、正规化建设是处于一个有机系统中的三个基本要素。首先，革命化规范现代化的政治方向。革命化表明武装力量的无产阶级性质，表明武装力量属于人民，属于社会主义国家。现代化则表明武装力量的作战水平，即为一定阶级、一定国家服务的能力。离开革命化，现代化就会失去正确的政治方向，失去服务的方向和目标。其次，正规化保障现代化的实现。现代化需要统一的编制、体制和制度，需要良好的战备、训练、工作和生活秩序，需要高度的组织性、纪律性和行动的准确性，还需要健全有序和灵敏高效的组织指挥系统，这一切，都要经过正规化建设才能形成。再次，革命化统帅正规化。正规化只有以革命化作指导，才能保证各项规章制度的贯彻落实。总之，"三化"有着共同的出发点和归宿，最终都是为了全面提高武装力量的战斗力。其中，革命化是统帅，现代化是中心，正规化是保障，三者相辅相成，不容割裂，不能孤立、片面、静止地强调某一个方面而忽视其他方面。

（三）我国武装力量建设与发展的指导原则

从现在起到本世纪中叶是中华民族全面振兴的重要时期，也是人民军队发展的重要时期。依据国家总体规划，国防和军队现代化建设实行三步走的发展战略，在2010年前打下坚实基础，2020年前后有一个较大的发展，到21世纪中叶基本实现建设信息化军队和打赢信息化战争的战略目标。这一战略构想充分反映了党中央领导集体战略上的深谋远虑和强军兴军的雄心壮志，是指引我国武装力量建设与发展的宏伟纲领。

实现本世纪发展构想，加速军队的现代化建设，需要坚持以下指导原则：

1. 质量建军的原则

军队是为打仗而存在和进行建设的。对任何一支军队来说，其战斗力强弱，不但取决于数量多寡，而且取决于质量的高低。在现代战争条件下，数量要素在军队作战能力构成中的比重相对下降，军队战斗力的强弱越来越取决于质量的高低。对于人民解放军这支过去和将来都立足于以劣势武器装备打仗的人民军队来说，在全面战争及其临战时期，有必要达到一定的数量和规模。而和平时期，国家以经济建设为中心，军队建设就必须把规模控制在适度水平，把有限的军费用于军队建设最重要、最关键、最急需的地方。在军队建设的指导思想上，实现从数量规模型向质量效能型、从人力密集型向科技密集型的两个根本性转变。

2. 科技强军的原则

军事领域在世纪之交的一个显著特点，就是科学技术的进步对战争形态、军事力量结构、军事力量运用的方式和军事理论的发展都将产生深刻的影响。

没有先进的科学技术，既不可能有现代化的武器装备，也不可能有现代化的军队人才和科学的体制编制，因此也就不可能建设成高质量的军队。中国人民解放军是一支攻无不克、战无不胜的军队。然而，毋庸讳言，在这支军队战斗力的总体构成中，也存在着若干薄弱环节，其中最突出的一点就是科技基础薄弱。因此，在中国人民解放军的建设与发展中，必须增强科技意识，提高用科技强军思想指导质量建设的自觉性。现代技术特别是高技术条件下的局部战争，对军队的科学技术素质提出了更高要求，只有走科技强军之路，通过不断增强军队战斗力构成中的高科技含量，才能使中国人民解放军成为一支更加适应未来战场环境，并能够在未来战争中立于不败之地的强大军队。

3. 勤俭建军的原则

勤俭建军是中国人民解放军的优良传统，也是建军的基本原则之一。在革命战争年代和相对和平时期的军队建设中，人民解放军依靠勤俭建军和艰苦奋斗的精神，克服了重重困难，取得了战争的胜利和军队建设的巨大进步。在军队跨世纪的发展中，现代化建设任务十分繁重，而军费有限，供需矛盾突出。

在这种情况下，继承和发扬勤俭建军、艰苦奋斗的优良传统尤为重要。勤俭建军就要发扬江泽民提出的64字艰苦创业精神，以此作为战胜困难和夺取胜利的精神支柱；要坚持勤俭节约办一切事情，坚决反对铺张浪费，注重效益，精打细算，做到少花钱也能多办事，花小钱也能办大事；树立计划的节约是最大的节约的思想，搞好军队建设的宏观谋划和长远规划，做到统筹规划，协调发展；要严格执行有关条令条例、规章制度，加强检查、监督，从各个方面堵塞漏洞，防止贪污、盗窃、经济受骗等事故或案件的发生；要通过加强科学管理，运用新的科学技术成果、改进工作方法、提高工作效率等，节约人力、物力和财力，丰富勤俭建军的内容和成果。

4. 依法治军的原则

依法治军是贯彻邓小平法制思想和中共中央"依法治国，建设社会主义法治国家"方针的基本要求，是实现跨世纪军队建设发展目标的重要保证。

随着社会主义市场经济体制的建立和民主法制建设的加强，社会生活、军队活动的各个方面都将逐步纳入法制轨道，传统的治军方法必将越来越紧密地同法律手段有机地结合起来。人民解放军在长期的革命实践中积累了丰富的治军经验，形成了一系列卓有成效的治军方法和手段。依法治军并不排斥也不取代其他治理军队的方法和手段，而是在这些方法和手段中引入法律机制，使之规范化、制度化，从而更有效地发挥各种治军方法和手段的综合效益。坚持依法治军的原则应把军队建设的各个方面和各个环节纳入法制轨道，做到有法可依、有法必依、执法必严、违法必究，实现军队建设的法制化和规范化。

要重点抓好依法行政，通过制定军事组织和军事行政法规，把各级领导和机关的职责、权限、行政责任、监督办法等纳入法制轨道。要在健全军事法规体系的同时，提高军事法规的可操作性，使法规内容具体化。要深入持久地开展法制教育，提高广大官兵特别是各级领导干部守法、执法的自觉性。要加强法律监督，建立有效的监督体系，保证法规制度的全面遵守。

5. 深化改革的原则

军事改革是特定历史时代对军队建设的客观要求，是军队自身矛盾运动的必然结果，也是军队建设的自我完善和发展。因此，大力推进军队质量建设，也就必须顺应潮流，革故鼎新，深化军事改革。时代在发展，历史在前进，军队建设同样在不断地发生着深刻变化，人民军队的一些传统，包括在历史上曾经发挥过重要作用的东西，将可能与新的形势不再适应，有的甚至被淘汰。这是不以人的意志为转移的客观规律。站在世纪之交重要关头的人民解放军，需要有改革创新的精神，迎接世界军事领域深刻变革的挑战，着重研究世界军事发展趋势，探索高技术战争的特点和规律，研究自身建设中的重大现实问题，寻求解决新形势下矛盾的办法，在保持人民军队特色的基础上，博采众长，走有中国特色的精兵之路。

6. 科学决策的原则

加强军队建设的科学决策是时代发展和科学进步提出的必然要求。随着经济、科技和社会的发展，军队建设的系统性特征越来越突出，现代化军队建设越来越成为一个庞大而复杂的系统工程。现代化军队建设不仅在人、财、物上的投入耗费是巨大的，而且整个军队建设的各个方面又是一个紧密联系的有机整体。例如，武器装备发展战略的确定，军队体制编制的调整，教育训练的发展，后勤保障制度的改革等，都是牵一发而动全身，一项决策的失误，将会带来严重的后果。因此，必须坚持科学决策的原则，借助于现代决策科学、管理科学，采用科学的决策程序和方法，在加强预测研究、系统论证的基础上，科学决策；建立健全决策系统、咨询系统、执行系统、反馈系统、监督系统，完善决策机制，最大限度地保证决策的科学合理，保证军队建设跨世纪发展战略的实现。

第四节　国防动员

国防动员，亦称战争动员，简称动员，是国家或政治集团由平时状态转入战时状态时，统一调动人力、物力、财力为战争服务所采取的措施。通常包括武装力量动员、国民经济动员、科学技术动员、人民防空动员和政治动员等。动员是国防活动的重要组成部分。动员准备的完善程度是国防强弱的标志之一。加强国防动员准备，已成为各国普遍重视的战略问题。

一、国防动员概述

（一）国防动员的产生与发展

国防动员与战争紧密相连，是战争活动的重要组成部分和前提条件，因此最早称作战争动员。

战争动员产生于奴隶制社会时期，发展于封建社会和资本主义社会时期。

自工业革命后，战争动员进入全面发展时期。尤其是规模空前的两次世界大战的发生，为战争动员进入成熟阶段提供了客观条件。

（1）战争动员的规模空前扩大，如第二次世界大战中，参战各国动员的总兵力达到1.1亿余人。其中，德国为1 700万人，日本近1 000万人，苏联1 136万人，美国1 212.3万人。苏联和德国从1941～1944年的4年中，年均生产飞机约5.0309万架，坦克3.9174万辆，火炮72.66万门。人力、物力、财力的动员量高于以往任何战争。

（2）战争动员的范围进一步扩展。两次世界大战期间，真正将经济、政治、外交等领域全部纳入了战争动员范围，将工业、农业、商业、财政金融、交通运输和邮电通信等经济部门进一步纳入了战时轨道，使得整个战争动员体系日趋完备，"综合动员"的性质日益明显。

（3）战争动员呈现出持续性的特征。在整个战争期间连续多批次地实施人力、物力和财力的动员，已成为参战各国的普遍做法。

（4）战争动员体制和制度不断完善。到第二次世界大战前夕，各参战国纷纷建立或改组了战争动员领导机构，对战争动员实施统一的领导，如美国设立了战时资源委员会，法、德等国也分别设立了类似的专门机构。与此同时，战争动员法规日臻完善。例如，到第二次世界大战前夕及期间，各主要参战国已形成由动员基本法和动员专项动员法构成的战争动员法规体系。其中，动员基本法，如德国的《战时授权法案》、日本的《国家总动员法》、英国的《紧急全权国防法案》、法国《总动员法》和苏联的《关于战时状态法令》等，对动员的基本和重大事项都作出了规定。专项动员法有经济动员法、人力动员法、兵役法、国防生产法、征用法等。

在中国现代革命史上，中国共产党人成功地领导了多次战争动员活动。

历次革命战争中，在毛泽东关于动员和武装群众、进行人民战争的战略思想指导下，中国共产党实行全党动员、全民动员的方针，成功地实施了军事、政治、经济、文化等动员，为壮大人民军队、夺取革命战争的胜利发挥了巨大作用。如抗日战争时期，为了夺取抗日战争的胜利，中国共产党进行了广泛深入的政治、军事、经济等方面的动员。1937年8月，中国共产党发表了《抗日救国十大纲领》，号召全国各族人民和社会各阶层、各民主党派团结起来，积极参加抗日战争，形成了全国的抗日民族统一战线，出现了全面抗战的总动员局面。各抗日根据地广泛动员人民群众参军参战，开展游击战争，在敌后战场给日寇以沉重打击。中华人民共和国成立后，在历次局部战争的作战中，都进行了不同规模的战争动员。例如，在抗美援朝战争中，在全国深入进行了抗美援朝、保家卫国的宣传教育，激发了广大军民的爱国热情，在全国迅速动员了200多万民兵、青年参加中国人民志愿军，还动员了大批汽车司机、铁路员工和医务、通信人员担负战争勤务。与此同时，在全国开展的捐献运动，共捐献人民币5.56亿元，可购买3 710架战斗机。这些动员活动，为保障战争的胜利作出了重要贡献。

（二）国防动员的地位与作用

国防动员是国防活动的重要内容之一，是准备和实施战争的重要措施。无论是古代战争还是现代战争，全面战争还是局部战争，常规战争还是非常规战争，都离不开动员。因此，国防动员在保障赢得战争胜利等诸多方面，都具有十分重要的地位与作用。

1. 国防动员是打赢战争的基础环节

为遏制战争爆发并夺取战争的胜利积聚强大的战争力量，是国防动员的基本功能与任务。这是因为，战争是实力的较量，任何不具备强大实力的国家，要赢得战争的胜利是不可想象的。战争动员不仅能够通过平时的准备，为战争实施积聚强大的战争潜力，而且可以通过建立一套平战转换机制，使这种潜力在战争爆发后迅速转化为实力，从而为保障战争的胜利奠定必要而坚实的物质基础。

同时，现代战争的巨大破坏性，使人们不得不把制止战争的爆发作为降服战争这个恶魔的重大步骤予以重视，因此，在这种情况下，战争动员所积聚的巨大能量同样是战略家们所倚重和借助的力量，战争动员是遏制危机的有效手段，实践中，有许多国家通过积聚力量和显示使用力量的决心，有效地制止了战争的爆发。

2. 国防动员是应对紧急突发事件的有效措施

国防动员的最初功能是应对战争的需要，但现代条件下，随着各种灾难事故和突发事件的频繁发生，人们已把国防动员的功能予以拓展，使它同样可以在应对和处置各类突发事件中发挥其应有作用。因此，当国家遇到此类突发事件时，国防动员活动可以凭借其自身的准备和特有的机制，使国家或地区在需要时进入一定的应急状态，动员国家、军队和社会的一定力量，抗御自然灾害、处置各种自然和人为的事故与灾难，使国家和社会处于正常运转状态，维护人民群众的生命财产安全。

3. 国防动员是支援经济和社会发展的重要力量

动员可以用于支援国家经济建设。动员建设实行"平战结合、军民结合、寓军于民"的原则，在和平时期动员建设的成果可以直接为经济建设服务。加强动员建设还可以节约国防开支，有利于国家集中力量发展经济。和平时期，国家的中心任务是提高社会生产力，改善人民生活，对国防建设不可能有很多的投入，必须提高国防建设的效益。要用有限的国防经费，获得尽可能强的国防力量，一个有效的办法就是建设精干的常备军，大力加强后备力量建设，健全完善动员体制机制，做到"平时少养兵，战时多出兵"。这样，不仅可以经常保持较强的国防整体威力，为国家提供可靠的安全保障，而且可以减轻国家负担，促进经济和社会发展。

二、国防动员的分类和内容

（一）国防动员的分类

世界上许多国家一般按规模把动员分为总动员和局部动员两个类型（有的国家称等

级）；按方式把动员分为公开动员和秘密动员；按时间把动员分为初期动员和持续动员。秘密动员是在各种伪装手段掩护下隐蔽进行的动员；公开动员是宣布进入战争状态，公开发布动员令后所实施的动员。初期动员是在战争爆发前和战争初期进行的应急动员，包括整个战争初期的各项动员活动；持续动员是战争进入中后期之后，在初期动员的基础上，为继续满足战争需求所进行的动员。

根据我国《国防法》的规定，当中华人民共和国的主权、领土完整和安全遭受威胁时，国家将依照宪法和法律规定，进行全国总动员或者局部动员。

1. 总动员

总动员亦称全面动员，是国家采取紧急措施，在全国范围内实施的战争动员，即将全国军事、政治、经济、科技、文化以及社会生活的各个方面转入战时轨道。

总动员通常在爆发大规模战争需要举国迎敌时进行，时机一般选择在战争初期。

决定实施总动员的权限属于国家最高权力机关，总动员令通常由国家元首或政府首脑发布。

由于总动员涉及面广、组织实施复杂，因而最能体现动员的一般规律和原则。

与局部动员相比，总动员有如下特征：

（1）全面性。总动员涉及国家各个地方、各个领域，包括军事、政治、经济、文化等各个部门，一切为了战争服务。就人员而言，总动员可能涉及每一个有能力承担国防义务的公民。为了应付大规模战争，总动员将使国家转入战时体制，全国进入战争状态，一切部门和全体公民都要服从战争需要，以各种不同的方式支持战争的进行。

（2）彻底性。由于全面战争往往比局部战争更复杂、更激烈、更残酷，因而总动员的程度也就更为彻底，它将使国家所具有的战争潜力更多地转化为战争实力，使政府的各种机制更多地由平时状态转换为战时状态，并由此导致整个国家的活动中心和社会生活发生根本性的改变。

（3）持续性。总动员多是为全面战争而反复实施的。一般说来，全面战争比局部战争涉及的范围更广，持续的时间也更长。这就要求总动员也随之持续下去，成为长时间的、分批次进行的活动。因此，动员可能持久进行，或者反复进行，甚至整个战争的自始至终都贯穿着动员。

2. 局部动员

局部动员是国家在部分地区或部门进行的动员。通常是动员部分武装力量和人力、物力、财力进行战争。根据战争的发展，局部动员也可能上升为总动员。

决定实施局部动员的权限属于国家最高权力机关。

局部动员是古今中外战争动员中最常见的动员类型。第一、第二次世界大战及战后的许多次局部战争中，许多国家都进行过这种局部动员。我国进行的抗美援朝战争、对印自卫反击作战、对越自卫还击作战，都进行过这种类型的动员。

与总动员相比，局部动员具有以下特征：

（1）有限性。局部动员多是为局部战争而实施的。其作用目的、时间、范围都有限，所以局部动员的规模必须严格控制。这样不仅可以尽量减少国家的负担和损失，还有利于达成政治上的主动。进行局部动员时，国家体制不作根本改变，社会的各个方面和公民也大多保持正常生产和生活，维持正常的社会秩序。

动员只在局部地区和某些部门进行，不涉及国家的总体发展布局和正常的经济建设。

（2）不稳定性。局部动员的不稳性主要是说它有多种发展趋势，有可能发展上升为全面动员，也可能只在局部地区或部门进行，不需再发展扩大。这就要求在局部动员之前和实施过程中必须对战争的发展趋势不断地进行研究，作出科学的预测，以便有所准备，一旦需要，及时向总动员过渡。

实施总动员还是局部动员，是由战争规模和国家战略意图决定的，二者在一定条件下相互转化。随着战争规模的扩大，局部动员有可能升级为总动员，同样，随着战争规模的缩小，原来在全国各行各业进行的总动员，则逐步变为局部动员，国家的大部分地区和部门恢复正常状态。战场情况是不断发展变化的，随着交战双方政治、经济的需要，以及双方力量的消长，战争规模也处在不断的发展变化过程中，动员的指导者要把握这种变化，适时调整动员规模。

（二）动员的内容

1. 武装力量动员

国家将军队及其他武装组织由平时体制转为战时体制所采取的措施。通常包括解放军现役部队、武装警察部队、预备役部队、民兵和预备役人员，以及相应的武器装备和物资等动员。它是战争动员的核心，对战争的进程和结局，特别是对战争初期军队的迅速扩编和战略展开，掩护国家转入战时体制，争取战略主动，具有重要意义。

武装力量动员的主要做法是：

（1）扩编现役部队。临战前使军队迅速转入战时状态，现役军人一律停止转业和退伍，外出人员立即归队；迅速组建扩建新的作战部队和保障部队，实施战略展开。

扩建新建部队的方法：一是对一部分现役部队进行扩编。这种方式是以现役部队为"母体"，通过补充实力达到部队建制的扩大或数量的增多。二是组建新的作战部队。这种方式可以从现役部队抽调指挥员和技术骨干，通过补充兵员，组建新的作战部队，也可以以军事院校为基础，抽调学员和其他人员为骨干组成新的作战部队，还可以由地方与军事专业相关的部门包干组建新的保障部（分）队。

（2）征召预备役人员。重点是征召预备役军官和专业技术兵，按战时编制补充现役部队，使之达到齐装满员，随时处于临战状态。

（3）预备役部队调服现役。预备役部队是区别于现役部队的一种武装组织，是以少数现役军人为骨干，以预备役军官和士兵为基础进行编组。预备役部队平时寓于民间，需要时一声令下，可以整师、整团地转为现役部队。

（4）将地方部队升级为野战部队。地方部队是执行地区性军事任务的部队，包括武装警察、生产部队在内。平时主要担负内卫、守护、维护社会治安、生产建设等任务。在需要时，地方部队可迅速升级为野战部队，开赴战区，投入战斗。

在我国，地方部队升级为野战部队，民兵升级为地方部队，源源不断，已成为一个独特的、完整的兵员动员体系。

（5）动员和组织民兵参军参战。

（6）征用急需物资。主要是运输工具和工程机械、医疗器械、修理设备等，以满足军队扩编的需要。

（7）健全动员机构，加强组织领导。随着战争的发展，进行持续动员，以保证军队不断补充和扩大，直至战争结束。

2. 国民经济动员

国民经济动员活动，是国家为争取赢得胜利而在国民经济领域进行的国防动员行为。它是国防动员的基本内容之一。因而，国民经济动员的行为主体、动员对象、行为目的、行为过程和活动范围，以及行为方式都同国防动员的内涵基本相同。

国民经济动员是国家根据战争需要，将国民经济的各个组成部分由平时状态转为战时状态的紧急措施。国民经济动员主要任务是，使国家经济转入战时体制，并在工业、农业、交通运输、邮电通信、医疗卫生等国家经济和社会发展部门迅速按战时要求运行，以便集中控制和调动国家的财力、物力，保障战争的需求。

国民经济动员的行为主体是国家。决定战争与和平的权力只能由国家的最高权力机关行使。无论在全国范围和全部经济领域内进行国民经济动员，还是在部分地区或者部分经济部门进行国民经济动员，都是由拥有行政权力的各级政府组织实施的。国民经济动员行为，通常涉及国家大部分以至全部国民经济和社会发展领域，它的参与者几乎遍布国家经济和社会发展的各个部门与行业。国民经济动员是国家的国防斗争与国防建设的军事活动重要内容，关系到战争的进程与最终胜负，关系到国家存亡安危兴衰荣辱。其地位之高，意义之大，只有握有国家决策权与行政权的国家机关作为行为的主体，才可以担此重任。

动员行为涉及的范围，包括国民经济领域中的一切要素。从空间上说，国民经济动员不仅会涉及整个国家疆土，也会通过争取国际援助和进行经济管制等活动涉及到其他国家的经济活动。从经济领域上说，它不仅包括国民经济的一切部门与行业，也要涉及到卫生部门在内的社会发展部门与行业。从动员内容上说，它不仅包括对产品、物资与运输能力的动员，也包括对于劳务与科学技术的动员。从被动员者的角色上说，它不仅包括公民个人，也包括在中华人民共和国的一切法人，其中，既包括企业法人，也包括事业法人、政党与社会团体法人。

动员行为的直接目的，是把国家经济体制由平时状态转为战时状态，充分调动国家的经济能力，扩大国防工业以及其他与之紧密相关的产业的生产，为国防斗争提供尽可能多的武器装备、军需物资与工程设施，同时，保持后方的经济秩序稳定。动员的最终目的，是为赢得战争的胜利，提供人力、物力和财力。对于国家处置重大突发事件，诸如危害社会稳定和人民生命财产安全的严重自然灾害、社会动乱和经济危机等重大突发事件，国民经济动员活动，也能够发挥重要作用。

国民经济动员的行为过程，分为平时状态下的动员准备，临战状态与战时状态下的首期动员和持续动员，以及战争结束或者即将结束时期的国民经济复员，其中，我们把国民经济的首期动员和持续动员，统称为动员实施。这是一个完整的过程。通常我们把国民经济动员准备、动员实施和复员，统称为国民经济动员活动。国民经济动员活动，是这个过程的连续运动。在和平时期，国民经济动员准备，作为动员行为的重要组成部分和战时动员实施的物质技术基础，尤其应当给予高度重视。

3. 人民防空动员

国家战时发动和组织人民群众防备敌人空袭所采取的措施，简称为人防动员，有的国家称为民防动员。其主要任务是依据国家有关法律法令，动员社会力量，进行防空设施建设，组建防空专业队伍，普及防空知识教育，组织隐蔽疏散，配合防空作战，消除空袭后果。目的是保护居民、经济设施及其他重要目标的安全。减少国家及人民群众生命财产的损失，保存战争潜力。

随着现代科学技术的飞速发展，各种新式空袭兵器不断出现，空袭反空袭已成为现代战争的主要作战形式，在现代战争中占有极为重要的地位。搞好人民防空动员，对于增强国家的总体防御能力具有重要的战略意义。

4. 国防交通动员

国防交通动员是指在全国或部分地区调集交通力量，全力保障战争需要的紧急行动。国防交通动员通常在国家动员领导机构的统一领导下，由国防交通主管机构组织，协同政府、军队有关部门共同实施。国防交通动员准备包括在平时制定完备的国防交通动员的法规和计划，健全国防交通机构和机制，建立国防交通保障队伍，储备必要的国防交通物资和器材等。国防交通动员的主要任务包括以下几方面：

（1）根据战争规模和作战需要，有计划地将平时国防交通领导机构迅速按方案扩编为战时交通运输指挥机构，政府交通运输部门随即转入战时体制。

（2）根据作战保障需要，动员、征用社会运输力量，必要时对交通运输系统实行不同范围和不同形式的军事化管理。

（3）动员、组织各交通保障队伍和交通保障物资器材迅速到位，执行运输、抢修、防护任务。

（4）根据统帅部的规定，做好对弃守地区的交通遮断准备，保障及时遮断。

5. 国防教育

国防教育是国家为增强公民的国防意识，提高公民的国防行为能力而进行的教育，是国防建设和国民教育的重要组成部分。目的是使公民增强以爱国主义为核心的国防观念，树立居安思危的忧患意识；振奋以民族自尊心、民族自信心和民族自豪感为基础的国防精神，增强建设祖国、保卫祖国的使命感和责任感；掌握基本的国防知识和必要的军事技能；增强自觉履行国防义务的积极性。它不仅对提高受教育者的国防观念和增强国防实力有重要作用，而且是提高全民族素质，增强民族向心力和凝聚力的重要途径，对巩固和加强国防有着培根固本的意义。

国防教育是和平时期做好动员准备的一个重要方面，在国家发布动员令后，则进一步转化为战时政治动员。

国防教育的对象是全体公民，教育内容主要包括国防理论教育、国防精神教育、国防法制教育、国防知识教育和军事技能教育。我国的国防教育贯彻"全民参与、长期坚持、讲求实效"的方针，实行经常教育与集中教育相结合、普及教育与重点教育相结合、理论教育与行为教育相结合的原则，针对不同对象确定相应的教育内容，并分类组织实施。目前，我国的国防教育主要分为学校国防教育和社会国防教育。学校国防教育的方法包括以下几方面：

（1）将国防教育纳入有关课程，将课堂教学与课外活动相结合。

（2）开展以国防教育为主要内容的少年军校活动。

（3）根据需要聘请课外辅导员，协助学校开展各种形式的国防教育。

（4）设置适当的国防教育课程，安排专门的国防教育内容。

（5）由学校负责军事训练的机构或者军事教员按照国家有关规定组织实施学生军事训练。

（6）教育行政部门将国防教育列入工作计划，加强对学校国防教育的组织、指导和监督，并定期进行考核。

（7）学校将国防教育列入学校工作和教学计划，采取有效措施，保证教育质量和效果。

社会国防教育的方法主要是分系统、按职责实行。例如，国家机关、企事业组织、社会团体、军队系统、城市居民委员会、农村村民委员会，以及宣传、文化、新闻、出版、广播、电影、电视等部门和单位，应根据各自的工作性质和特点，采取多种形式进行国防教育。

三、国防动员的要求和原则

（一）现代国防动员的要求

现代国防斗争复杂多样，尖锐激烈，对动员工作提出了更高的要求。在现代条件下，特别是要重点作好应付局部战争和突发事件的动员准备。从总体上看，现代局部战争和现代国防对动员的要求主要有以下几方面：

1. 动员速度要快

现代高技术局部战争突发性、短促性、速决性不断增大，从发现战争征候到实施动员的时间十分短暂，可供动员利用的时间越来越短。第一次世界大战中，各参战国军队完成动员的时间为 5~21 天。第二次世界大战中，各主要参战军队完成首批动员的时间为 2~9 天。1973 年的第四次中东战争中，以色列在战争爆发后 15 分钟就通过电台向全国发布动员令，1 小时后征用了大批民用汽车投入军事运输，48 小时内动员了 30 万人开赴前线。美国在海湾战争爆发前进行的武装力量动员，部队开赴战区的时间一般只用 2~4 天，其中，陆军先头部队接到总统命令后两天内就抵达沙特阿拉伯。由此可见，战争动员所能利用的时间不断缩短，动员的速度比以往要求更高，即使在战争爆发之前进行动员，其时间也是极其有限的。因此，只有快速完成动员任务，才能获得先机之利。高速度的战争动员可以在一定时期内弥补兵员数量上的不足，改变作战力量的对比，夺取战场主动权。反之，基础再雄厚，力量再强大，也将受到压制、分割而难以发挥作用。

2. 动员数量要多

所谓数量多，就是动员的兵员和物资要有足够的数量，首先要保障战争初期的需要，同时还要保持持续的动员能力，以保障战争中后期的需要。世界近期发生的局部战争，规模虽然有限，但其中一个突出特点是物力、财力消耗增加。海湾战争仅打了 43 天，美军及多国部队却消耗了 611 亿美元，平均每天消耗 11.2 亿美元。从海湾危机到海湾战争，美国动用了 3 132 艘大型舰船昼夜不停地往返于战区至美国本土和欧亚等地运送作战物资，出动军队和民航飞机 1.1 万架次向海湾运送武器装备、弹药给养，甚至动用了美国在世界各军事基地的战略储备。在高技术战争中，作战物资处于高强度、高速度的消耗状态，这就要求提高持续动员能力，从而要求在平时打好动员的基础。

3. 动员质量要高

在现代战争中，高技术武器装备的大量使用，使一线直接参战的士兵和指挥人员减少，而后方技术保障、设备维修人员成倍增加，这必然导致军队中专业技术兵员比例不断上升。据有关资料记载，第一次世界大战时军队的技术种类仅有20多种，第二次世界大战时发展到160多种。现在世界一些发达国家军队中的专业技术种类已达到几千种。可见，现代战争对专业技术兵的需求量越来越大，对后备力量战时动员的质量要求也越来越高。在海湾战争中，美军征召的后备役人员，大都是专业技术兵。英军在海湾战争中动员的1 500名后备役人员，全部是专业技术兵。战争的现代化程度越高，参战的军兵种越多，专业技术兵比例就越大，对动员的整体质量要求就越高。质量重于数量已成为高技术局部战争动员的基本要求。

4. 动员的范围要广

局部战争的实践充分证明，在高技术条件下，无论是进行小规模的局部战争，还是进行中等规模的局部战争，动员所涉及的范围非常广泛。海湾战争中，美国在陆、海、空三军都征召了后备役人员，动员的范围几乎涉及全国各个方面。除兵员动员外，还动员征用大批民船、车辆和大型民用运输机，以及作战和生活物资达数万种。伊拉克为对付以美国为首的多国部队，进行了全国总动员，涉及政治、经济、外交、民防等各个方面。可见，现代局部战争规模虽有所不同，但动员中涉及整个国家的各个方面、各个领域、各种力量，内容和范围十分广泛，组织工作极其复杂。动员涉及的各种对象互相联系，相互制约。任何一个方面发生变化，都会对其他方面带来直接或间接的影响。因此，动员工作必须全面筹划，整体协调，从多方面做好准备，才能适应现代战争对动员的需要。

5. 动员要力求隐蔽安全

现代侦察情报手段先进，远程兵器精度高，破坏力大。战争初期，敌人必将依仗其先进的技术装备，采取各种手段，对我方进行破坏。因此，在组织实施动员时，特别是兵力的集结与机动，军用物资的储备与运输，应力求做到隐蔽安全。

在平时，要根据战时可能出现的情况，进行必要的演练，以适应战时复杂情况下实施快速动员。

（二）国防动员的基本原则

动员的基本原则是组织动员准备、实施战时动员的基本准则，也是动员工作规律的反映。从适应现代战争的客观需要出发，结合我国的国情、军情，现代条件下动员应遵循以下基本指导原则：

1. 服从大局，长期准备

动员准备是实现国家总战略的重要措施之一。当前，国民经济发展是国家总战略的重点，加强经济建设是党和国家压倒一切的中心任务。这就决定了今后一定时期内国家用于动员工作的经费不可能有较大幅度的增长，不可能拿出更多的财力和物力去进行动员建设，动员建设和整个国防建设必须在发展经济的基础上逐步加强。应当看到，建立雄厚的经济基础本身就是加强国家战争潜力的根本措施和最根本的动员准备。同时，全国上下也必须树立居安思危的思想，在集中主要人力、物力、财力进行经济建设的同时，兼顾动员建设，把动员准备寓于国民经济和社会发展之中，不断提高动员能力。

2. 全面规划，统筹兼顾

为了做好动员准备，提高动员工作的整体效益，必须从国家和国防的全局出发，统一规划动员准备的目标和措施。一方面，要加强动员工作的计划性，要在对我国国土、人口、资源以及各种可能动员的战争潜力进行广泛的调查研究和掌握详细准确的统计资料的基础上，对战时需要的人力、物力、财力进行精确的计算，然后区分轻重缓急，进行综合平衡，从而确定动员的数量、步骤、时限、程序和方法，并制定详细的计划以及保障计划实现的措施。另一方面，建立并不断改进动员的组织体制。要加强国家对动员及其准备的统一领导，建立健全动员决策机构与计划协调部门；以职能为主，按照各自的分工成立一些专门的业务部门；实行分级分区管理，建立自上而下的动员体系；按照规定的职责和工作程序进行各项动员工作。

3. 军民结合，平战结合

所谓军民结合，主要是在经济部门实行军用和民用兼营。为了减少国家军费负担，又能满足未来战争的需要，世界一些国家大都通过军民结合的途径，建立起适应各种战争需要的国家动员基础。例如，在工业生产、交通运输、邮电通信、物资技术、工艺储备等方面的动员准备，尽量"寓军于民"，搞好军民通用，不搞重复建设；军事工业除了集中力量搞好专用军工生产外，也尽量适于民用。当然，在实行军民兼容的同时，必须保证战时能尽快实行军民转换。所谓平战结合，是指要把平时的动员准备与战时的动员实施结合起来。国家平时的各项经济活动和管理体制要适应或准备适应战时的需要，为战时动员创造条件；战时的动员活动要以平时的准备为基础，并为适应尔后的战争进程的需要，以及战后的恢复和发展创造条件。

4. 严密组织，快速高效

严密组织就是要求动员必须运用科学先进的动员方式和手段，努力实现快速高效的动员目的。快速高效主要是指动员要在战争所允许的时间内快速反应和快速有效地完成动员任务，以满足战争需要。提高动员的速度和效率不仅要在平时做好准备，恰当地把握动员时机，而且必须从本国的实际出发，恰当地确定动员的方式，提高动员体制的功能。为适应快的要求，我国的武装力量动员必须坚持就地就近的原则。在未来的反侵略战争初期，对兵员的征集、补充和编组，物资装备的筹措和补充，以及原料资源的供给调用，基本上都应在本军区（战区）范围内解决，必要时才由邻近军区（战区）进行动员。同时，要增加动员的技术含量，善于将新材料、新技术、新工艺运用于动员领域，做到优先组织最新技术成果投入军工生产，优先征用先进的民用技术设备和交通运输工具等，以满足战争的需要。

5. 因敌因势，协调灵活

我国未来面临的反侵略战争，规模和样式都可能是多样的，发生战争的地域也有不确定性，有可能对强敌作战，也有可能对与我国实力相当或实力不如我们的敌人作战。因此，必须根据不同的作战对象、作战规模、作战样式、作战地域，灵活地采用不同的动员方式和措施，有的放矢地做好动员工作。作战规模决定着动员工作的规模，举国迎敌的战争实施全面动员，在局部地区爆发的局部战争实施局部动员。目前，全面战争一时打不起来，但局部战争的危险却依然存在，因此，应在作好全面战争动员准备、以防不测的前提下，着重作好应付局部战争的动员准备，建立起适应局部战争的动员机制。另外，作战对象不同，动员的方式和手段也必须有相应的改变。不同的作战对手，其经济政治状况、军队的武器装备、奉行的军事政策与军事战略、军事理论、作战指导以及所处的地理环境等都是不同的。战争动员工作需要认真研究作战对手的各种特点，针对其特点做好动员准备和实施战时动员。

📖 **思考题**

1. 中国国防对象、国防领导体制是什么？
2. 新中国国防建设取得的主要成就有哪些？
3. 中国国防动员的内容、要求和原则有哪些？

第二章　军事思想

第一节　军事思想概述

一、军事思想的科学含义

军事思想是关于战争与军队问题的理性认识，通常是指国防与军队建设、战争准备与实施的指导理论和基本原则。它同军事学术、军事技术、军事历史、军事地理等学科门类统称军事科学或军事学，是军事科学的重要组成部分，属于社会意识形态，受世界观与方法论的制约。军事思想是战争活动的理论概括，它来源于具体的军事实践活动，又给军事实践以理论指导，并随着战争和军事实践活动的发展而发展。

军事思想具有政治性、时代性、实践性、发展性、继承性的特征。要深入理解军事思想的科学含义，必须了解"战争"与"军事"这两个概念及二者之间的内在联系。战争是人类社会的一种特殊现象，是人们为达到一定的政治、经济目的，通过暴力手段来"解决阶级和阶级、民族和民族、国家和国家、政治集团和集团之间，在一定发展阶段上的矛盾的一种最高斗争形式"。其主要特征就是暴力形式。军事是准备和实施以战争为中心的各种社会活动，诸如作战指导、作战计划、战略战术、作战动员、后勤保障等活动的理论和实践活动。战争的对立面是和平，是相对和平而存在的社会形态；军事一般与民事相对应，与其他社会形态如政治、经济、文化、外交等处于同一层次的领域，不但存在于和平时期也存在于战争时期。战争与军事既相互联系又相互区别，规定了军事思想研究的对象与范围。

马克思辩证唯物主义和历史唯物主义认为，物质决定意识，意识对物质具有能动的反作用。就军事领域而言，战争实践决定军事思想，军事思想又对战争实践具有能动的反作用。总体而言，军事思想是战争活动的行动指南，是其他军事学科的理论基础，对人类其他社会活动具有重要的借鉴意义，是指导我国国防现代化建设，做好未来战争准备的强大思想武器。因此，对军事思想特别是对当代中国军事思想的学习与研究，对我国国防和军队建设、战争准备，遏制战争和打赢战争，制定军事政策，维护和巩固党的执政地位，捍卫社会主义制度，保卫人民和平劳动，确保国家领土完整和主权统一，维护和巩固世界和平，都具有深远的指导作用。

二、军事思想的形成与发展

作为一种相对独立的意识形态，军事思想的发展经历了一个由低级到高级，由萌芽状态到形成发展的历程。它总是随历史的发展而发展，随战争的发展而发展。

（一）古代军事思想

中国古代军事思想（公元前 21 世纪至公元 1840 年）是中国军事思想发展的早期阶段，它反映了中国奴隶主阶级和封建地主阶级的军事思想。一般认为，中国古代军事思想萌芽于殷商，形成于西周，成熟于春秋战国，经过封建社会漫长岁月的发展，到明清时期完成了它的历史终结。中国从奴隶制社会到封建社会前期，军事思想的发展水平一直居于世界领先地位。据实物和文献记载，早在氏族社会末期，就有兵书出现，如《汉书》就录有《黄帝》16 篇和《神农兵法》1 篇。到了西周时期，《军志》和《军政》两部军事文献相继出现，标志着中国古代军事思想已经形成。春秋战国时期，随着社会经济的迅速发展，社会剧烈变革，争霸兼并战争频繁发生以及社会思想领域的"百家争鸣"等历史潮流的不断涌动，出现了一大批适应时代特点和战争要求的军事理论著作，如《孙子兵法》《吴子兵法》《尉缭子》《六韬》等。而且儒、道、法、墨等诸子百家典籍中也有大量深邃的军事思想；自秦汉至明清，中国古代军事思想得到了较大的充实和发展，先后有数以千计的各类兵书问世。至明清时期，大兴研武之风，存世兵书多达 1 685 部，出现了中国古代军事思想发展的第二个高峰；20 世纪 30 年代，陆达节编著的《历代兵书目录》，著录有兵书 1 304 部，6 831 卷。总之，中国古代军事思想内容博大精深，历史源远流长，是人类军事思想宝库中一颗璀璨的明珠。

外国古代军事思想（公元前 8 世纪至公元 17 世纪）。公元前 8 世纪至公元 5 世纪，是西方古代奴隶制社会时期。在这个时期，古希腊、古罗马等奴隶制国家，为了扩张领土、建立霸权、掠夺奴隶和财物，进行过频繁的战争，涌现出一大批著名的将帅，产生了丰富的古希腊和古罗马的军事思想。古希腊的军事思想主要散见于希罗多德的《希腊波斯战争史》、修昔底德的《伯罗奔尼撒战争史》、色诺芬的《长征记》中，这些历史著作和著名军事人物的军事活动史料中，主要代表人物有伯里克利、色诺芬、埃帕米农达斯、亚历山大等；古罗马的军事思想，主要见之于当时的历史学家波里比阿、阿庇安、塔西佗、李维、普鲁塔等有关罗马历史的著作，主要代表人物有汉尼拔、费边、西庇阿、恺撒、屋大维等。值得注意的是"从古代遗留下来的文献中，可以发现希腊先贤的著作中含有相当丰富的战略思想……始终包含海权因素在内"。在这点上，古希腊"海权"战略思想与中国古代军事战略思想的"重陆轻海"倾向有本质区别。

从公元 476 年西罗马帝国灭亡到 1640 年英国资产阶级革命开始，是欧洲的中世纪时期，即欧洲的封建社会时期。这一时期主要军事代表人物有贝利萨留、古斯塔夫二世、杜伦尼等，主要代表作有毛莱斯著《战略学》，李欧著《战术学》，弗里德里希二世著《战争原理》《军事典范》等。然而"中世纪宗教神学占据欧洲整个文化领域，军事理论作为西方文化的一部分，也处于低潮"。

（二）近代军事思想

世界近代是资本主义形成与上升、无产阶级作为独立的政治力量开始登上历史舞台的时代。近代军事思想发展的总体特征，一是欧洲一些国家在文艺复兴运动和产业革命的推动下率先实行军事思想的变革，资产阶级军事思想体系得到确立；二是人类军事思想发生革命性变化，以马克思主义军事理论为代表的无产阶级军事思想宣告诞生。

15 世纪与 16 世纪之交，欧洲军事思想领域出现了近代化的萌芽，主要代表著作是意大利 N·马基雅弗利的《战争艺术》等。17、18 世纪，欧美各国资本主义因素迅猛发展，发达的工场手工业生产出大量新式火器，资产阶级政治革命风暴造成的阶级关系和民族关系变化，加之早已兴起的文艺复兴运动对意识形态的催化作用，促使战争和军队建设从形式到内容发生了巨大变革。欧美军事思想的近代化过程随之达到高潮。瑞典国王古斯塔夫二世·阿道夫、英国革命战争领导人克伦威尔、俄国沙皇彼得一世、普鲁士国王弗里德里希二世、英国军事著作家 H·劳埃德、俄国大元帅苏沃洛夫、美国独立战争领导人华盛顿、普鲁士军事著作家比洛、奥地利军队统帅卡尔大公等，对这一时期军事思想的发展均产生过重要影响。

近代欧洲军事思想变革的成果，集中体现在产生于 18 世纪末至 19 世纪前期的拿破仑战争艺术以及克劳塞维茨所著《战争论》和若米尼所著《战争艺术概论》这两部军事理论名著之中。《战争论》从认识战争的本质开始，分别论述了战争理论、战略、战斗、军队、防御和进攻问题，最后落实到如何指导战争上，全书构成了一个完整而严谨的战争理论体系，它涉及军事思想、战略学、战术学、军事历史学等众多学科。《战争论》是西方资产阶级军事思想成熟的标志，对军事思想的发展起了很大的促进作用，而且对当代资产阶级军事思想仍具有重要影响。《战争艺术概论》不仅论证了军事领域的一些基本原理及其应用规则。同时又指出不能把这些原理和规则当成绝对化的公式，对战争艺术的内容体系作了新的划分，提出了有关战略、战术以及军队建设的一系列基本原则。这两部著作均在总结拿破仑战争经验的基础上产生，标志着欧洲和世界近代资产阶级军事思想体系的基本确立。

无产阶级军事思想作为一种崭新的军事思想体系，也是在近代确立的。19 世纪中后期，为适应当时工人运动发展的需要和迎接即将到来的无产阶级暴力革命，马克思和恩格斯共同创立了马克思主义军事理论。他们运用辩证唯物主义和历史唯物主义，首次正确揭示了战争和军队同社会生产方式之间的内在联系，阐明了军事领域的若干基本规律，确立了军事问题认识论和方法论的科学原则，创立了关于城市工人武装起义、无产阶级军队和人民战争及其战略战术原则的学说。

马克思主义军事理论的诞生是人类军事思想发展史上一次划时代的伟大革命，为人们研究、解决军事领域的问题提供了科学的基本观点和基本方法，为无产阶级军事思想的发展奠定了坚实的理论基石。

中国在 1840 年的鸦片战争之后，传统兵学受到西方军事思想的严重冲击。林则徐、魏源等有识之士提出"师夷长技以制夷"的主张，标志着变革传统军事思想的开端。在"洋务运动"中，清政府在"器利兵精"和"自强以练兵为要，练兵又以制器为先"的思想指导下，开始兴办中国近代军事工业，引进、仿造西式的枪炮、战舰，编练军队。在中法战争和中日甲午战争中，清军虽最后归于失败，但国防建设思想、作战指导思想和作战方式却向近代化迈进了一步。以孙中山为代表的资产阶级革命党人，在共产国际和中国共产党的帮助下，提出以党治军、军队与国民相结合，进而成为群众的武力的建军方针，并在军队中建立党代表和政治工作制度，在建军思想上迈出了重大的一步。从 1927 年到 1949 年，蒋介石及国民党政府引进西方和日本的一些军事技术、体制编制和资产阶级军事思想，又按其所需承袭中国古代军事思想，并与法西斯的军事思想掺杂混用，从而形成其军事思想的政治特征。在此期间，蒋百里的《国防论》和杨杰的《国防新论》等著作，比较深入地探讨了国防问题，认为国防是政治、经济、文化、社会、军事等各种力量的结晶，经济是结晶体的基础等，在一定程度上反映了国防建设的客观规律。

19 世纪中叶以后，世界列强竞相利用产业革命所提供的崭新物质技术手段，在全球加剧争夺势力范围，相应的军事理论开始产生。德国首相俾斯麦宣称，德国的一切重大问题都只能通过"铁与血"的手段解决；日本首相山县有朋宣布，以朝鲜和中国等邻国国土为日本的"利益线"。世界资本主义体系在 19 世纪末至 20 世纪初发展到帝国主义阶段，对外扩张的各种军事理论大量出现。英国 H·斯宾塞的"社会达尔文主义""社会有机论"和德国 F·拉采尔的"地理环境决定论"认为，"强存弱汰"是国际生活的"自然法则"，一个"健全的国家有机体"有权通过战争扩展自己的"生存空间"。美国马汉的海权论则提出，谁控制了海洋谁就能控制世界，为此必须大力发展海上力量。

随着垄断资本主义的进一步发展和第一次世界大战的催化，帝国主义列强在签订各种和平条约和实行军备控制的同时，纷纷抢先发展坦克、飞机、潜水艇、航空母舰等机械化兵器并大量装备军队，种种新的战争理论也应运而生。"大陆心脏说"、地缘政治说、"总体战"、空中力量决定论、"机械化突击制胜论"、"闪击战"理论等，均成为这个时期的重要军事理论。上述理论在第二次世界大战中得到一定程度的应用，并有所发展。

在这一阶段，无产阶级军事思想在世界范围内蓬勃发展。列宁在领导俄国十月社会主义革命和反对帝国主义武装干涉及国内战争中，从帝国主义和无产阶级革命时代的特点与俄国的实际出发，创立了关于战争与革命、武装起义和建设工农红军、实行全民战争等学说，为马克思主义军事理论谱写了新篇章。列宁逝世后，斯大林等在领导苏联工农红军和国防现代化建设中，在领导和指挥反对法西斯侵略的卫国战争中，继承和发展了马克思列宁主义的军事理论，制定了苏维埃国家军队和国防建设的基本原则，作出了关于决策、战略与策略等问题的论述。

（三）现代军事思想

第二次世界大战结束以后，世界战略格局发生了重大变化，各种势力重新分化组合，形成了以美苏为首的两极制衡体制。1989 年东欧剧变，此后苏联解体，世界进入了后冷战（或多极混乱）时期，各种军事理论相继涌现。第二次世界大战结束以来，比较著名的军事理论著作有利德尔·哈特的《战略论》、柯林斯的《大战略》、拉塞尔 F·韦格利的《美国军事战略与政策史》等。总之，这些军事理论著作集中反映了西方当代军事思想的某些共同特点。例如，美、俄、英、法、德、日等国在军事战略思想上，都遵循全球性、威慑性、联盟性、均衡性的战略方针："在作战指导思想上认为火力是作战威力的基础，集中兵力是作战胜利的奥妙，强调突然性是夺取战争主动权的原则，把机动作为克敌制胜的法宝"；"在国防与军队建设思想上始终遵循与国家安全基本目标相适应的原则、合理够用原则、协调发展原则、坚持精干的常备军与强大的后备力量相结合的原则、效率效能原则、依法治军原则等。"

从 20 世纪 90 年代起，人类社会迎来了一场空前广泛、深刻的新军事变革，使军事形态的五大支柱即军事技术、武器装备、军事人员、军事思想和军事组织体制得到跨时代的跃升，特别是各国军事思想得到了彻底的、全面的创新。当前世界军事思想总的发展趋势是：以机械化战争理论为核心的工业时代的军事思想，正在全面地向以信息化战争理论为核心的信息时代的军事思想转变。

三、军事思想的体系内容、指导作用及其代表作

(一) 军事思想的体系内容

军事思想通常是由战争观和方法论、军队和国防建设思想、战争指导思想等内容构成的一个完整理论体系。军事思想各部分相互联系,不可分割,是一个有机的整体。

战争观和方法论。战争观是人们对战争这一人类社会特殊活动现象的总的看法和基本态度。战争观通过对战争产生、发展、消亡的历史发展过程以及战争与政治、经济、科学技术、文化等因素的考察与揭示,使人们认识战争起源、战争性质、战争作用、战争消亡等战争根本性问题。研究与指导战争的方法论主要回答如何认识战争规律,并在此基础上如何正确指导战争,让战争按人们的意志转移等问题。战争观和方法论是军事思想的基础和核心。

军队和国防建设思想。军队和国防的本质和根源是什么,军队和国防建设与国家经济有什么联系,如何建设军队和国防等,都是军事思想要回答的重要内容。

此外,军事思想不但要回答战争是什么,怎样认识战争,怎样建设国防和军队等一系列问题,还要回答怎样指导战争的问题。

(二) 军事思想的指导作用

1. 军事思想是军事实践的指南

军事思想是军事实践的能动反映、理论概括,揭示了军事领域的一般规律,所以能对军事实践起指导作用。军事思想对军事领域的规律反映得愈深刻、愈正确,对军事实践的指导作用就愈大。在战争史上,每次取得胜利的战争,往往都有正确的军事思想作指导。毛泽东军事思想,就指导中国人民以弱胜强,逐步壮大,取得了革命战争的伟大胜利。没有正确的军事思想作指导,即使具备取得战争胜利的基础条件,也不能取得战争的胜利。战争实践证明,在客观物质条件许可的范围内,军事思想正确与否决定着战争的胜负。

2. 军事思想是研究具体军事学科的理论基础

军事思想研究战争与军事领域的一般规律,而具体军事学科研究的则是各自领域的特殊规律。如果只研究各自领域的特殊规律,而不懂得战争与军事领域的一般规律,就难以从总体上把握战争,也就不能真正认识和把握具体军事学科所研究的各自领域的特殊规律。因此,军事思想对具体军事学科的研究提供方法论。例如,军事思想关于保存自己、消灭敌人的论述,深刻地揭示了两军相争的战争目的和战争本质,它是一切战争行动的根据,从技术行动到战略行动,一切技术的、战术的、战役的、战略的原理原则,都要贯彻这个战争的军事目的和军事本质。它普及于战争的全体,贯彻于战争的始终。它对军队和国防建设、战争指导及其战略战术,都具有普遍的指导作用。

3. 军事思想对其他社会实践有着重要的借鉴意义

先进的、科学的军事思想贯穿着唯物论和辩证法。学习和研究军事思想,不仅可以学到正确地观察和解决问题的、观点和方法,而且可以学到如何把军事的基本原理同社会实际相结合,正确运用其原理解决实际问题,增强工作的原则性、系统性、预见性和创造性。例

如，军事斗争最注重效益，要以最小的代价获取最大的胜利。孙武提出的"知彼知己，百战不殆"的战争指导规律，已成为政治、外交斗争和进行经济建设的座右铭。战略和战役战术的关系，要求人们也必须正确处理全局和局部的关系。"战略"概念的运用，早已跨出军事的范围，涉及到政治、外交、经济发展、农业发展、城市发展等战略，充分说明军事思想对其他领域具有广泛的借鉴意义。

（三）军事思想的代表作

在长期的军事活动中得出了各式各样不同的结论，创造了大量的军事理论著作，其中最具代表性的主要有《孙子兵法》和《战争论》。

《孙子兵法》，亦称《孙子》，春秋末期孙武著，是中国古代最著名的兵书。《孙子》共6 000 余字，文字苍古雄劲，内容博大精深，全书共分为"计、作战、谋攻、形、势、虚实、军争、九变、行军、地形、九地、火攻、用间"13 篇，所以又称《孙子十三篇》。《孙子兵法》包含朴素的军事哲学思想，谨慎的战略思想，灵活机动的战术思想，达到了他那个时代所能达到的高度，军事思想非常丰富。宋神宗时，《孙子兵法》被确定为《武经七书》之首。

《战争论》是近代西方资产阶级军事思想的奠基作。作者卡尔·冯·克劳塞维茨，普鲁士人，生于1780 年，卒于1831 年。《战争论》是法国大革命和拿破仑战争经验的总结，是对德意志军事思想的革新，它深受法国古典哲学的影响。全书共3 卷8 篇124 章，加上附录，约69 万字，内容十分丰富，对战争的性质、战争理论、战略、战斗、军队、防御、战争计划等问题作了详尽的阐述和深刻的分析。其主要观点有：战争是政治以其他方式的延续；理论应该是一种考察，而不是死板的规定；要善于运用民众战争；防御不应是单纯的据守，应该有进攻和反攻；集中兵力，速战速决等。《战争论》代表了近代资产阶级军事思想的最高成就，曾得到无产阶级革命导师马克思、恩格斯、列宁、毛泽东等的高度评价和一致肯定，在军事思想发展史上具有重要的地位。

第二节　毛泽东军事思想

一、毛泽东军事思想的科学含义

毛泽东军事思想是以毛泽东为代表的中国共产党人关于中国革命战争和社会主义国防建设的科学理论体系。它是马克思列宁主义的基本原理和中国革命的实践相结合的产物，是对马克思列宁主义理论的创造性地继承和发展，也是对马克思列宁主义中的无产阶级革命军事思想理论的创造性地继承和发展，是中国人民革命战争的实践经验的总结，是具有独创性的科学理论体系，也是中国共产党人的集体智慧的结晶，是中国革命的指导思想——毛泽东思想理论体系中的主要组成部分。

（一）毛泽东军事思想是对马克思列宁主义的创造性的继承和发展

毛泽东不仅是一位伟大的马克思主义者，伟大的无产阶级革命家和政治家，而且是一位伟大的军事家和军队统帅，以毛泽东命名的中国无产阶级革命的军事思想——毛泽东军事思想是马克思列宁主义理论与中国革命实践相结合的产物，同时也体现着中国共产党人对马克思列宁主义的创造性地继承和发展。主张通过武装斗争夺取政权来创立社会主义制度的无产阶级暴力革命思想，是马克思主义理论的基本原理与核心内容。毛泽东军事思想也正是马克思列宁主义的无产阶级革命军事思想理论、暴力革命思想与中国革命战争实践相结合的产物，是对马克思列宁主义理论的创造性发展，也是对马克思列宁主义军事思想理论——无产阶级革命军事思想理论——暴力革命思想的创造性地丰富和发展。

（二）毛泽东军事思想是毛泽东思想的主要组成部分

毛泽东思想既是对世界无产阶级革命规律的正确认识，也是对中国革命发展规律的正确认识，而且主要是对中国革命这一特殊规律的正确认识。正如毛泽东自己所指出的那样："要能够真正领会马克思列宁主义的实质，真正领会马克思列宁主义的立场、观点和方法，真正领会列宁斯大林关于殖民地革命和中国革命的学说，并且应用了它去深刻地、科学地分析中国的实际问题，找出它的发展规律。"

毛泽东思想之所以是正确的思想和科学的理论，原因就在于是对中国革命实践经验的正确总结，而中国革命的实践进程也就主要表现为是中国革命战争的进程，所以，中国革命的成功经验也就主要表现为是对中国革命战争的成功经验的总结，毛泽东军事思想也就是对中国革命战争经验的总结。毛泽东思想是经过实践检验的科学真理，而主要就是经过了中国革命战争这个最主要的革命实践的检验。因此，毛泽东军事思想也就必然成为毛泽东思想理论体系中的主要组成部分。毛泽东军事思想与毛泽东思想一样，是中国共产党人的集体智慧的结晶，是千千万万的中国共产党人和革命先烈在革命战争中流血牺牲换来的宝贵经验。而在这个伟大的革命实践中，毛泽东作出了巨大的贡献。因此，具有中国特色的中国无产阶级革命军事思想以毛泽东的名字命名就是实事求是的，是符合中国革命战争发展的历史的实际的。

（三）毛泽东军事思想是人类军事思想理论宝库中的宝贵财富

毛泽东军事思想是马克思列宁主义军事思想的创造性地继承和发展，是运用和发展无产阶级革命军事思想的光辉典范。

因而，它既是中国革命战争和无产阶级革命战争的正确指导思想，也是具有普遍指导意义的军事科学理论体系。所以，毛泽东军事思想也就代表着同时代人类军事思想发展的先进水平，毛泽东在革命战争的实践中创造性地运用和发展了人类军事思想的理论，在战争的成功实践中开创了人类军事思想理论发展的一个新阶段，极大地丰富了人类军事思想理论，因而它是人类军事思想理论宝库中的巨大宝贵财富。

二、毛泽东军事思想形成和发展的历程

毛泽东军事思想的形成和发展，与中国革命和中国革命战争的发展历程是相一致的，因而中国革命和中国革命战争的历史也就是毛泽东军事思想形成和发展的历史。

（一）毛泽东军事思想在土地革命战争时期产生和形成

1927 年，以蒋介石和汪精卫为首的国民党反动派先后叛变了革命，向中国共产党举起屠刀，前后杀害了共产党人和革命群众达 30 万人，使中国革命遭到了严重的挫折和惨重的损失。这就迫使中国共产党人走上单独领导中国革命的道路，也迫使中国共产党人走上武装斗争夺取政权的革命道路，中国共产党人真正认识到了中国革命的发展规律，开始真正实现马克思列宁主义的理论与中国革命实践的结合。

为了探索武装斗争夺取政权的正确道路，毛泽东还亲自组织领导了湘赣边界的秋收起义，用革命的武装反对反革命的武装，从此中国革命发展转折，从 1927 年的南昌起义开始，至 1928 年 6 月，中国共产党在 12 个省、140 多个县先后发动了 100 多次武装起义。但是，由中国共产党人领导的三次大规模的武装起义都先后失败了。

毛泽东在秋收起义失败之后，就对中国革命和武装斗争的道路进行了积极地探索，他从中国革命和武装斗争形势的实际出发，率领革命武装走上井冈山，实行了土地革命，发动了广大的人民群众参加革命战争，建立了工农革命政权，在反动势力统治薄弱的农村创建了革命根据地，实行了工农武装割据，从而提出了以"农村包围城市"的武装夺取政权的革命道路，这就标志着中国共产党人对中国革命战争客观规律有了正确认识，实际上也就是对中国革命的客观规律的正确认识，从而实现了中国革命战争指导思想的根本转变。从此，中国革命也就走上了正确的发展道路。

毛泽东在中国革命战争的实践中开创的"农村包围城市"正确军事路线，既反对坚持"左"倾教条主义思想的要通过城市武装起义夺取政权的军事路线，也反对那种对在农村革命根据地坚持中国革命战争的发展前途悲观、失望的右倾主义思想。为此，毛泽东曾经写过一篇《星星之火，可以燎原》的文章，全面分析了中国革命战争的发展前途，回答了革命军队内少数人提出的"红旗到底能打多久"的疑问，从而极大地坚定了革命军队全体官兵的革命必胜的信念，鼓舞了根据地军民的革命斗志，使人民军队具有了强大的思想政治优势，在坚持长期的革命战争中不断取得胜利。

在土地革命战争时期，以毛泽东为代表的中国共产党人，在中国的广大农村地区创建了人口近千万的十几块农村革命根据地，建立了革命政权，实现了土地革命，由中国共产党直接领导的革命军队——中国工农红军迅速发展到 30 万人，并且运用正确的战略战术多次打败优势敌军的"围剿"。各革命根据地军民先后共消灭了国民党军队近 100 万人，使中国的革命力量不断地得到发展壮大，从而使中国革命的发展出现了一个新的高潮。这就标志着中国革命的正确指导思想——毛泽东思想的诞生，也标志着中国革命战争的正确指导思想——毛泽东军事思想的正式诞生。

毛泽东军事思想这一科学理论和革命的真理，成为中国革命战争的正确指导思想是经历了革命战争的实践检验过的。毛泽东从中国革命战争的实际出发创建的、完整的军事思想，曾经使中国革命战争取得了辉煌的成就，从而被证明是科学的理论和革命的真理。

毛泽东在这一时期，先后写出了《中国红色政权为什么能够存在》《井冈山的斗争》《关于纠正党内的错误思想》和《星星之火，可以燎原》等光辉著作。在党的遵义会议上，正式确定了毛泽东在中国共产党内的领导地位。从此，毛泽东思想和毛泽东军事思想就成了中国革命和中国革命战争的指导思想。红军长征结束以后，毛泽东得以有一个安定的环境对中国革命战争进行系统地理论研究,这时他写出了《中国革命战争的战略问题》一书。毛泽东在书中阐明了无产阶级的战争观和研究指导战争的基本方法,深刻精辟地分析了中国革命战争的特点和规律,总结概括了开展游击战争,创建革命根据地,壮大人民军队,实行积极防御战略。"农村包围城市"是指导中国革命战争正确发展的思想理论,成功地运用和发展了马克思列宁主义的暴力革命的思想理论——无产阶级革命军事思想理论,创立了中国革命战争的正确指导思想——毛泽东军事思想的理论体系的基础。

(二)毛泽东军事思想科学体系在抗日战争时期建立

1937年,日本帝国主义发动了全面侵华战争,使中国国内矛盾发生了重大变化,民族矛盾代替阶级矛盾成为了主要矛盾,反对日本帝国主义侵略的抗日战争就成了全中国人民的共同任务。这不但要求中华民族团结一致,而且要求中国人民能够运用正确的军事思想理论战胜日本帝国主义的侵略。

在这中华民族的历史危急关头,毛泽东以其伟大的军事家的战略眼光成功地回答了这一问题。毛泽东从马克思主义的立场、观点出发,深入地研究了中国人民抗日战争的特点和规律,以及中、日双方在战争中的各种力量的对比之后非常明确地指出,日本是一个强大的帝国主义国家,但它的侵略战争是退步的、野蛮的;中国的国力虽然比较弱,但中国人民的反侵略战争是进步的、正义的,因而战争的最后胜利必定是属于中国人民的,日本帝国主义是无法完全征服中国的,这就彻底粉碎了"亡国论"的悲观主义论调。同时,毛泽东又指出,由于中、日双方力量对比的差别悬殊,中国也就不可能迅速打败日本帝国主义,这也就否定了那种脱离实际的、盲目乐观的"速胜论"思想。

中国人民要战胜日本帝国主义,就只能运用持久战的战略,通过组织动员全国人民坚持长期的游击战争来壮大自己的力量,在战争中的作战方式是"基本的是游击战,但不放松有利条件下的运动战",不断地消耗敌人,以空间换取时间,积小胜为大胜,逐步改变敌我力量的对比,最后就一定能够打败日本帝国主义。

毛泽东以其军事战略家的智慧还科学地预见了中国人民的抗日战争的进程,他深刻地指出,抗日战争将会经历战略防御、战略相持、战略反攻这三个阶段,这其中战略相持阶段是一个相当长的时期,是抗日战争最困难的时期,也是战争形势发生转变的关键时期,是"全战争的枢纽"。整个抗日战争的进程,充分证明了毛泽东预见的准确性。

毛泽东的这一科学论断,就为中国人民夺取抗日战争的胜利指明了正确的道路,大大坚定了全国人民战胜日本帝国主义的信心。毛泽东提出的持久战思想显示出了他作为一个杰出军事家的卓越的战略眼光和智慧,这不仅得到了中国人民的一致拥护,而且在整个世界都得到了极高的评价,使世界都认识了毛泽东军事思想。

在抗日战争中,中国人民按照毛泽东提出的持久战的战略方针,不怕牺牲、英勇战斗,坚持了长期的游击战争,在敌后创建了大片根据地,不断地运用游击战战术消灭日本侵略军,使日本法西斯陷入了人民战争的汪洋大海中无法脱身。

毛泽东在抗日战争期间写出了《抗日游击战争的战略问题》《论持久战》和《战争和战略问题》等军事著作。在这些著作中,毛泽东阐述了中国人民和军队在抗日战争中的战略和策略问题,提出了把游击战由战术提高到战略原则地位上的思想,创立了系统的游击战争理论;还全面阐述了进行人民战争的思想理论和人民军队建设的理论。不但确立了毛泽东军事思想在反侵略战争中的指导地位，扩大了毛泽东军事思想在世界上的影响，而且完全确立了毛泽东军事思想在中国革命战争中的指导地位。因而，包括着革命战争各个方面理论内容的毛泽东军事思想，在抗日战争期间已经发展成为了完整的军事思想的理论体系。

（三）毛泽东军事思想在解放战争时期达到了全面成熟

抗日战争胜利之后，中国的国内阶级矛盾又上升为主要矛盾。这时，毛泽东坚持马克思列宁主义的历史唯物主义和辩证唯物主义的立场，正确地分析了中国革命面临的复杂形势，以伟大的无产阶级革命家和军事家的雄才大略对形势作出了科学的论断，提出了"帝国主义和一切反动派都是纸老虎"的著名观点。

在解放战争期间，毛泽东充分发挥了他作为伟大的无产阶级军事家的非凡才能，不畏强敌，敢于斗争、善于斗争、敢于胜利，依靠广大的中国人民群众，亲自领导人民军队坚持正确的战争指导原则，从新的战争形势出发，运用灵活的战略战术，从以前的游击战争转变到采用运动战和歼灭战的作战方式。正如毛泽东在《以自卫战争粉碎蒋介石的进攻》一文中指出的那样，战胜蒋介石的作战方法，一般是运动战。因此，若干地方、若干城市的暂时放弃，不但是不可避免的，而且是必要的。暂时放弃若干地方、若干城市，是为了取得战争的最后胜利。1947 年 12 月，毛泽东根据自卫战争以来人民军队的作战经验提出了著名的十大军事原则，人民军队正是因为坚持了这样的作战指导思想，才使国民党军队在战场上处处陷于被动挨打的局面，不断地被人民解放军所大量消灭。

解放战争的进程又一次证明了毛泽东作为一位伟大的无产阶级革命军事家的非凡才能，证明了毛泽东军事思想的科学性，证明了在正确思想指导下的革命人民是不可战胜的。

解放战争期间，毛泽东在这个广阔的战争舞台上进一步地丰富发展了他的军事思想理论，写出了《抗日战争胜利后的时局和我们的方针》《以自卫战争粉碎蒋介石的进攻》《集中优势兵力，各个歼灭敌人》《大举出击，经略中原》《解放战争第二年的战略方针》《目前的形势和我们的任务》《评西北大捷兼论解放军的新式整军运动》《关于三大战役的作战方针》《将革命进行到底》《十大军事原则》等军事著作。毛泽东在这些著作中，展现出来丰富的军事思想和战争理论，以及中国人民在解放战争中所取得的伟大辉煌胜利一起充分地证明了毛泽东军事思想已经发展为全面成熟的军事思想理论体系，在世界军事思想的发展中展现出了应有的重要地位。

（四）毛泽东军事思想在社会主义建设时期有了新发展

新中国建立之后，根据新的形势，毛泽东仍然高度重视人民军队建设和军事战略问题，从巩固社会主义政权和防备帝国主义的侵略的新形势出发，向全党和全国人民提出了建设现代国防、抵御外国入侵的战略任务。毛泽东在这时指出："我们将不但有一个强大的陆军，而且有一个强大的空军和一个强大的海军。"由于党和国家的重视，人民军队开始进行正规化建设和现代化建设，人民军队的建设自诞生以来进入了一个前所未有的新阶段。

正当新中国在全面进行和平建设之时，朝鲜战争却于 1950 年 6 月突然爆发了。应朝鲜人民民主主义共和国政府的请求，以毛泽东为首的中国政府毅然决定，出兵援助朝鲜。在抗美援朝战争中，根据朝鲜战争的实际，毛泽东又提出了"持久作战，积极防御"的方针，指挥中朝军队坚持了积极防御作战，开始了由运动战向阵地战的转变。毛泽东指挥的人民军队在世界上创造了又一个伟大的战争奇迹。抗美援朝战争的胜利既是中朝两国人民和军队的胜利，人民战争的胜利，也是毛泽东军事思想的又一伟大胜利。

在我国进入社会主义建设时期之后，毛泽东仍然高度重视我国军事力量的建设，他曾深刻地指出："中国必须建立强大的国防军，必须建立强大的经济力量，这是两件大事。"

从20世纪60年代开始，为了增强我国的国防实力，在毛泽东的领导下，在加快经济发展的同时，我国又独立自主地大力发展了国防科技建设，正如毛泽东所说："我们现在已经比过去强，以后还要比现在强，不但要有更多的飞机和大炮，而且还要有原子弹。在今天的世界上，我们要不受人家欺负，就不能没有这个东西。"

面对着当时霸权主义的威胁，为了保卫中国的安全，以毛泽东为首的党中央一直高度重视国家国防体系的建设，为了未来反侵略战争的需要，认真总结了苏联在第二次世界大战中的经验教训，在20世纪60年代制定和实施了三线建设的战略决策，在国家的战略大后方加强了国防工业和经济建设，对我国国防建设发挥了巨大的促进作用，也促进了这些地区的经济发展。

正是在社会主义中国建立之后的20多年里，在新的形势下，毛泽东军事思想得到了进一步地丰富和发展，成为更加全面的包括国际斗争的战略策略思想，以及国家国防体系建设指导思想在内的军事思想理论体系。毛泽东军事思想不仅是中国革命战争的正确指导思想，而且因为这个理论体系所反映的战争的普遍规律而具有普遍的指导意义。因而，毛泽东军事思想不仅在革命战争年代是我们的正确指导思想，在今天的国防现代化建设中和国际军事斗争中仍然是我们的正确指导思想，是我们必须努力学习研究的科学理论。

三、毛泽东军事思想的主要内容

毛泽东军事思想包括无产阶级的战争观和方法论、人民军队建设思想、人民战争思想、人民战争的战略战术思想和国防建设思想五大部分。这五大部分相互联系，不可分割，是一个完整的科学理论体系。

（一）无产阶级的战争观和方法论

毛泽东运用马克思主义的立场、观点和方法，通过研究中外军事理论，在总结中国革命战争经验的基础上，形成了具有中国特色的无产阶级战争观和方法论，丰富和发展了马克思主义研究和指导战争的基本理论，是毛泽东人民军队、人民战争、人民战争的战略战术、国防建设思想的理论基础。

无产阶级的战争观。战争观是指人们对战争的根本看法。它主要通过对战争产生、发展、消亡的历史发展过程和战争与政治、经济等相互必然联系的揭示，从而认识战争起源、战争性质、战争目的、战争消亡的途径等根本问题。毛泽东认为："战争——从有私有财产和有阶级以来就开始了的，用以解决阶级和阶级，民族和民族，国家和国家，政治集团和政治集团之间，在一定发展上的矛盾的一种最高斗争形式。"深刻地揭示了战争的社会根源和阶级本质。在战争与政治关系问题上，毛泽东提出"'战争是政治的继续'，在这点上说，战争就是政治，战争本身就是政治性质的行动，从古以来没有不带政治性的战争。"在战争与经济问题上，毛泽东强调："战争不但是军事和政治的竞赛，还是经济的竞赛。"强调经济力量是战争的物质基础。另外，毛泽东在人与武器的相互关系问题上也作出了"武器是战争的重要因素，但不是决定因素，决定因素是人而不是物"的著名论断。

研究和指导战争的方法论。毛泽东军事思想关于战争问题的认识论和方法论，有着极其丰富的内容，主要包括：战争是一种物质的必然运动，是可以认识的；军事理论来源于战争实践，战争规律是客观实际在人们头脑中的反映；研究和指导战争必须从敌我双方各方面的实际情况出发，探索战争的客观规律，并且按照这种客观规律去指导战争；不同的战争有不同的规律，要着眼其特点和发展，不但要研究战争的一般规律，更重要的是研究战争的特殊规律；在计划与实施作战中，认识的对象必须包括敌我两个方面；要按照侦察、判断、决心、部署的逻辑顺序，不断深化对战争的认识，解决主客观之间的矛盾，实施正确的战争指导等。这些内容归结到一点，即是从敌我双方的客观实际出发，按照战争的客观规律去指导战争。正如毛泽东指出："战争的规律——这是任何指导战争的人不能不研究和不能不解决的问题。"

（二）人民军队建设思想

以毛泽东为代表的中国共产党人把建设一支人民军队作为武装斗争的首要问题。人民军队思想，就是毛泽东关于建设人民军队的理论，亦称建军思想，是毛泽东军事思想科学体系的重要组成部分。其内容主要包括以下几个方面：

1. 建设一支无产阶级性质的新型人民军队

建设一支无产阶级性质的新型人民军队，是中国共产党领导全国人民进行革命战争的首要问题。毛泽东指出："军队是国家政权的主要成分。谁想夺取国家政权，并想保持它，谁就应有强大的军队。""没有一支人民的军队，便没有人民的一切。"因此，无产阶级要想夺取政权，建立新的国家机器，必须首先建立和掌握军队，为此毛泽东提出了"枪杆子里面出政权"的著名论断。在这一思想的指导下，我们党先后发动了南昌起义、秋收起义和广州起义，创建了一支由中国共产党直接掌握的人民军队，并且经长期的革命战争和实践，建立了人民民主专政的国家政权，取得了新民主主义革命的彻底胜利。

这支军队必须是在中国共产党绝对领导之下，具有无产阶级性质的新型人民军队。它表明这支军队是执行无产阶级革命政治任务的武装集团。对于敌对阶级，它是压迫的工具，对于人民大众，它是人民利益的卫士，是属于人民和保护人民的，它们和一切属于少数人，压迫人民的旧式军队、旧式警察等等完全不同，是新型的人民军队。

2. 对人民军队的宗旨和任务作了明确的规定

毛泽东指出："紧紧地和中国人民站在一起，全心全意地为中国人民服务，就是这个军队的唯一宗旨。"军队是阶级斗争的工具，它的宗旨必须受其阶级性制约。人民军队是中国共产党缔造和领导的革命军队，无产阶级的属性就决定了我军来源于人民群众，是为中国无产阶级和广大劳动群众服务的利益集团。"他们不是为着少数人的或狭隘集团的私利，而是为着广大人民群众的利益，为着全民族的利益而结合，而战斗的。"正是紧紧地和中国人民站在一起，全心全意为人民服务这一唯一宗旨，决定了我军"像儿子忠于母亲一样地忠于人民，所以人民爱戴和拥护它，帮助它克服困难，在极端艰苦的环境之下，不断地巩固和壮大起来"。

人民军队的宗旨，指明了军队建设的根本方向，揭示了军队建设的实质，是指导军队建设的重要原则。这个宗旨体现在我军的根本职能上，就是执行打仗、做群众工作和生产三大任务。毛泽东指出："红军打仗，不是单纯地为了打仗而打仗，而是为了宣传群众、组织群众、武装群众，并帮助群众建设革命政权才去打仗的。"毛泽东强调，这支军队也要当两支用，一方面打仗，一方面生产。勿庸质疑，三大任务是由我军的性质、宗旨和中国革命战争的特点所决定的，三位一体，缺一不可，而战斗的任务，在三大任务中居主要地位。

3. 形成一整套人民军队的建军原则

在中国革命战争的实践中，逐步形成了一整套人民军队的建军原则。

坚持党对军队的绝对领导。确立中国共产党对人民军队的绝对领导，是人民军队建设的一条根本原则。始终不渝地坚持党对军队的绝对领导，是毛泽东建军思想的核心。早在"三湾改编"时，毛泽东就确立了党领导军队的原则。"古田会议决议"强调要从政治上、思想上和组织上加强党对军队的绝对领导。这一原则表明：军队必须是完成党的政治任务的工具，军队必须坚决贯彻执行党的路线、方针、政策，军队的一切行动必须听从党中央和中央军委的指挥。中国共产党是唯一的、独立地领导和指挥这支军队的政党，我军必须完全自主地、始终如一地置于党的领导之下。毛泽东强调指出："我们的原则是党指挥枪，而绝不容许枪指挥党。"

建立强有力的革命的政治工作。政治工作是我军的生命线，是毛泽东建军思想的一个重要原则。1929年的"古田会议决议"，奠定了人民军队政治工作的基础，旗帜鲜明地确立了政治工作的地位。1937年10月，毛泽东对我军政治工作的基本原则作了系统地概括："八路军的政治工作的基本原则有三个，即：第一，官兵一致的原则；第二，军民一致的原则；第三，瓦解敌军和宽待俘虏的原则。"官兵一致、军民一致和瓦解敌军这三大原则，是我军政治工作的基础。

实行三大民主，执行三大纪律八项注意。政治、军事、经济三大民主是我军民主制度的基本内容，是毛泽东对我军民主制度建设的高度概括。所谓政治民主即是官兵在政治上是平等的，下级有权对上级提出批评建议等；军事民主即在训练和作战时，实行官兵互教，发动士兵总结战斗经验，讨论执行作战计划的方法等；经济民主即实行经济公开，组织人员监督（连队）经济开支以及同不良行为作斗争。毛泽东制定的三大纪律八项注意是人民军队宗旨的体现，是我军一切纪律的基础，是全军行动的基本原则，是在革命战争实践中，根据斗争需要对军队纪律提出的针对性要求，其内容因时而异，是逐步形成和完善起来的。1947年10月，中国人民解放军总部颁布训令，将三大纪律八项注意的内容作了统一规定。三大纪律八项注意是我军的光荣传统，既是我军的军事纪律，又是我军的政治纪律和群众纪律。

在加强革命化建设的同时，加强正规化和现代化建设。毛泽东指出："革新军制离不开现代化，把技术条件增强起来"，"为着准备战略反攻，非提高新式技术建设新式军队不可，须知没有现代新式技术装备的足够数量的军队，要实行壁交，收复失地是不可能的。"在正规化建设方面，毛泽东指出，部队建设的正规化，就是要求实行统一的指挥，统一的制度，统一的编制，统一的纪律，统一的训练，就是要求实现诸兵种的密切协同动作。这些论述为我军的革命化、正规化、现代化建设指明方向。

（三）人民战争思想

人民战争是指广大人民群众为反抗阶级或民族的压迫而组织武装起来进行的战争。和其他战争形式一样，人民战争很早就登上了历史舞台，毛泽东就曾经把中国奴隶社会时期发生的武王伐纣战争，称为"当时的人民解放战争"。著名的资产阶级军事家若米尼首次明确地使用了"人民战争"这一概念。人民战争有两个最基本的特征，即战争的正义性和广泛的群众性。

毛泽东人民战争思想，是马列主义普遍原理与中国革命战争实践相结合，在共产党领导下，动员、组织、武装群众进行革命战争所确立的伟大学说，是党和毛泽东指导中国革命战争的基本理论，是毛泽东军事思想的核心。其基本观点是：战争的正义性是实行人民战争的政治基础，因而能够在战争中组织广大人民群众参加和支持战争。"战争之伟力最深厚的根源存在于民众之中。"因而只有依靠和动员广大人民群众才能赢得战争。战争胜负的决定因素是人而不是物。"武器是战争的重要因素，但不是决定因素，决定的因素是人不是物。力量对比不但是军力和经济力的对比，而且是人力和人心的对比。军力和经济力是要人去掌握的。"毛泽东人民战争思想主要包括以下内容：

1. 必须坚持中国共产党的统一领导

毛泽东指出："在无产阶级已经走上政治舞台的时代……任何革命战争如果没有或违背无产阶级和共产党的领导，那个战争是一定要失败的。"我们的经验是："依靠人民，再加上一个比较正确的领导，就可以用我们的劣势装备战胜优势装备的敌人。"中国共产党对革命战争的统一领导是进行人民战争的政治、思想、组织保障。政治领导就是用中国共产党的路线、方针、政策统一全党、全军和全体人民的思想和行动，使之在政治上与党中央保持一致；思想领导就是用无产阶级的革命理论，教育人民，引导人民群众批判和克服各种错误思想，用人民战争的战略和策略武装人民的头脑，树立必胜的信念和艰苦奋斗、不怕牺牲的奋斗精神；组织领导就是建立党对军队和地方组织的各级党的工作机构，这些机构实行党委集体领导的制度。以上是坚持中国共产党对革命战争的统一领导，以有效贯彻人民战争指导思想最根本性的措施和制度。

2. 组织最广泛的人民统一战线

组织最广泛的人民统一战线，动员群众、组织群众、武装群众，是实行人民战争的根本前提和坚实基础。因为革命战争是群众的战争，只有动员群众才能进行战争，只有依靠群众才能进行战争。广泛深入地动员群众，就要充分发挥正义战争的巨大号召力，实行全民总动员；就要实行正确的政策，联合一切可以联合的力量，结成广泛的革命统一战线，把广大人民群众动员起来，直接或间接地同敌人作战；就要充分发挥各种组织的作用，把一切人力、财力和物力都投入到战争和支援战争。为了把人民群众组织到革命战争中去，毛泽东创造性地提出了"三结合"的武装力量体制。"三结合"武装力量体制在不同时期有不同的表现形式。土地革命时期，毛泽东实行主力红军、地方红军和赤卫队三结合体制；抗日战争期间，实行主力兵团、地方兵团和人民自卫军三结合体制；解放战争时期和建国后一段时期，采用野战军、地方军和民兵三结合体制；新的历史时期，实行人民解放军、人民武装警察部队和民兵三结合体制。在三结合武装力量体制中，人民军队始终是实行人民战争的骨干力量。毛泽东指出："在中国，主要的斗争形式是战争，而主要的组织形式是军队。"

3. 必须建立巩固的革命根据地

战争是敌我双方物质和精神力量的综合较量。实行人民战争必须有巩固的战略基地。中国共产党领导中国人民进行的革命战争是在复杂的历史条件下，在各种反动势力异常强大的特殊情况下进行的人民战争。革命要生存与发展，就要求必须实行工农武装割据，建立稳固的革命根据地。因为有了稳固的革命根据地，军队才能拥有休养生息的良好环境，人力、物力和财力才能得到充分的保障，训练、备战、组织动员等斗争形式才能顺利地开展下去；根据这种客观条件和现实需要，毛泽东提出了实行工农武装割据，在农村建立革命根据地，走农村包围城市的伟大思想。他深刻地指出："如果革命的队伍要准备积蓄和锻炼自己的力量，并避免在力量不够的时候和强大的敌人作决定胜负的战斗，那就必须把落后的农村改造成先进的巩固的根据地，造成军事上、政治上、经济上、文化上的伟大革命阵地，借以反对利用城市进攻农村区域的凶恶敌人，借以在长期战斗中逐步地争取革命的全部胜利。"建立农村根据地，走农村包围城市武装道路，是毛泽东对马克思主义军事思想的一个重大发展。

4. 以武装斗争为主，各条战线、各种斗争形式相互配合

战争不仅是敌对双方军事力量的较量，而且是双方政治、经济、科技、文化、外交等方面的总较量。只有以武装斗争为主，各条战线、各种斗争形式相互配合，形成全面的人民战争，才能最大限度地发挥人民战争的威力。毛泽东指出："着重武装斗争，不是说可以放弃其他形式的斗争；相反，没有武装斗争以外的各种形式的斗争相配合，武装斗争就不能取得胜利。"在具体的战争实践中，一方面以武装斗争为主，并同其他斗争形式紧密配合，成为我们党实行人民战争的一条基本经验。在土地革命战争、抗日战争和解放战争各个历史时期，我党通过武装斗争与政治斗争相配合，制定了正确的纲领、路线和政策，建立革命统一战线，对敌展开了强大的政治攻势，达到了瓦解敌军的目的；通过武装斗争和外交斗争的配合，把正义战争"得道多助"的可能性变为现实，获取了更多的援助；通过武装斗争与经济斗争相配合，打击了敌人经济封锁和不法分子的破坏活动，削弱了敌人的经济力量，在经济上为武装斗争的胜利提供了保障；通过武装斗争与文化斗争相配合，揭露了敌人的反动本质和政治欺骗，教育和团结了广大人民，提高了部队的文化素质、士气和战斗力。另一方面，武装斗争和其他各条战线、各种斗争形式的相互配合，既是实行人民战争的要求，同时人民战争的正义性质又为实现这种要求提供了有利的前提条件，加上正确的领导，就能变为现实。

（四）人民战争的战略战术思想

人民战争的战略战术思想，是人民军队在人民群众支持和配合下进行革命战争的作战方法，是以毛泽东为代表的中国共产党人，根据中国革命战争的特点和规律，在人民战争和人民军队的基础上，总结我军作战经验，逐步形成、发展和完善起来的。灵活机动是毛泽东人民战争的战略战术思想最主要的特色。

战略上藐视敌人，战术上重视敌人。毛泽东在指导中国革命战争的实践中，曾多次强调指出，革命者必须在战略上、全体上藐视敌人，敢于同他们斗争，敢于夺取胜利；同时又要在战术上、策略上，在每一个局部上，在每一个具体问题上，重视敌人，采取谨慎态度，讲究斗争艺术。他说："我们的战略是'以一当十'，我们的战术是'以十当一'，这是我们制胜敌人的根本法则之一。"同时，战略上藐视敌人与战术上重视敌人又是辩证统一的。正如毛泽东所说："同世界上一切事物无不具有两重性一样，帝国主义和一切反动派也有两重性，他们是真老虎又是纸老虎……从本质上看，从长期上看，从战略上看，必须如实地把帝国主义和一切反动派都看成纸老虎。从这点上，建立我们的战略思想。另一方面，它们又是活的铁的真的老虎，它们会吃人的。从这点上，建立我们的策略思想和战术思想。"只有在战略上藐视敌人，才能谈得上战术上重视敌人；只有战术上重视敌人，才能实现战略上藐视敌人，二者是辩证统一不可分割的。以毛泽东为代表的中国共产党人在长期的革命战争实践中，为我们提供了将二者完美结合在一起的光辉典范。

坚持积极防御，反对消极防御。毛泽东明确指出："积极防御，又叫攻势防御，又叫决战防御。消极防御，又叫专守防御，又叫单纯防御。消极防御实际上是假防御，只有积极防御才是真防御，才是为了反攻和进攻的防御。"在长期的实践中，毛泽东根据中国革命战争的特点和规律，将积极防御的一般原理创造性地运用于中国革命的战争实践。毛泽东积极防御战略思想的基本精神是：自卫的、后发制人的，强调攻防辩证统一的，以及持久胜敌等三个方面。实行积极防御的军事战略方针是由中国战争固有的防御性质、积极防御本身特点以及中国革命战争的进程和结局所决定的。实践证明，积极防御是无产阶级战略思想的核心内容，是我军一贯坚持的战略指导思想，是制定我军战略方针和作战原则的理论依据。

集中优势兵力，各个歼灭敌人。集中优势兵力，各个歼灭敌人是我军的基本作战方法，也是我军作战的优良传统，二者不可分割是辩证统一的关系。集中优势兵力，各个歼灭敌人的基本作战方针是歼灭战。各个战争时期，毛泽东都要求把歼灭战作为战役战斗上必须遵循的基本方针。通过打歼灭战，我军不断争取战争和战场主动权，改变敌我力量对比，直至最后战胜敌人。在具体的战争指导上，我军强调集中优势兵力，即集中主力于主要作战方向，反对军事上的平均主义。各个歼灭敌人，就是在向敌进攻时，为形成和保持真正的优势，要拣弱的打，先弱后强，由小到大，这也是集中优势兵力，各个歼灭敌人的基本战法之一。

采取三种作战形式紧密配合，适时进行战略转变。运动战、阵地战、游击战是我军三种基本作战形式。前两种属于正规战，后一种属于非正规战。运动战，就是正规兵团在长的战线和大的战区层面上，从事战役和战斗的外线速决进攻战的作战形式。阵地战，就是依托坚固阵地或野战阵地进行防御，或对据守坚固阵地或野战阵地防御之敌实施进攻的作战形式。游击战，是分散流动的作战形式，也是一种群众性的武装斗争形式。在土地革命战争、抗日战争和解放战争时期，我军根据敌我力量消长状况，战争形势和战略任务的变化以及地理环境对作战的影响等，适时进行以改变主要作战形式为基本内容的战略转变，这也成为中国革命战争的一条重要指导原则。总之，三种作战形式密切配合，紧密结合，适时转换，精彩纷呈，最终达到保存自己消灭敌人的战争目的。

做好作战准备，不打无准备无把握之战。不打无准备无把握之战这一原则不仅适合于人民战争，也适用于任何其他战争，因而具有普遍意义。在中国革命战争中，我军长期处于敌强我弱、敌大我小的不利态势，要以弱胜强、以劣胜优，遵循不打无准备无把握之战这一原则尤显重要。毛泽东指出："我们历来不打无准备无把握之战，也不打只有准备，但无把握之战。""每战都应力求有准备，力求在敌我条件对比下有胜利的把握。"因此，不打无准备无把握之战，是实现战争目的的一个重要作战指导思想，是毛泽东军事思想的一个重要战略战术原则。

慎重初战，实行有利决战。初战是指战争或战役的第一仗，也称序战。初战对战争的进程以及战争的全局有重大的影响。因此慎重初战，无论对进攻或防御都具有普遍的指导意义。为此，毛泽东在总结红军反"围剿"作战经验时，提出了"初战"三原则，即"必须打胜"；"必须照顾全战役的计划"；"必须照顾下一战略阶段"。慎重初战是实行有利决战的重要前提。决战有战略决战和战役战斗决战之分,其中战略决战是战争最关键的决定性阶段。"不论在何方来说,决战阶段的斗争,是全战争或全战役中最激烈、最复杂、最变化多端的,也是最困难、最艰苦的,在指挥上来说,是最不容易的时节。"为此,毛泽东要求"一切有把握的战役和战斗应坚决地进行决战,一切无把握的战役和战斗应避免决战,赌国家命运的战略决战应根本避免。"不论是战役决战,还是战略决战,都要执行有利决战,避免不利决战的原则。

作战指导的主动性、灵活性和计划性。主动性即军队行动的自由权。要争取和保持主动,必须具备两个基本条件,即力量的优势和主客观指导工作的正确性。在具体的战争实践中必须力争主动,避免被动。中国共产党领导的历次革命战争的胜利,在战略上都经历了由劣势变优势,由被动变主动的转换过程,都是作战指导上主动性的光辉范例;灵活性即灵活地使用兵力,是具体地实现主动性于作战实践中,是战争指导的中心任务。灵活地使用兵力就必须从客观实际出发,抓住时机、地点、部队三个关键,灵活地使用和变换战术体系中的矛盾体;计划性是一切行动的事先策划和准备,包括对作战行动所制定的方针和行动部署等。它是实现指挥灵活性,争取主动,避免被动的一个重要环节。作战指导的主动性、灵活性和计划性是相互联系,不可分割的。

综上所述,以毛泽东为代表的中国共产党人,在长期的革命战争实践中,从"十六字诀"到"十大军事原则"的提出,创造性地制订了一整套实行人民战争的战略战术,充分展现了毛泽东及老一辈无产阶级革命家和军事家们高超的指挥艺术和卓越的军事才能。

(五)国防建设思想

从中国革命战争的胜利,到1978年党的十一届三中全会,是中国的社会主义革命和建设时期。在这一时期,以毛泽东为核心的党的第一代领导集体,为捍卫国家的独立、主权、领土完整和安全,保卫社会主义革命和建设的顺利进行,及时地提出了建设现代化国防,防御外敌入侵的战略任务。我党工作的中心也由过去单纯地发动革命,进行革命战争为主,转变成以发展经济为中心,促进包括国防建设在内的全面建设。为此党中央、毛泽东根据国际国内形势的发展变化提出了一系列国防建设的指导思想和原则。

根据国家安全利益的需要,确定了国防建设的战略地位,规定了国防建设的根本目标,强调我国国防力量建设既是为和平与对外政策服务,又是为了反对战争维护世界和平。在国防现代化建设的任务和基本内容方面提出:必须以现代化为中心,把我军建设成为一支强大的现代化、正规化的革命军队;发展国防科技和国防工业,建立一个独立的、完整的、现代化的国防工业体系;建设强大的国防后备力量,完善民兵和各种类型的预备役制度,实行义务兵役制;建立包括武装力量动员、国民经济动员、科学技术动员、政治动员和群众性防卫动员等内容的国防动员体制;搞好战略后方建设,战场建设和战略物资储备;开展全民国防教育,增强全国人民的国防观念和备战意识;发展军事理论科学,实现国防理论的现代化。

在国防现代化建设的指导思想和方针、原则上,毛泽东国防建设思想要求:必须坚持以现代化为中心的指导思想;确定了以经济建设为中心,国防建设要服从经济建设的大局,并与经济建设协调发展的原则;国防建设要坚持独立自主,自力更生的方针,按照中国的实际情况,依靠中国人民自己的力量来建设国防,不排斥不反对向外国学习;国防工业上,贯彻走军民结合,平战结合的基本原则;在武器装备发展问题上,实行尖端武器与常规武器并举，坚持"两条腿走路的方针"。

在捍卫国家主权、领土完整和安全的国防斗争思想上明确了捍卫国家安全是国防斗争的基本任务，国防斗争的根本目的是维护国家利益；坚持积极防御的战略思想和战略方针，始终不移地坚持和发展积极防御的战略思想。依靠全国人民，坚持全民国防，实行人民战争；建立反对战争，维护世界和平的国际统一战线；从最坏的估计出发，做好反侵略战争的准备，指出帝国主义是现代战争的根源。

四、毛泽东军事思想的历史地位和指导意义

毛泽东军事思想对中国革命产生了深远的影响，不仅指导中国人民以劣势装备战胜了国内外强大敌人，而且在理论上也独树一帜，在军事思想发展史上占有极为重要的地位。

毛泽东军事思想是中国革命战争取得胜利的重要法宝。1840年鸦片战争以后，中国沦为半殖民地半封建国家，不少仁人志士为拯救中华民族进行过无数次的反帝反封建斗争，但是由于没有正确的军事思想指导，屡遭失败。自1927年我党独立领导革命战争以来，在长达半个多世纪的时间里，我军进行了两次国内革命战争，一次民族解放战争，一次抗美援朝战争，这些战争我们都取得了胜利。我军之所以能从小到大，由弱到强，以劣势装备战胜国内外强大敌人，其根本原因在于有中国共产党的领导和先进的军事理论即毛泽东军事思想作指导。总之，毛泽东军事思想正确地回答和解决了半殖民地半封建的中国进行革命战争的一系列理论和实践问题，不断与违背中国革命战争客观规律以及照搬外国战争经验等错误的军事路线作斗争。实践证明，只要以毛泽东军事思想为指导，革命战争就能胜利，反之就会遭受挫折甚至失败。

毛泽东军事思想是我国国防、军队现代化建设的指南。毛泽东军事思想的基本原理，不仅在战争年代是指导我们战胜国内外强大敌人的锐利武器，而且在新时期仍是国防与军队建设和夺取未来反侵略战争胜利的指南。当前，我国国防与军队建设虽然随国际国内形势发生了明显的变化，战争的特点、战争的样式以及战争的手段等也与过去不同，但是，我们仍然离不开毛泽东军事思想的指导。例如，在如何处理革命化与现代化建设关系问题上；在国防现代化目标的确定问题上；在武器装备发展重点以及如何解决人与武器的关系等问题上；我们仍然需要正确的军事思想作指导。这一正确的指导思想只能是符合我国国情的无产阶级先进军事理论——毛泽东军事思想。当然，在具体的实践过程中，一定要坚持发展的原则，在继承中发展毛泽东军事思想，反对"过时论"和照搬照抄的"僵化论"。

毛泽东军事思想是对马列主义军事理论的重大发展。马克思、恩格斯、列宁、斯大林的军事理论从始至终都贯穿着辩证唯物主义和历史唯物主义。毛泽东把马克思主义的认识论创造性地引入军事领域，系统地阐明了认识战争运动的辩证过程，精辟地论述了军事领域中一系列军事辩证法则，形成了独具特色的毛泽东军事辩证法思想；创造了农村包围城市武装夺取政权的理论，丰富了马克思关于暴力革命的学说；制定了一整套人民军队的建军原则，创造性地解决了怎样把以农民为主要成份的军队建设成为无产阶级军队的问题，对马克思无产阶级军队建设思想作出了重大发展；创立了以人民军队为骨干，实行"三结合"武装力量体制以及以武装斗争为主，各条战线、各种斗争形式相互配合的人民战争思想，极大地丰富和发展了马列主义的人民战争学说；系统地制定了灵活机动的战略战术，解决了以劣势装备

战胜强大敌人的重大课题，形成了独具特色的当代中国化的马克思主义军事理论。此外，毛泽东军事思想已走出国界，成为世界军事理论的研究对象，成为世界人民的共同财富，在全世界产生着广泛而深刻的影响。

总之，毛泽东军事思想是绝对真理和相对真理的辩证统一，是一个开放的、发展的科学体系，具有普遍的指导意义。因此，新世纪、新阶段我们仍然要坚持和发展毛泽东军事思想。

第三节　邓小平新时期军队建设思想

邓小平新时期军队建设思想是马列主义军事理论与中国军事实践相结合的产物，是毛泽东军事思想的继承和发展，是以邓小平为代表的中国共产党人对中国人民军队的建设及其相关的其他军事问题所作的科学总结和理论概括，是新时期我军建设和改革的根本依据和指导思想。其内容十分丰富，是一个有着严密逻辑结构的理论体系，它系统地回答了新的历史条件下军队建设的一系列重大问题，反映了新时期军队建设和军事斗争的基本规律。

一、邓小平新时期军队建设思想的主要内容

（一）战争与和平思想

20 世纪 70 年代末至 80 年代初，邓小平通过对国际形势的深入分析，正确地把握了时代发展的脉搏，辩证而科学地洞察了和平与战争的关系问题，形成了具有特色的邓小平战争与和平理论，作出了和平与发展是时代主题的准确判断。在具体的实践中，他领导我军建设进行指导思想的战略性转变，为我们党制定正确的路线、方针、政策提供了理论依据。

1. 和平与发展是当今时代的两大主题

从 20 世纪 50 年代前后的资本主义和社会主义两大阵营的对垒到六七十年代的美苏争霸，从 80 年代末、90 年代初的东欧剧变，苏联解体到新旧秩序的交替，世界战略格局在分化组合的同时，时代主题也在发生变化。邓小平透过纷繁冗杂的国际关系，从战略上首先得出了和平与发展是当今世界两大主题的科学结论。20 世纪 80 年代中叶，邓小平指出："国际上有两大问题非常突出，一个是和平问题，一个是南北问题。还有其他许多问题，但都不像这两个问题关系全局，带有全球性、战略性的意义。"后来他对这一问题作了进一步阐述，"现在世界上真正大的问题，带全球性的战略问题，一个是和平问题，一个是经济问题或者说发展问题。和平是东西问题，发展问题是南北问题。"邓小平的这一思想客观地反映了当时的政治、经济形势，提示了历史发展过程中，战争与和平的辩证关系问题正在发生改变。

鉴于此，邓小平强调，首先，我们必须正确看待和平的力量，并积极推进其向前发展。邓小平认为，世界和平力量的增长超过了战争力量的增长。这个和平的力量，首先是第三世界，我们中国也是第三世界的一分子，第三世界是不希望战争的，美国人民、苏联人民也是不支持战争的，世界很大，复杂得很，但一分析，真正支持战争的没有多少，人民是要求和

平反对战争的。其次，正确处理发展这个当今世界面临的战略性问题。邓小平指出："中国能不能顶住霸权主义、强权政治的压力，坚持我们的社会主义制度，关键就看能不能争得较快的增长速度，实现我们的发展战略。发展才是硬道理，对于我们国家而言，发展更是关系到社会主义制度的前途和命运。必须深刻认识到军备竞赛、穷兵黩武所带来的恶果，因为它不仅不能带来和平，更谈不上促进发展。"

2. 世界大战是可避免的，对新时期战争根源与形式要有新认识

邓小平强调指出："可以争取相当一段时间的和平。如果世界和平的力量发展起来，第三世界国家发展起来，可以避免世界大战。"正是由于邓小平对当今战争发生发展的科学预见，我们国家的战略决策才据此进行了重大调整。可以说，我们党对于世界性战争能否推迟或者避免的预测，经历了一个从毛泽东时代立足"早打、大打、打核战争"的临战状态到相对和平时期的建设轨道上来的曲折过程。

虽然，世界大战可以推迟或者避免，但"战争的危险还是存在的"，新时期局部战争和武装冲突将成为当代战争的主要形式。要维护世界和平，就要从各个角度反对霸权主义，所以不能简单地认为战争可以避免，战争的危险就不存在，就会天下太平，要赢得和平，必须做好反对战争的诸方面工作，否则战争仍有可能降临。正如邓小平指出的，"小的战争不可避免……世界上希望我们好起来的人很多，想整我们的人也有的是。"

（二）军事战略思想

新时期，邓小平根据对和平与战争问题新的认识，立足我国的国情与军情，正确地把握国际形势的重大变化，适时实行国防与军队建设指导思想的战略性转变；根据国家发展战略的要求，明确提出我国仍然实行积极防御的军事战略方针；要求积极研究现代条件下人民战争的特点和规律。新时期邓小平军事战略思想，对我国军队和国防建设具有十分重要的指导意义。

1. 实行国防和军队建设指导思想的战略性转变

基于对和平发展是当今世界两大主题的科学判断，1985 年中央军委作出了军队建设指导思想实行战略性转变的重大决策。由此，我军从 20 世纪 60 年代形成的立足"早打、大打、打核战争"的指导思想，步入了一个新的发展时期。实行战略性转变是时代的要求。党的十一届三中全会以来，我们党确立了以经济建设为中心的基本路线。邓小平指出："现在需要的是全国党政军民一心一意地服从国家建设这个大局，照顾这个大局。这个问题，我们军队有自己的责任，不能妨碍这个大局，要紧密配合这个大局，而且要在这个大局下面行动。"这里的国家建设主要指经济建设。既然党的基本路线确立了以经济建设为中心，那么，国防和军队建设必须服从、服务于党的这一基本路线。同时，转变战略思想也是国防和军队建设自身发展的要求，在过去战略思想指导下，我军在体制、编制、结构、武器装备、人员素质等方面都存在与现代化、正规化建设相抵触的矛盾。为了解决这些难题，适应新时期军队建设要求，提高军队的质量、增强战斗力，必须首先从战略指导思想的转变开始。

实现国防和军队建设指导思想战略性转变的基本内容十分丰富。主要包括：实行国防与军队建设立足点的转变，从过去立足大战的临战状态转移到相对和平时期的建设轨道上来；实行国防建设与国家建设关系的转变，国防和军队建设必须服从和服务于国家经济建设大局；实行军队建设目标的转变，军队和国防建设必须以现代化为中心；实行数量与质量关系问题的转变，走有中国特色的精兵之路，注重质量建设，全面提高军队的战斗力；实行国防建设其他领域里的转变，更加注重常备军和后备力量、物质力量和精神力量、国防动员和国防教育等构成的国防总体力量。

2. 实行积极防御的军事战略方针

作为指导我国未来反侵略战争的基本依据，新时期的军事战略方针，必须根据国际形势的变化和国家发展战略的要求来确定，它不但是党和国家总的军事政策，也是军队建设和军事斗争的基本依据。邓小平明确提出，我国仍然实行积极防御军事战略方针。

实行积极防御战略方针对新时期军事斗争具有重要的指导意义。为了使我国国防与军队建设适应未来战争的需要，必须坚持正确的军事战略指导方针。实行积极防御的战略方针，有利于我军革命化、现代化、正规化的建设，有利于落实和统筹规划新时期军事斗争准备，有利于为社会稳定和经济发展提供强有力的安全保障，有利于保持和发展我国与世界各国的睦邻友好关系，确保我国现代化建设具有一个稳定的国际环境。总之，坚持积极防御的战略方针，是符合新时期斗争的特点和规律的。在未来的军事斗争中，有利于我们始终在战略决策中掌握主动。

3. 必须努力研究现代条件下的人民战争

人民战争永远是我们克敌制胜的法宝。历史经验告诉我们，"只要坚持人民战争，敌人就是现在来，我们以现有的武器装备和技术也可以打，最后也可以打胜。"敌人要是打进来，我们就会让敌人处于人民战争的汪洋大海之中。我们所拥有的优势，绝不是现代化装备所能够代替的。但同时，邓小平也指出，"搞人民战争并不是不要军队现代化，我们也要讲究技术，不讲究技术是要吃亏的，装备的改进会使人民战争更有力量。"因此，我们必须正确处理人民战争与军队现代化建设的辩证关系问题。

必须深入研究现代条件下人民战争的制胜之道。现代战争其实质就是综合国力的较量。随着科学技术的进步，一大批高精尖武器装备在战争中的广泛应用，必将给人民战争的实施带来新的挑战，同时也会给人民战争在新时期的发展提供新的机遇。邓小平指出，"我们要有充分的信心，要寻求现代条件下人民战争克敌制胜之道。"必须研究新的战法，通过对武器装备的不断改进，人员素质的不断提高，深入探索，比较研究，找出人民战争与现代高技术战争联结的基点。首先，继续发扬人民战争具有整体效能的特点。在现代条件下，对人民力量的各个要素、各个部分进行科学地、有效地调动组合，充分发挥各部门最大限度的效能。其次，在深入分析现代战争的特点和规律的基础上，寻求人民战争的新战法。新战法的研究必须依靠广大人民群众的智慧，依靠全军指战员、军事研究人员不懈地探索，必须坚持群众路线。再次，必须在实践中发展人民战争理论。邓小平指出，继承毛泽东军事思想，研究现代条件下的人民战争，特别要加强研究高技术条件下的人民战争。随着时代的发展，人民战争的研究与实施也必须向前发展。

（三）军队建设与改革思想

党的十一届三中全会以来，邓小平坚持解放思想，实事求是，一切从实际出发的科学态度，通过对我国国情、军情以及国际形势的正确分析，系统地论述了新时期我军建设的指导思想、奋斗目标和具体措施，成为新时期我军建设的纲领和行动指南。

1. 必须"把我军建设成为一支强大的现代化、正规化的革命军队"

建设强大的现代化、正规化革命军队是新时期军队建设的总目标和总任务。这一科学的战略构想，既发扬了我军的优良传统，汲取了历史经验，又具有新的时代特征。同时，革命化、现代化、正规化的建设又是一个有机的整体。它们互相联系、互相促进，构成了新时期军队建设的鲜明特色。

必须大力加强我军的革命化建设。革命化建设是我军建设的根本，是现代化、正规化建设的政治保证和精神动力。新时期，邓小平深刻分析和论述了我军革命化建设的重要性。首先，革命化充分体现了人民军队的性质和宗旨，是我军的政治优势。邓小平认为，任何时候、任何条件下，军队的无产阶级性质都是通过革命化来保证的。其次，革命化建设是我军未来反侵略战争中制胜的强有力武器。因为，人民军队素质的提高，必须有优良的战斗作风和严格的组织纪律，只有加强作风和纪律建设，才能充分提高军队的战斗力，才能提高干部战士在现代条件下的作战能力。最后，军队革命化建设关系到国家稳定的大局，是我国长治久安，经济发展的重要保证。邓小平曾经指出："我们国家之所以稳定，军队没有脱离党的领导，这很重要。"

新时期军队建设要以现代化为中心。新时期我军建设的主要矛盾是现代化战争的客观需要同我们现代化水平还比较低的矛盾。因此，我军的指导思想必须确立以现代化建设为中心，这是新时期我军建设和现代战争的客观需要。第一，我军建设的主要矛盾决定我军建设必须以现代化为中心。目前，我军现代化水平虽然取得了较大进步，但与先进国家相比还有相当大的差距，还不能完全适应客观需要。第二，应付严峻的国际战略形势变化的要求。应该指出，国际霸权主义、强权政治对我国仍具相当的威胁，我们必须要做好充分的军事斗争准备。第三，是国家现代化总体建设的要求。第四，是积极防御军事战略方针的要求。第五，是现代条件下的人民战争的要求。我们面对的敌人将是用高技术武装起来的敌人，因此，要战胜他们不但要发扬人民战争的传统优势，而且还必须掌握一定的现代化武器装备以及高技术条件下的作战理论。

新时期必须提高军队正规化建设的水平。新的历史时期，要加强军队的组织管理，保持人民解放军的高度集中和稳定，提高军队战斗力，必须加强军队正规化建设，使正规化建设水平上一个新台阶。邓小平对我军正规化建设十分重视，强调了一系列有关正规化建设的措施和指导方针。在进入新时期之际，邓小平果断提出，"军队要整顿"，"军队要像军队的样子"。他指出正规化问题必须同军事领域内的变革形势相适应，要注意研究新情况、新问题。正规化建设水平必须随现代战争的发展而发展，随武器装备现代化水平的提高而提高。因此，现代条件下，我军能否建立起符合现代战争特点和规律、与军队现代化水平相适应的作战运行机制，能否提高战斗力，形成具有强大的整体作战效能等，对军队正规化建设至关重要。

2. 以改革为动力，走有中国特色的精兵之路

邓小平在我军建设的实践过程中，为了把我军建设成为一支强大的现代化、正规化、革命化军队，提出了实现这一建设目标和任务的一系列根本性措施。这些措施主要包括：

必须以战斗力为标准，走有中国特色的精兵之路；必须把提高战斗力作为新时期军队建设和改革的出发点和落脚点，作为检验军队各项工作的根本标准。邓小平明确指出，"军队就是要提高战斗力"，要从面临更强大的对手来衡量我军战斗力的可靠性，消肿、精简军队，就是要把军队搞精干，利于提高战斗力。部队的各项工作最终出发点就是要解决战斗力的问题。那么什么是真正的战斗力呢？邓小平指出，只看表面不行，要看实战能力。真正的战斗力，就是要有赢得现代战争特别是高技术战争的能力。

要把教育训练提高到战略地位。邓小平指出，"部队在不打仗的情况下，要搞好教育训练，把教育训练提高到战略地位。"通过教育训练，提高干部指挥现代化战争的能力，使干部战士掌握现代化战争的知识，要搞好教育训练。一是靠部队自己勤学苦练，注意合成训练；二是要靠学校，把干部、战士送入学校去学习、培训，使他们经过学习后既能打仗，又能搞社会主义建设。

要正确处理好数量与质量的关系问题。精简军队人员的数量就是为了提高军队的质量建设，要搞好质量建设，必须在数量上下功夫。邓小平指出，"要搞少而精真正顶用的，真正是现代化的东西。"同时，我们也要正确处理好数量与质量的辩证关系，要有必要的数量，因为中国是一个大国，没有必要的武装力量是不行的，没有一定规模的军队就不能保证我们国家的安全，不能保证我们现代化建设事业有一个稳定的战略环境。

建立科学的体制、编制。邓小平指出，"搞好军队的编制整顿、体制整顿，可以适当解决军队的其他问题。""编制要严格搞，要切实遵守编制。可以说编制就是法律。"目前，我军建设还存在着许多深层次矛盾和问题仍未得到根本解决，主要是军队的规模、数量、体制编制、政策制度等方面的问题。军队改革必须同军队的稳定和发展相统一协调，军队改革不能急于求成，要积极而又稳妥地进行，成熟一件办一件。

（四）国防建设思想

邓小平在新的历史时期，继承了毛泽东国防建设思想，并且结合国内外形势的客观需要，提出了一系列符合国家总体防务的新思想，是新时期我国国防现代化建设的理论指导。

1. 新时期继续坚持全民办国防的方针

邓小平指出，国防建设要继续沿着毛泽东开创的道路前进，仍然要坚持全民办国防的指导方针。因为，我们的国防是人民的国防，坚持全民办国防的方针，是军队和国防现代化建设的需要，是维护国家长治久安以及社会、经济全面发展的根本保证。

全民办国防是我们必须遵循的原则和方针。新中国成立以后，毛泽东明确提出，中国必须建立强大的国防军，要建立强大国防军必须依靠全体人民解放军的指挥员、战斗员和全国工人、农民及其他人民一道，协同努力，才能达到目的。党的十一届三中全会以后，邓小平继续坚持这一思想，在这一思想的指导下，我国新时期国防建设取得了重大发展。同时，全民办国防的方针充分体现了我国军队和国防建设的人民性和群众性的本质，是社会主义社会的优势。只有坚持和贯彻这一方针，才能确保发挥依靠广大人民群众战胜国内外敌人的优势，才能从根本上确保我国社会主义现代化建设事业积极而健康地向前发展，确保有中国特色社会主义国防现代化建设的顺利进行。此外，依靠全民办国防的方针是实施现代条件下人民战争的要求。平时依靠广大人民群众参与国防建设，提高全民国防观念，战时才能更大限度地发挥出人民战争的巨大能量。同时，要深刻体现积极防御的军事战略总方针的内涵，更离不开人民群众参与。

2. 加强国防教育，增强全民国防观念

加强新时期全民国防教育，树立强烈的国防意识，关系到国防现代化建设的大局，是我

国未来反侵略战争的重要举措。

新时期国防教育必须要深入持久地开展下去。一个国家、一个民族的国防观念，是维系国家安全的精神长城，是国防建设的社会思想基础，必须要长久地维持。而增强国防观念的基本途径就是加强国防教育。同时，持久而深入地开展国防教育也是提高全民素质的有效措施。另一方面，国防教育的实质就是以爱国主义为核心内容的教育。新时期的国防教育可以增强中华民族的凝聚力，增强使命感和责任感。邓小平曾明确指出，在新的历史条件下，爱国和爱社会主义都是为一个总的目标，即把中国发展起来，把民族振兴起来。

3. 建立有效的国防动员体制和强大的国防后备力量

建设有中国特色的社会主义现代化国防，必须要有一支强大的国防后备力量，建立完善的国防动员体制。为了适应现代化战争的需要，我国的战争动员必须做到迅速地最大限度地把已经具备的战争潜力转化为战争的军事力量，后备力量是我们实施现代条件下人民战争的重要保证。

必须建立有效的国防动员体制。国防动员是关系国家安危和战争胜负的战略问题。邓小平指出，解决国防动员体制问题，关键是坚持平战结合、军民兼容的原则。贯彻这个原则，必须把战争动员纳入国民经济和社会发展的总体规划，纳入整个国防建设包括军队建设和后备力量建设之中。邓小平对民兵和预备役建设十分重视，他指出，坚持现代条件的人民战争，民兵仍然是一支重要的战略力量。20世纪80年代初期，邓小平进一步指出，组建预备役部队是个好办法，可以寓兵于民，平时少养兵、养精兵、战时多出兵。党的十一届三中全会以来，党中央和中央军委根据新时期军队和国防建设的需要，不断加强和改进预备役建设，组建了预备役部队。这支部队有统一的编制，是以现役军人为骨干，以预备役人员为基础而组建的。它的建立，标志着我国国防后备力量开始进入一个新的发展阶段。

4. 加强国防立法，增强法制意识

在邓小平的倡导下，我国的国防立法工作取得了显著的成绩和重大进展，先后颁布了《中华人民共和国国防法》《中华人民共和国预备役军官法》《中华人民共和国现役军官法》《中华人民共和国国防教育法》等一系列法律法规。国防和军队建设必须做到有法必依、执法必严、违法必究。

邓小平指出，党有党纪，国有国法，军有军规，对一切无纪律、无政府、违反法制的现象，都必须坚决反对和纠正，丝毫不能宽容。国防和军队的建设事关国家稳定的大局，必须严格依法办事，服务、服从于国家的相关法律法规政策。只有这样，才能保证我国国防现代化的顺利进行，保证我国在捍卫国家领土、主权的未来战争中立于不败之地。另一方面，必须加强国防法制教育，增强国防法律意识。邓小平指出，在党政机关、军队、企业、学校和全体人民中，都必须加强纪律教育和法制教育。广泛而深入地开展国防法制教育是全民普法教育的一个重要内容，是我国军事法规建设中一个带基础性的内容，是增强全民国防观念的重要方面，是培养新时期国防现代化建设需要的复合型人才的客观需要。

二、邓小平新时期军队建设思想的历史地位和现实意义

邓小平新时期军队建设思想，集中反映了改革开放和社会主义现代化建设时期军队建设的基本规律，是我国国防和军队建设的根本依据和指导思想。新世纪、新阶段我们必须用邓

小平新时期军队建设思想指导军队和国防建设，全面系统地把握其科学体系，并在实践中丰富和发展邓小平新时期军队建设思想。

邓小平新时期军队建设思想是毛泽东军事思想的继承和发展，是当代中国的马克思主义军事科学。马克思主义军事科学，是人类发展史上反映无产阶级利益和要求的崭新的军事科学形态。毛泽东和他的战友们在创建人民军队和长期的战争实践中形成了毛泽东军事思想。邓小平新时期军队建设思想是毛泽东军事思想的继承和发展，"邓小平同志是捍卫、坚持和发展马列主义、毛泽东思想的杰出代表。"

从继承的意义上说，邓小平新时期军队建设思想中的每条基本原则都体现着毛泽东军事思想的光辉。特别是实事求是军队建设精髓的原则，党对军队的绝对领导的原则，加强组织纪律性和发扬优良传统的原则，军队建设要服从国家经济建设大局的原则，以及国防现代化的原则等，更是和毛泽东军事思想一脉相承。邓小平指出："不仅今天，而且今后，我们都要高举毛泽东思想的旗帜。"从发展的意义上说，毛泽东军事思想主要是在以战争和革命为主题的条件下形成的军事运动规律的科学。邓小平新时期军队建设思想，则是在和平与发展成为时代主题条件下形成的。因此，它必须要解决这个时代、这个环境在军事上提出的新问题，带有强烈的自身特色，如军队建设的指导思想实行战略性转变的思想，走精兵之路的思想，新时期的战略方针和现代条件下人民战争思想等。从这一意义上说，邓小平新时期军队建设思想是毛泽东军事思想的一个崭新的发展阶段。

邓小平新时期军队建设思想是建设有中国特色社会主义理论的重要组成部分。我们军队的建设和改革是整个国家建设和改革的重要组成部分，邓小平新时期军队建设思想，就是建设有中国特色社会主义理论和中国军队建设实际相结合的产物，就是建设有中国特色社会主义理论在军队建设领域的体现和落实。首先，解放思想，实事求是建设有中国特色社会主义的理论精髓，同样也是邓小平新时期军队建设思想的理论基础。其次，"一个中心、两个基本点"的基本路线，是建设有中国特色社会主义理论的核心内容，而正是这一点，构成了邓小平新时期军队建设思想的灵魂。再次，以经济建设为中心，解放和发展社会生产力是建设有中国特色社会主义理论所规定的根本任务，而正是这一点规定了军队在积极搞好自身建设的同时，要服从经济建设这个大局，在这个大局下行动，同时也为建设现代化、正规化革命军队提供了物质保证。更为重要的是，邓小平新时期军队建设思想的实践是建设有中国特色社会主义理论及其实现的安全保证。正如江泽民强调的那样，"必须按照邓小平同志关于新时期军队建设的思想，走有中国特色的精兵之路，把人民解放军建设成为强大的现代化正规化革命军队，不断增强我国国防实力，为改革开放和经济建设提供强有力的安全保证。"

邓小平新时期军队建设思想是我军建设的科学指南。在邓小平新时期军队建设思想的指导下，我军的建设取得了长足的进步和举世瞩目的成就。邓小平新时期军队建设思想是我军极其宝贵的精神财富，是我们党和军队浴血奋战和艰苦奋斗的科学总结，是建设现代化、正规化革命军队的根本指导思想，是我军在新的历史时期进行建设和发展的一面鲜明的旗帜。邓小平新时期军队建设思想之所以成为我军建设的指导思想，主要体现在以下几个方面：一是揭示了和平时期国防和军队建设的基本规律；科学地阐明了相对和平时期军队建设与经济建设的相互关系及其基本规律；军队建设各要素和各方面相互作用与影响的基本规律；和平时期军队战斗力生成的基本规律等。二是符合我国国情和我军建设实际，具有鲜明中国特色和强大的生命力。邓小平紧紧抓住我军建设的主要矛盾，创造性地回答和解决了新时期我军建设的一系列重大理论和实际问题，为我军建设指明了方向。三是符合当代和未来战争的客观要求，是指导我国进行未来战争的强大的思想武器。

总之，在社会主义市场经济的确立和改革开放深入发展的时代条件下，在国防和军队建设面临许多新特点、新情况的背景下，在战争形态、规模、样式等发生重大变化的新世纪、新阶段，我们必须继续高举邓小平新时期军队建设思想伟大旗帜，把我国国防和军队建设推向新的更高的发展阶段，努力把我军建设成为一支强大的、现代化革命军队。

第四节　江泽民国防和军队建设思想

一、江泽民国防和军队建设思想

（一）江泽民国防和军队建设思想

1. 江泽民国防和军队建设思想

江泽民作为我们党第三代领导集体的核心，在领导我国国防和军队建设的实践中，从我们当今时代的特点和我国安全环境的发展变化的实际出发，以马克思列宁主义、毛泽东思想、邓小平理论为指导，集中全党的集体智慧，创造性地运用马列主义军事思想、毛泽东军事思想和邓小平新时期军队建设思想，科学地回答了在新形势下我国国防和军队建设的一系列重大理论和实践问题，从而继毛泽东军事思想、邓小平新时期军队建设思想之后形成了我们党和国家在今天全面建设中国特色社会主义的伟大事业中，在国防和军队建设上的正确指导思想——江泽民国防和军队建设思想。

2. 江泽民国防和军队建设思想的内涵

党的十六大报告对我国国防和军队建设的论述完整地概括了江泽民关于国防和军队建设思想的主要内容，体现出了江泽民国防和军队建设思想的理论体系。江泽民国防和军队建设思想涵盖了当今我国国防和军队建设的各个领域，系统地回答了在新形势下"建设一个什么样的军队，怎样建设这支军队"的一系列根本的问题，因而也就是一个较为完备的理论体系。

这个理论体系包括国防与军队建设的指导思想与方针、领导力量、总体要求、中心任务、政治保证、发展方略、发展道路，为社会主义中国在新形势下的国防和军队建设指明了正确的方向和发展道路。在以江泽民为核心的党中央的领导下，我国的国防和军队建设充分发挥了捍卫社会主义制度，保卫国家安全，保护广大人民群众的切身利益，促进社会主义建设的巨大作用，为建设中国特色的社会主义的伟大事业和保卫世界和平作出了巨大的贡献。我国的国防现代化建设也取得了辉煌的成就，国防实力日益强大，这就充分证明了江泽民国防和军队建设思想是今天社会主义中国的国防和军队建设的正确指导思想。

（二）江泽民国防和军队建设思想的重大意义

1. 江泽民国防和军队建设思想是对马列主义军事思想、毛泽东军事思想、邓小平新时

期军队建设思想的继承、丰富和发展。作为党的第三代领导集体的核心，在新的历史形势下江泽民带领全党全国人民始终毫不动摇地坚持马列主义军事思想、毛泽东军事思想和邓小平新时期军队建设思想的指导地位，始终不渝地坚持毛泽东、邓小平关于人民军队的建军原则、关于人民战争的战略思想、关于依靠人民建设现代化国防的方针、关于继承和发扬我党我军的优良传统和作风的思想。使我们的国防和人民军队的建设能够始终沿着正确的方向前进。

以江泽民为核心的党中央，面对不断发展变化的新形势，坚持解放思想、实事求是的思想路线，与时俱进，改革创新，不断地研究新情况，解决新问题，揭示新规律。江泽民在领导新形势下我国国防和军队建设的伟大实践中，创造性地运用马克思主义的立场、观点和方法，系统地提出了具有鲜明时代特点的我国国防和军队建设的一系列新的理论、原则和方针、政策；这包括贯彻"三个代表"重要思想的要求和新形势下军队建设的总要求；关注"打得赢"、"不变质"两大历史性课题；确立新时期军事战略方针；坚持"科技强军"，实现"两个根本性转变"；揭示军队建设的主要矛盾，确立以现代化为中心的思想；提出把思想政治建设摆在全军各项建设的首位的思想，等等。

江泽民国防和军队建设思想在理论的发展上，与毛泽东军事思想和邓小平新时期军队建设思想是一脉相承，是坚持运用毛泽东军事思想，尤其是邓小平新时期军队建设思想与新的历史条件相结合的产物，是对马克思列宁主义军事思想理论的新的开拓和新的创造。

2. 江泽民国防和军队建设思想是"三个代表"重要思想在国防和军队建设领域中的运用。

以江泽民为核心的党的第三代领导集体，创造性地提出了"三个代表"重要思想的理论。这一与时俱进的具有时代特色的马克思主义理论是对我们党的性质、宗旨和根本任务的最新概括，是对我们党80多年历史经验的科学总结，是对马克思主义科学社会主义学说的丰富和发展，是我们在新时期建设中国特色社会主义的根本指导思想。国防和军队建设是建设中国特色社会主义的主要任务，因而"三个代表"重要思想也就必然是我们国防和军队建设的根本指导思想。"三个代表"重要思想的理论，从根本上回答了"建设一个什么样的党、怎样建设这个党"的问题，这也就必然要从根本上回答"建设一支什么样的军队、怎样建设这支军队"的问题。而在新的历史时期里建设一支什么样的军队、怎样建设这支军队正是江泽民国防和军队建设思想理论的主题和所要回答、解决的主要问题，是"三个代表"重要思想这一正确指导理论在我国当今国防和军队建设的实践中的运用。因而，江泽民国防和军队建设思想也就是"三个代表"重要思想在我国国防和军队建设的实践中的贯彻和体现，在我们当今国防和军队建设的工作中坚持和贯彻"三个代表"重要思想，就是要坚持和贯彻江泽民国防和军队建设思想。

在今天，坚持和贯彻江泽民国防和军队建设思想首先就是要把我军建设成为保卫国家安全、捍卫社会主义制度、维护世界和平的钢铁长城，切实代表和维护中国最广大人民群众的根本利益，坚持党对军队的绝对领导，始终保持人民军队的性质，努力完成党和人民赋予的神圣使命，为祖国统一大业和中华民族的伟大复兴而奋斗。这正是我们在国防和军队建设中坚持和贯彻"三个代表"重要思想的体现和必然要求。

二、江泽民国防和军队建设思想的内容

（一）军事战略理论

自 20 世纪 90 年代以来，以江泽民为核心的党的第三代领导集体，根据世界形势新的发展和变化，坚持毛泽东军事思想和邓小平新时期军队建设思想，为我们国家制定了新时期的军事战略方针。这个军事战略方针，坚持了毛泽东和邓小平所提出的积极防御的战略思想，同时又从新的国际军事斗争形势和国内安全形势的实际出发，进一步调整和完善了我们的军事战略理论，回答了新形势所提出的一系列关于国防和军队建设的理论和实际问题，正确地认识了新形势下世界军事斗争发展变化的趋势和基本规律，使我国今天的国防和军队建设能够沿着正确的道路前进，从而创造性地丰富和发展了马克思列宁主义军事思想的理论。江泽民国防和军队建设思想中的军事战略理论主要包括以下几个方面的内容：

1. 和平与发展仍然是世界的主流

一个国家要制定正确的发展战略和国防战略，首先就必须对世界形势的发展作出正确的判断。20 世纪 90 年代世界冷战结束以后，国际形势日益趋向缓和，世界大战在较长的时间内也就可能得以避免，全世界也就进入了一个较为长期的和平环境之中。全世界大多数国家都在抓住这个和平的机遇来加快自己的发展，国家之间的竞争也就主要表现为经济发展水平上的较量和经济利益的争夺。然而，由于各国之间的利益争夺的矛盾依然存在，一些国家并没有放弃霸权主义的对外政策，所以，世界上局部战争和地区冲突却接连不断，整个世界并不太平。特别是在美国的"9·11"事件之后，整个世界又被笼罩在了恐怖主义的阴影之下，我们的地球在今天也就仍然是处于动荡不安之中，战争的危险也就依然存在。

江泽民坚持马克思主义的思想路线，通过冷静地观察和科学地分析之后深刻指出，和平与发展仍然是当今世界局势的主流，这为我国全面推进社会主义现代化建设事业提供了难得的历史机遇。总体和平、局部战乱，总体缓和、局部紧张，总体稳定、局部动荡，成为当今国际局势的基本态势。多极化趋势在曲折中发展，称霸与反称霸的斗争将长期存在；经济全球化不断加快，在推动生产力发展的同时，也加剧了世界发展不平衡的矛盾；世界新军事革命和全球性军事战略调整正在深入进行，西方军事干涉主义抬头，冷战后一度减弱的威胁世界和平的因素又出现了上升趋势；一些国家和地区的民族、宗教矛盾激化，由此引发的武装冲突、局部战争和恐怖袭击此起彼伏。这些因素将长期地对世界和平与安全产生深刻的影响。因此，江泽民进一步指出，我们当前是处在这样一个总的国际形势之下，世界大战一下子打不起来，有可能争取一段较长时间的和平环境。但是，世界和平问题并未根本解决，战争危险产生的根源仍然存在。我们要为促进世界和平力量的增长继续作出不懈努力，同时也要应付现代条件特别是高技术条件下的局部战争，以保卫我国的安全和发展，这是一个重要的战略方针。

以江泽民为核心的党的第三代领导集体，由于对世界形势作出了正确判断和科学分析，就为我国制定了新时期的正确军事战略方针。这个正确战略方针的提出是对马克思列宁主义军事思想、毛泽东军事思想、邓小平新时期军队建设理论的运用和创造性的发展。

2. 立足于打赢一场高技术局部战争

把我国未来军事斗争准备的基点，置于打赢可能发生的高技术局部战争之上，是以江泽民为核心的党的第三代领导集体在邓小平国防建设思想的正确指导下，提出的我国新时期军事战略方针的基本精神。江泽民深刻指出："世界军事发展的强劲势头，对我军的质量建设和军事斗争准备提出了严峻挑战。海湾战争后，经过几年酝酿，我们制定了新时期军事战略方针，把军事斗争准备的基点放在打赢现代技术特别是高技术条件下的局部战争上。在这个战略方针指导下……全军的各项建设和一切工作，包括军事训练、政治工作、后勤保障、国防科研等，都要在新时期军事战略方针的指导和统揽下，立足于未来打赢现代技术特别是高技术条件下的局部战争，周密规划、全面部署和深入展开。也就是说，全军的各项建设和一切工作，都要服从和服务于这一战略方针的需要，都要为确保这一战略方针的顺利实现作好各方面的充分准备。"正如江泽民所深刻指出的那样，我军建设面临的主要矛盾，是现代化水平与现代战争的要求不相适应的矛盾，其中包括装备相对落后、编制体制不尽合理、军队人员素质有待提高等方面。这些不足和矛盾制约着我军现代化的进程，如果我军不能紧跟世界军事革命发展的潮流，有效地加强质量建设，提高威慑能力和实战能力，就难以打赢未来可能发生的高技术局部战争。

江泽民强调，面对世界军事革命发展的新形势，我们必须更加自觉、更加坚定地贯彻科技强军战略，争取实现我军现代化建设的跨越式发展，尽快缩短同世界主要军事强国的差距。当前和今后一个时期，我国安全环境总体上是好的，但我们必须居安思危，清醒地看到新形势下所面临的威胁和挑战。

以江泽民为核心的党的第三代领导集体提出的立足于打赢高技术局部战争的战略方针对我国当今的国防和军队建设提出了明确的要求，指明了发展的方向。

3. 坚持高技术条件下的人民战争

人民战争思想是毛泽东军事思想、邓小平新时期军队建设思想理论的主要内容。它体现着无产阶级革命的本质特征，体现着共产党和社会主义制度所特有的政治优势，我们的党和人民就是依靠人民战争战胜了强大的敌人，创建了社会主义制度。所以，坚持人民战争就不仅是我们在革命战争年代克敌制胜的法宝，而且是无产阶级政党和社会主义国家在军事斗争中必须始终坚持的基本原则和光荣传统。因而我们今天的国防和军队建设与坚持人民战争思想就是完全统一的，任何情况下，我们都必须坚持依靠和动员全体人民的人民战争。

我们国家的国防和军队建设是全党、全国人民的共同事业，未来的反侵略战争也就必然是依靠和动员全体人民的人民战争。江泽民同志特别强调，人民战争是我们的真正力量所在。江泽民坚持毛泽东和邓小平的人民战争思想，特别是邓小平提出的在新形势下要继续坚持人民战争的思想，结合当今世界上的高技术战争成了战争的主要形式的新形势，与时俱进地提出了坚持高技术条件下的人民战争的新的指导思想。他深刻地指出："紧紧依靠最广大的人民群众，是我军最深厚的力量源泉。无论武器装备如何发展，战争形态如何变化，人民战争都是我们克敌制胜的法宝。我们要结合新的历史条件和新的实践，坚持和创造性地发展人民战争的思想。"在今天，坚持高技术条件下的人民战争，应注意以下四点：

（1）要从我国国情的实际出发，所以江泽民同志就要求全军树立立足现有装备作战的思想，发扬人民战争的优良传统，增强战胜敌人的信心，在任何情况下，战争中的人心向背都是决定战争胜负的主要因素，而武器装备则是次要因素，只要有全体人民的支持，我们即使使用现有的武器装备也能够打败强大的敌人。

（2）我国国民经济的快速发展和广大人民群众科学技术素质的不断提高，有利于我们组织人民群众运用物质条件和科技知识能力来投身于高技术战争。在高技术战争中，人仍然是战争中的决定性因素。然而，只有高素质的人才能够成为决定性的因素，随着我国经济和教育事业的大发展，我们广大人民群众的素质才能够适应高技术战争对参战人员基本素质的要求。

（3）随着我国武器装备水平的不断提高和我国国防教育的不断深入和加强，广大人民群众将会以更高的爱国主义热情，发扬无产阶级革命英雄主义精神，使用更好的武器装备来参加保卫祖国的正义战争，从而更好地实现人与武器的结合，增强人民战争的威力。

（4）必须结合当今高技术战争的新特点来组织人民群众用现有武器装备战胜敌人的作战方式和方法。在今天，人民群众仍然是决定战争胜负的根本力量，在运用各种高技术武器的高技术战争中是同样如此。所以，只要我们相信群众、依靠群众、动员群众、组织群众、武装群众，我们就能够在未来的反侵略战争中再现人民战争的巨大威力。

（二）人民军队建设思想

1. 新时期人民军队建设的指导思想

在江泽民国防和军队建设思想的理论中，关于在新时期人民军队建设的指导思想中的鲜明主题，就是在当今复杂多变的国际环境中，我军能不能跟上世界军事革命发展的潮流，打赢未来可能发生的高技术战争；在社会主义市场经济和对外开放的条件下，我军能不能始终保持人民军队的性质、本色和作风，始终成为党绝对领导下的革命军队。所以，"打得赢"和"不变质"也就是江泽民主持军委工作以来始终关注的"两个最重要的问题"，这也就是今天我军建设的主要任务、奋斗目标和我军建设的指导方针。围绕解决这两大历史性课题，江泽民同志全面、系统地阐明了新形势下我国国防和军队建设的地位、目标、任务、指导方针、实现途径、战略步骤和政治保障等一系列基本问题。

建设一支强大的现代化、正规化革命军队，是邓小平提出的新时期我军建设的总目标，因而也就是我军建设的指导方针。江泽民根据我军建设的经验和规律提出了对人民军队建设的新要求——"政治合格、军事过硬、作风优良、纪律严明、保障有力。"这与建设现代化、正规化的革命军队的总目标和实现"打得赢""不变质"的奋斗目标是完全一致的。所以也同样是今天人民军队建设的奋斗目标。

政治合格，就是要实现我军革命化的建设目标，就是要使我军始终坚持党的绝对领导，忠于党、忠于人民、忠于社会主义。始终听从党的指挥，全心全意地为人民服务。

军事过硬，就是要不断提高军队的战斗力，要具有赢得高技术战争的作战能力，这与我军现代化建设的目标也是完全一致的。我们就是要加强我军的质量建设，以现代化建设为中心，实现科技强军，走中国特色的精兵之路，实现人的素质现代化与武器现代化的统一。如果没有过硬的军事本领，我们就难以适应现代化战争的要求，也就难以完成"打得赢""不变质"这两大历史使命。

作风优良，就是我军要加强正规化建设，从各个方面不断提高我军全体人员的综合素质，作风不仅是军队精神面貌和多方面综合素质的体现，也是军队战斗力的展现。因此，培养优良的作风不仅是我们军队政治建设和革命化建设的重要任务，还必须摆到时代的高度和战略位置，坚持不懈地抓下去，这是我军正规化建设的需要，更是我军革命化、现代化建设的需要。优良的作风，既要努力培养，也要继承传统。我军在革命战争年代里形成的优良作风体现了人民军队的优秀素质，因而就是我们必须继承发扬的特有优势。

纪律严明，就是军队必须严守纪律，不但要严守军事纪律，更要严守政治纪律，以坚持我军的无产阶级革命性质。因而加强军队纪律建设不仅是我军正规化建设的需要，更是我军革命化建设的需要。正如江泽民所强调指出的那样："加强纪律，首先要加强政治纪律。"全军上下都要加强纪律性，坚决听从党中央、中央军委的指挥。纪律严明就是要求我们必须从严治军，因为纪律就是军队战斗力的直接体现，纪律也就是军队的生命，军队如果没有纪律，也就不可能称之为军队了。没有严明的纪律，军队就不可能有战斗力。所以江泽民就强调指出："治军要严，不仅是我们一个重要的建军原则，也是我们全面加强军队建设的必然途径。严，才能保证有纪律有秩序有团结有战斗力。"

保障有力，体现了现代高技术战争对军队建设所提出的新的要求，突出了物质技术基础在战争中所具有的决定性作用。与从前的战争相比，由于使用了大量的高技术武器装备，现代战争不但物质消耗的数量比从前要大得多，而且对技术服务要求也比从前复杂得多，更为突出的是对军队人员的科技水平的要求比从前更是要高得多。战争后勤保障在今天已成为决定战争胜负的极其重要的因素。江泽民极为深刻地指出："现代技术条件下的作战，消耗大，技术保障复杂，时效性要求高，对后勤和技术保障依赖更大。我们要充分认识后勤保障的地位和作用，不断加强后勤建设。""没有后勤，仗就不能打"，要把后勤装备保障定位于能不能进行战争的高度，与政治、军事一样直接参与对战争的决策。为此，我们在今天的军队建设工作中就必须高度重视提高我军的保障能力这个当今军队现代化建设的重点和主要矛盾，以使我军的作战实力能够适应世界军事革命和未来高技术局部战争对后勤、装备保障的需要。我们只有真正增强我军的物质、技术保障能力，才能够完成"打得赢"这一神圣的使命，实现我军现代化建设的目标。

2. 坚持和加强党对军队的绝对领导

江泽民指出，一个军队要有军魂，我们的军魂就是党的绝对领导。坚持党对军队的绝对领导是毛泽东、邓小平始终强调的我军建军的根本原则。江泽民把这一原则提到了"军魂"的高度，就进一步揭示了这一原则的科学性、重要性和必要性，是对毛泽东、邓小平的无产阶级革命建军思想的继承、丰富和发展。

江泽民指出，坚持党对军队的绝对领导，是我们建军的根本原则，是我军特有的政治优势，也是我军保持人民军队的性质和全心全意为人民服务宗旨的根本保证。党对军队的绝对领导，不仅是我军革命化的保证，而且是我军战斗力的源泉，是我军战无不胜的根本保证。

在夺取政权的革命战争年代，我们要实现党对军队的绝对领导；在社会主义建设中，我们同样要实行党对军队的绝对领导。为此，江泽民深刻地指出，我们现在强调党对军队的绝对领导，是根据国际国内的形势发展和我们几十年革命的实践提出来的，这一点在任何时候都不能动摇。在新的历史时期，我军要建设一支强大的现代化、正规化革命军队，面临着严峻的考验，集中表现在三个方面：一是世界社会主义运动处于低潮，西方敌对势力加紧对我国推行和平演变和"西化"、"分化"战略，并把我军视为实现他们图谋需要攻克的最后一道阵地。二是国内资产阶级自由化思潮将长期存在，其影响不可低估。三是市场经济"商潮"的负面影响。经济全球化浪潮和全方位开放大潮中腐朽思想文化的渗透，会使官兵的理想信念和道德情操受到潜移默化的消极影响。如果经受不住考验，我们这支军队就有改变性质的危险，就会丧失战斗力。因此，在新的形势下，更需要强调党对军队的绝对领导，这是实现"政治合格"和"不变质"的焦点和保证。从未来高技术条件下的局部战争看，我军面临的环境和条件虽然与过去有很大不同，党对军事斗争的领导与过去相比也有许多新特点和新要求，但是，依靠党的领导打胜仗，依靠各级党委率领部队完成作战任务，仍然是赢得现代军事斗争胜利的内在要求和根本保证。

党对军队的绝对领导，关系到党的执政地位，关系到国家的长治久安和社会主义制度的前途和命运，关系到亿万人民群众的根本利益。马克思在总结巴黎公社的经验教训时，提出了无产阶级专政的首要条件就是无产阶级的军队这一科学论断，明确指出了无产阶级政党建立军队和领导军队的必然性，深刻揭示了军权与政权的直接统一性，"执政"就必须"执军"。因而作为社会主义国家就必须坚持无产阶级政党对军队这一国家政权的主要组成部分的绝对领导，我们的军队必须在思想上、组织上、行动上绝对听从党的指挥。只有这样，我们的军队才能够成为代表人民根本利益的真正的社会主义军队，才能够为国家的稳定、人民的幸福、中华民族伟大复兴的实现提供可靠的根本保证。

3. 加强和改进新时期的思想政治工作

江泽民高度重视军队的思想政治工作，他不仅创造性地提出了"思想政治建设"这一新的概念，而且要求要把思想政治建设摆在全军各项建设的首位。这是对毛泽东、邓小平的人民军队建军思想的继承和创造性的发展，具有鲜明的时代性。

我军的思想政治工作，不仅是今天我军革命化建设的核心，而且是军队全面建设的保证，决定着我们军队的性质和发展方向，决定着我军的凝聚力和战斗力的强弱。江泽民指出，我军是人民民主专政的坚强柱石，是社会主义祖国的钢铁长城，也是体现我们党和国家政治优势的重要力量，因此，我军在任何时候都必须把思想政治建设摆在全军各项建设的首位，任何时候在讲政治的问题上都要有更高的要求和更高的自觉性。我们讲政治的核心内容就是要使我军始终成为忠于党、忠于人民的革命军队。江泽民把思想政治建设摆在军队建设首位的思想，抓住了新形势下保持我军性质和根本宗旨的关键。因而我们只有把思想政治建设摆在军队建设的首位，才能够始终保持我军的性质和根本宗旨。

江泽民指出："我军是党绝对领导下的执行革命政治任务的武装集团，我军的性质不同于任何资本主义国家的军队，我军的现代化也不同于资本主义国家军队的现代化。必须把革命化放在第一位，这决定着我军现代化的性质和方向，同时也为实现我军现代化提供强大的精神动力。"搞好军队的思想政治建设，是搞好军事训练、后勤保障以至整个现代化建设的重要基础。我军的现代化建设与革命化是直接的统一，离开革命化，军队的现代化就没有任何意义。如果军队的性质和宗旨变了，不能保卫人民的根本利益，现代化还有什么意义呢？所以，我们就要毫不动摇地坚持加强我军的思想政治工作。另一方面，我们只有通过强有力的思想政治工作才能够使我军官兵树立报效祖国和人民的理想信念，具有坚强的意志、忘我的奋斗精神，从而形成实现我军现代化的强大的不竭动力，并且从根本上来增强我军的战斗力。

江泽民指出："军队的思想政治教育一定要适应改革开放和军队革命化、现代化、正规化建设的新形势，紧密联系干部战士的思想实际，加强针对性、系统性和创造性。"因此，我们在今天就应当从实际出发来加强和改进我军的思想政治工作。随着我军现代化的进展，在长期和平环境和优裕的学习生活环境中成长起来的大批青年知识分子将会逐步成为我军的主要组成部分，而经济全球化和市场经济的浪潮也必然会给人们的思想造成强烈的冲击，所以，我们的思想政治工作就必须适应新的形势，既要坚持正确的方向，继承优良传统，也要进行积极的开拓创新，在今天，就是要坚持高举邓小平理论的旗帜，贯彻实践"三个代表"重要思想，用科学的理论武装全军官兵的头脑。只有这样，才能增强思想政治工作的效果，才能充分发挥思想政治工作的积极作用。

4. 坚持质量建军、科技强军

坚持质量建军、科技强军，是以江泽民为核心的党的第三代领导集体制定的在新形势下我军建设的重要指导方针。军队建设的质量，决定军队的战斗力，是军队的生命，因而加强质量建设也是军队现代化的主要要求，正如江泽民指出的那样："在现代战争中，兵仍然不在多而在精。"在今天，大量高技术武器在战争中的广泛使用，使现代战争形态发生了革命性的变化，争夺质量建设的优势就成为了当今世界各主要国家军队建设的主要发展趋势。江泽民从世界军事革命的发展和我军建设的实际出发深刻地指出，我军现代化建设相对落后，质量建军对我们具有特殊的意义，因此，必须把加强质量建军作为实现我军现代化的基本指导方针，摆在更加突出的位置。

在今天，贯彻质量建军的目标，就是要实现我军由数量规模型向质量效能型、由人力密集型向科技密集型转变，不断增强军队适应现代战争的作战能力。当今的高技术战争中的对抗斗争实际上就是科学技术的水平的较量，这就对军队的质量提出了更高的要求。在海湾战争、科索沃战争、阿富汗战争、伊拉克战争中，大量使用的电子战装备、精确制导武器、先进的 C^4I 系统，以及全新的指挥方式和战术，既是对传统作战样式的挑战，也是对当今时代的军队质量建设的呼唤。

我们要坚持质量建军，就必须从我国的国情我军的实际出发，走中国特色的精兵之路。一是要加强思想政治建设，注重思想政治工作的效果，要真正提高全军官兵的思想道德素质，真正调动广大官兵献身于国防现代化事业的积极性。二是要按现代战争的要求优化部队的编制结构，用科学的编制实现精兵，提高效率，增强战斗力。三是突出重点来改善部队的武器装备，促进人与武器的有效结合。四是要加强部队的训练教育，强化管理。要从军队建设的战略的高度上来紧抓训练和管理这两个军队质量建设的关键环节，以培养我军从难从实从严的优良作风，在全军掀起科技练兵的热潮，真正地增强我军的战斗力。

在当今世界军事革命的浪潮中，以江泽民为核心的党的第三代领导集体及时明确地提出了科技强军的指导方针，这在我军发展的历史上还是第一次。

1995 年，江泽民和中央军委明确地提出了"科技强军"的战略方针，强调要提高军队现代化建设各个方面的科技含量，依靠科技进步来提高军队的战斗力。

为此，江泽民明确指出："推进军队质量建设，必须依靠科技进步。贯彻科技强军战略，不仅要大力发展先进武器设备、利用高技术改进现有武器装备，而且在教育训练、作战指挥和后勤保障等各个方面，都要努力利用科技进步的最新成果，增大科技含量。"江泽民又进一步指出，面对世界军事革命的新形势，我们必须更加自觉、更加坚定地贯彻科技强军战略，争取实现我国国防和军队现代化建设的跨越式发展，尽快缩短同世界主要军事强国的差距。

在今天贯彻科技强军的战略，我们就要立足现实，着眼于未来，以提高全军的科技素质、培养人才为先导，以武器装备为重点，以增强适应现代战争的战斗力为目的，不断强化全军的科技意识，把科技强军的思想贯穿于军队建设的各个方面、每个环节，加快缩短与世界军事强国之间在作战能力上的差距，抓住增强我军战斗力这个我军现代化建设的核心与关键，切实促进我军现代化的建设。

（三）国防建设思想

1. 实现国防建设与经济建设的协调发展

江泽民认为，军队的强弱，关系一个国家的安危，一个民族的命运。要巩固社会主义制度，保证国家的长治久安，使经济建设有一个稳定的、和平的环境，就必须有一支强大的军队，有一个巩固的国防。对和平时期军队的地位和作用，应该有更为深刻的认识。国防和军事实力是一个国家综合国力的重要体现。当今世界虽然以经济和科技为基础的综合国力竞争成为国际斗争的主导方面，但军事手段仍起重要作用；在激烈的国际竞争中，我们的经济实力、军事实力和民族凝聚力越是增强，我们在国际上的分量就越重。建设一支现代化的军队，一个现代化的国防，是保障国家现代化建设和国家安全的需要。在新的历史条件下，我们要把眼光放得更远一些，从战略的高度把国防和军队的现代化建设筹划好。

江泽民指出，把经济建设搞上去和建立强大的国防，是我国现代化建设的两大战略任务。从根本上说，这两大战略任务是统一的。因此，必须形成国防建设和经济建设相互促进、协调发展的机制。他还多次指出，要维护国家的荣誉、尊严、利益，就必须有与我国的国际地位相适应的强大军队。一方面，军队建设必须以经济建设为依托，服从国家经济建设大局；另一方面，必须在集中力量进行经济建设的同时，努力加强国防和军队建设。江泽民还强调，国防和军队建设必须与国家经济建设相协调，国防和军队发展战略必须与国家经济发展战略相配套，国防和军队现代化发展进程必须与国家现代化建设发展进程相一致。概括起来就是：两个建设相协调，两个战略相配套，两个进程相一致。我们今天的国防建设不但要与国家的发展同步，而且还应当与世界军事的发展保持同步。

如果我们的经济建设搞上去了，但是国防建设却处于落后状态，那么，我们的社会主义现代化就是不完整的。

2. 走中国特色社会主义国防现代化建设的道路

江泽民明确地指出，由于受国家经济实力所限，我们不能同发达国家比国防投入，必须走出一条经费投入比较少而效益比较高，具有中国特色的国防和军队现代化的道路。因而以江泽民为核心的党的第三代领导集体就提出了军队建设跨越式发展的思想，这是我们继军队建设思想实现战略性转变后的又一重大的理论与实践创新。这个思想的提出解决了我军在机械化建设尚未完成而又面临信息化战争挑战的情况下怎样实现国防和军队现代化建设"级跳"式发展，迎头赶上世界军事强国的重大难题。从而在关键时刻为我们的国防现代化建设选择了正确的发展途径。江泽民指出，新的形势在给我们提出严峻挑战的同时，也给我们提供了难得的历史机遇。如果我们目光短浅，行动迟缓，就会被世界军事发展的潮流远远抛在后面；如果我们方针正确，措施得力，就可以实现国防和军队现代化建设的跨越式发展。跨越式发展对我们来说，是必要的、紧迫的，也是可能的，是我军建设发展的必由之路。

现代战争、高技术战争也就是大量运用信息化技术的信息化战争，先进的信息技术被全面地运用于战场侦察监视、武器和指挥，使战争向智能化方向发展，争夺信息优势已经成为战争中的重心。近年来的几次高技术战争，使人们认识到了实现军队信息化的必然性，信息化水平落后的军队在战争中只能陷于被动挨打的局面之中。这就迫使我军必须进行信息化建设，而决不能在实现机械化之后再来进行信息化建设。所以，我军在今天也就面临着完成机械化建设和进行信息化建设的双重任务。

那么，我军在今天是否存在实现跨越式发展的可能呢？

首先，我们应当从世界科学技术发展的规律来认识这一点。科学技术的发展往往会出现后来者居上的现象，这是因为后来者可以吸收领先者的经验教训，少走弯路，直接选取正确的起点和目标，减少技术开发的成本，因而就能加快发展的速度，这就是人们所说的后发优势。我国的通信技术原来就非常落后，但正是由于利用了后发优势而实现了跨越式发展，一举跃居世界的前列，迅速达到了发达国家的先进水平。所以，只要我们抓住机遇，我军的信息化建设就可以实现跨越式发展。

其次，近年来，我国的科学技术取得了飞速发展，在信息技术领域的许多方面已经达到了世界先进水平，这就会给我军的信息化建设提供巨大的技术支持和人才支持。

再次，改革开放以来，随着我国综合国力的增强，我军机械化水平迅速提高，而军队信息化建设又是必须以机械化建设为基础的，所以我们也就可以选取重点实现信息化建设的跨越式发展，因为美军当今的信息化建设也是由点到面，逐步展开的。

江泽民指出，我们要紧紧跟踪和瞄着国际科研前沿，千方百计把我军的武器装备搞上去，不断缩小同先进水平的差距。要突出重点，有所为有所不为，有所赶有所不赶，加快搞出几手使敌人害怕的"撒手锏"。要实现我国的国防现代化，我们的国防科技和国防工业的发展就必须适应世界军事科技发展的新形势，立足于自力更生，从我国的实际出发，尤其是从社会主义市场经济发展的实际出发，深化改革，走中国特色的发展道路，不断增强国防科技和国防工业的发展活力和自主创新能力，为我国的国防现代化提供坚实的物质技术基础。江泽民深刻地指出："在发展社会主义市场经济的新形势下，我们不断探索和完善国防建设与经济建设相互促进、协调发展的机制，坚持寓军于民，推动国防科技工业走'军民结合、平战结合、军品优先、以民养军'的发展道路。第一，寓军于民，关键要坚持按照经济规律和科学规律办事，发挥市场配置资源的基础性作用，建立和完善适应新形势的新体制，把各方面的积极性、主动性和创造性充分发挥出来。第二，坚持大力协同，形成推动国防科技建设的社会大协作体系。搞国防科技建设，必须坚持大力协同的原则，绝不能搞成过去那种自成体系、自我封闭、分工过细、军民分割的局面。第三，坚持自力更生，瞄准实现技术发展的跨越，加强自主创新。推进国防科技建设要两条腿走路，一是要坚定不移地发扬自力更生、奋发图强的精神，坚持自主创新，不断攀登科技高峰；二是抓住有利时机，有选择地引进先进的技术装备和管理方法，提高我国的武器装备水平。"

因此，我们在今天已经确立了我国国防科技和国防工业在新的国际国内形势下的正确发展道路。

3. 加强全面国防教育，增强全民国防意识

当今世界各国竞争的主题是综合国力的竞争，而综合国力中的国防实力也是国家之间竞争的主要内容，历史告诉我们，国防实力绝不只是军队的武器装备的发展水平，更为重要的是人的素质，也就是全体国民的国防意识，如果没有人民的爱国主义精神和参加国防建设的热情，国家就不可能拥有真正强大的国防实力。一个国家的国防实力不仅在于它所拥有的常备武装力量所具有的威慑力，更为重要的是它所拥有的潜在后备力量以及国家的国防动员能力，所以我们就必须加强国防教育，从思想上增强人民的国防意识，从组织上增强国防动员的机制，这样才能够从根本上增强我们国防的后备力量和国防动员能力。我们必须看到，一个国家的国防教育不但能够增强国家的国防实力，而且还能够增强国民的综合素质，因而世界各国在今天都高度重视对国民的国防教育，都将其作为最基本的国策。

新的国际形势和国内形势的发展变化，对我们的国防教育也提出了新的要求。要求我们必须紧密联系实际来深入和加强全民的国防教育，通过国防教育来大力提高全体人民的思想道德素质和组织纪律素质，使我国人民的综合素质能够适应现代战争和国防现代化建设的需要，从根本上增强我们的国防实力。江泽民非常明确地指出，越是和平时期，越要宣传国防建设的意义，克服和平麻痹思想，增强人们的国防观念。我们应当从增强国家国防实力和提高全体国民的素质的战略高度上来加强新形势下的国防教育，要教育全体人民居安思危，正确认识国际国内形势，正确认识我国国防现代化水平与世界上的军事强国相比的差距，正确认识自己作为一个公民的国防义务，增强爱国主义精神，积极投身于国防现代化建设工作。要使全体人民必须认识到，虽然目前还不可能爆发世界大战，但战争的根源依然存在，局部战争正成为威胁世界和平的主要表现形式，虽然我国正在迅速走向强大，进入了长期的和平发展阶段，但我们却不能低估国内外敌对势力对我们的潜在威胁，要正视威胁我国实现统一、维护安全和稳定的因素的客观存在。因此，应当积极参加以爱国主义为核心的国防教育，不断增强国防意识，保持警惕，树立常备不懈的观念，为实现祖国的统一、维护国家的安全和稳定作出积极的贡献。

江泽民国防和军队建设思想，是中国共产党在中国社会主义建设的新形势和国际形势新变化中对马克思列宁主义军事思想、毛泽东军事思想、邓小平新时期军队建设思想的继承和发展，是我们党和国家今天国防和军队建设的正确指导思想，对我国今天的国防和军队建设发挥了极其重大的指导作用，正是在这个思想的指导下，从20世纪末到本世纪初，我国的国防力量迅速强大，国际地位大大提高，为我国经济的快速发展提供了一个长期和平稳定的环境，实现了经济和国防力量的协调发展。

第五节　胡锦涛关于我军在新世纪新阶段历史使命的论述

2004年2月3日，胡锦涛在中央政治局学习会上，就主题内容"世界格局和我国安全问题"强调："坚持以宽广的眼界观察世界，清醒地看到激烈的国际竞争带来的严峻挑战，清醒地看到前进道路上的困难和风险，切实用好战略机遇期，牢牢把握我国发展的主动权。""要努力变挑战为机遇，密切关注来自国际各个领域的风险，始终把国家主权和安全放在第一位，坚持维护国家主权和领土完整，坚决维护国家的安全和根本利益。"他还指出："一个政党、一支军队要始终走在时代前列，为国家富强和民族复兴作出应有的贡献，必须清醒、准确地把握肩负的历史使命。"

胡锦涛根据"三个代表"重要思想和江泽民国防和军队建设思想，站在国家和军队建设全局的战略高度，提出新世纪、新阶段人民解放军肩负的历史使命的论述，拓展了国防与军队建设的战略视野和发展方向，将在具体实践中扎扎实实地推进军队的全面建设。

一、对新世纪国防和军队建设的重要指导作用

胡锦涛关于新世纪、新阶段我军历史使命的重要论述，充分体现了历史与现实、继承与创新、理论与实践、战略与政略的高度统一，具有重大而深远的意义。

第一，它全面把握了时代发展态势和国家战略全局，提出了对军队建设的客观要求。当前国际形势复杂多变，我国周边安全中不稳定、不确定的因素增多，迫切要求我军提高应对危机、维护和平、遏制战争、打赢战争的能力。随着经济全球化的进程加快，国家间的竞争领域不断延伸，为维护国家安全，迫切需要建设与发展相适应的军事力量。当前，我国既面临"发展机遇期"，又面临着"矛盾凸显期"，"台独"分裂势力严重影响祖国和平统一大业，这些迫切要求人民军队肩负起维护国家主权、统一和稳定的神圣职责，为全面建设小康社会有一个和平稳定的环境作贡献。胡锦涛对我军新的历史使命的深刻揭示，为新世纪、新阶段军事发展和建设作出了适时的战略性指导。

第二，它深刻阐明了国防和军队建设持续发展的方向性、根本性、全局性的重大问题。我军要沿着江泽民新时期国防和军队建设思想开辟的道路阔步前进，不断开拓新局面，还面临着许多新情况新问题。如何进一步加强部队思想政治建设、坚持党对军队的绝对领导，深化军事斗争准备、全面提高信息化作战能力，加速推进中国特色军事变革、完成好机械化信息化双层任务，落实从严治军方针、提高部队正规化建设水平等，既是当前军队建设遇到的现实问题，又关系到国防建设的长远发展，迫切需要与时俱进的精神将其有效地加以解决。胡锦涛关于我军新的历史使命的深刻揭示，进一步明确了新世纪国防和军队建设的发展思路、奋斗目标和指导原则，为在更高的起点上研究解决存在的矛盾，推进国防和军队建设更快更好地发展指明了方向。

第三，它丰富发展了党的军事理论。根据不同历史背景和历史任务明确军队的历史使命，是中国共产党军事任务，科学确定军队的历史使命，是中国共产党军事理论的鲜明特色。毛泽东将军队职能概括为"战斗队、工作队、生产队"。邓小平要求军队担负起巩固国防、抵抗侵略、保卫祖国、保卫人民和平劳动、参加国家建设的历史使命。江泽民提出军队要"为国家的安全、统一和全面建设小康社会提供坚强有力的保障"。胡锦涛基于对国际国内形势的深邃思考和战略筹划，赋予我军历史使命新的内涵，科学地揭示了军队职能任务必须与党的历史任务相一致，军事战略必须和国家发展战略相协调，军事改革必须与世界军事发展趋势相符合的客观规律，是我们党军事理论的重大创新。

二、新阶段人民军队职能任务的新拓展

我军新的历史使命表明，军队的职能有了新的拓展，肩负的任务更加艰巨。对此，必须深刻理解、准确把握新的历史使命的科学内涵。

第一，新世纪、新阶段军队要为党巩固执政地位提供重要力量保证。巩固中国共产党的执政地位，事关国家长治久安和人民群众的根本利益。人民军队在巩固党的执政地位，保卫社会主义江山永不变色，维护人民群众的根本利益等方面肩负着神圣使命，坚持党对军队的

绝对领导，在任何复杂形势和挑战面前，使党的执政地位稳如磐石，坚不可摧。

第二，新世纪、新阶段军队要为国家发展的重要战略机遇期提供坚强的安全保障。中华民族经受过百年外侮的屈辱和民族振兴的艰辛探索，迎来了新世纪头20年的重要战略机遇期。维护和利用好战略机遇期，对军队来说，就是要维护国家安全、捍卫国家主权和领土完整，为国家发展提供安全保障。军队的职能已经延伸到维护国家发展机遇，这是党执政兴国作为第一要务对军队建设的要求，认清军队在保障和促进国家发展中的地位和作用，切实为维护重要战略机遇期担负起自己的历史使命。

第三，新世纪、新阶段军队要为维护国家利益提供有力的战略支撑。随着时代的进步、社会的实践和科技的发展，国家的安全和发展利益的内涵正从传统领域向新领域扩展，包括海洋、太空、电磁等无形空间在内。为此，我军要高度关注和积极适应这一变化对军队的新要求。

三、围绕履行新的历史使命，推进军队建设与改革

履行好我军新的历史使命，对军队现代化建设、军事斗争准备，提出了新的更高要求，必须把各项工作提高到新的水平。

第一，树立履行新使命的思想观念，更好地适应时代发展的要求。解放思想，与时俱进，使思想观念紧紧跟上不断变化的客观实际，是军队永保先进性，有效履行神圣使命的关键所在。面对新的形势和任务，全军必须密切关注国际战略格局和我国安全形势的发展变化，着眼于国家利益全局和发展大局筹划部队建设，树立科学发展观、强化质量效益意识，全面推进，整体提高，用改革的思路和办法解决矛盾和困难，不断地开创各项工作的新局面。要善于学习，用现代军事科技知识和经济、法律等社会科学知识丰富头脑，开阔视野，增长才干。

第二，加快推进中国特色军事变革，作好军事斗争准备，增强战略筹划、科学管理和指挥能力。要根据当今新军事变革的特点，全面提高各级干部的战略素养和战略筹划能力，引进先进的管理方法，健全科学管理机制，提高部队正规化建设水平，坚持从难、从严、从实战需要进行训练，不断地提高我军指挥信息化作战的能力，切实把有中国特色军事变革和军事斗争准备中的重点、难点问题搞清楚，解决好。提高领导干部解难题、谋打赢、促发展的实际本领。

第三，抓好基层，打牢基础，提高部队的战斗力。军队全部工作和战斗力的根基在基层。履行好新的历史使命要有新的起点、新的标准，用新观念、新思路、新方法抓好基层建设。规范抓基层建设的工作秩序，建立科学的抓基层工作机制，以江泽民提出的"五句话"总要求为指导，以《军队基层建设纲要》为依据，以提高战斗力为根本出发点和落脚点，以党支部和干部、骨干队伍为重点，以经常性工作为基础，促进基层建设持续健康发展，全面提升部队建设质量、层次和水平。

第四，加强和改进思想政治工作，确保部队建设始终沿着正确的政治方向前进。强有力的思想政治工作是履行历史使命的重要保证。坚持用党的理论创新成果武装全军，不断强化军魂意识。要针对思想政治工作面临的新考验，深入研究家庭和社会环境对官兵思想、心理和行为方式带来的影响，创新和改进思想政治工作内容、形式和方法，增强针对性、实效

性。扎实抓好保持共产党员先进性教育活动，加强基层党组织建设，增强党组织的创造力、凝聚力和战斗力，引导广大党员在实践"三个代表"的重要思想，积极投身推进中国特色的军事变革和军事斗争的准备中当先锋、做模范，履行党和人民赋予的神圣使命。

思考题

1. 毛泽东军事思想的科学含义、主要内容、历史地位和指导意义是什么？
2. 邓小平新时期军队建设思想的主要内容、历史地位和现实意义是什么？
3. 江泽民国防和军队建设思想的主要内容有哪些？
4. 胡锦涛关于国防和军队建设的重要论述的主要内容，地位作用是什么？

第三章　国际战略环境

第一节　国际战略环境判断及安全形势分析

国际战略环境主要是指世界各主要国家和政治集团在一定时期内在战略上互相联系、互相作用、互相斗争所形成的世界全局性的大环境。国际战略力量对比和大国战略，是影响国际战略环境的最重要因素。

一、战略环境概述

（一）战略

战略，亦称军事战略，是筹划和指导军事斗争全局的方略。战略的指导对象是军事斗争的全局。战略既指导军事斗争全局从发生、发展到结束的全过程，又关照其各个方面和各个部分间的关系。

军事战略是国家总体战略的重要组成部分，是国家总的方针、路线、政策在军事方面的具体表现，是国家关于军事斗争路线、方针、政策和策略以及斗争原则的集中反映。军事战略应当判断国家安全面临威胁的性质和程度。

确定战略上的主要对手和作战对象，提出军事斗争所要达到的总体目标和主要任务，规定战略上的重点方向、地区，确定准备与实施军事斗争的指导方针和基本原则，以确定斗争的主要手段、形式、协同、保障的主要方法等，并依此制定总体的行动计划和实施步骤。不同历史时期的战略有着不同的内容和特点。战略指导者基于对一定历史时期内上述情况的综合分析，提出军事斗争的基本对策和保障国家安全的基本方法，这就是这个时期军事战略的基本内容。

战略还可按不同的标准划分为不同的类型。按社会历史时期划分，有古代战略、近代战略、现代战略；按作战性质划分，有进攻战略和防御战略；按使用武器的类型划分，有常规战争战略和核战争战略；按军种划分，有陆军战略、海军战略和空军战略；按战争持续时间划分，有速决战略和持久战略等。

（二）战略环境

战略环境是指影响国家安全或战争全局的客观情况和条件，其要素有：国际和国内的政治、经济、军事、外交、科技、地理等方面综合形成的客观情况和条件。战略环境是制定战略的客观依据。正确认识和分析战略环境是正确、及时地制定和调整战略的前提条件。

国际战略环境是一个时期内世界各主要国家的矛盾、斗争，或合作、共处的全局状况和总体趋势，是国际政治、经济、军事形势的综合体现。它关系到国家的生存与发展、安危与兴衰，影响到一个国家军事斗争的对象、性质、目标、敌友关系以及军事力量建设与运用的基本方向。对于一个国家的战略指导者来说，国际战略环境最值得关注的有：一是时代特征。正确认识时代特征，有利于从宏观上把握当代世界的主要矛盾和总的发展方向，从而对国际战略环境作出正确判断，避免重大的战略指导失误。二是国际战略格局。对国际战略格局的分析，有助于从总体上了解世界各主要国家在世界全局中的地位及战略利益方面的矛盾和需求，有助于对国际形势及发展趋势作出基本的估计。三是主要国家的战略动向。一些实力较强的世界性或地区性大国对地区乃至世界的安全与稳定具有重大的影响，对其他国家的战略也有不同程度的影响。了解它们的战略动向，有助于从世界各国特别是大国之间的关系上具体研究国际战略环境，进而对国际形势作出正确判断。四是当代世界战争与和平的发展趋势。对于一个国家的主权和安全来说，来自外部的战争威胁是最严重的威胁。因此，当代世界战争与和平的趋势最引人注目，也是世界各国研究和制定军事战略时关注的中心。五是周边安全形势，特别是周边国家与本国的利益矛盾。

国内战略环境主要包括国家的政治、经济、军事、地理等方面的基本状况。认识国内战略环境应着重把握以下因素：一是地理环境。地理环境主要包括国家（战区）的地理位置、幅员、人口、资源、地形、气候，以及行政区划、交通、要地等状况。军队的集结、机动、作战、后勤补给等一切军事活动都离不开一定的地理空间，都要受到地理环境的影响和制约，它不仅是制定战略的客观依据，也是影响战争胜负的重要因素。二是政治环境。对战略影响最大的是国家的政治法律制度、基本国策和政治安全形势。其中，国家的政治法律制度和基本国策是国内政治环境的本质和核心，对军事斗争全局的筹划、指导具有决定性的影响。在国内政治安全形势中，敌对势力分裂、颠覆活动以及发生武装冲突或国内战争的情况，是直接影响国家统一和稳定的国内因素，是筹划、指导军事斗争所必须关注的重要问题。三是综合国力状况。综合国力是一个国家全部物质力量和精神力量的总和，是军事斗争特别是战争的物质基础。一切军事斗争和军事活动，归根到底都要依靠综合国力，并受其制约。

二、国际战略环境的历史演变

（一）世界战略格局的历史演变

世界战略格局是指对国际事务具有重要影响力的力量在一定历史时期内相互联系、相互作用而形成的较为稳定的力量结构。世界战略格局是世界政治格局、经济格局和军事格局的综合，统称"世界格局"。

世界战略格局的形成需要一定的条件。随着15世纪后哥伦布等人的地理大发现，人类才逐渐开始有了世界意识。其后划时代的工业革命，生产力的极大解放，为资产阶级强国在世界上的扩张奠定了丰厚的物质基础。世界贸易迅速发展，资本主义的世界市场日趋成熟，国际分工日益明显，国际政治开始形成。伴随着几个欧洲强国在世界范围内的殖民扩张，欧洲就成了世界战略格局变化的中心地带，之后便形成具有典型意义的世界战略格局。

第一个世界战略格局：均势格局（1815～1871年）。以拿破仑战争失败，维也纳会议召开为标志。当时世界上的重要战略力量是俄国、英国、普鲁士、奥地利和法国。拿破仑的失败导致欧洲列强重新建立一种政治军事的均势，俄国、英国、奥地利成为当时国际政治中的主导力量。各大列强都企图利用维也纳会议来达成自己的战略目标。最后，形成了维也纳体系。其主要内容就是要防止法国的重新崛起。维也纳会议形成的均势格局虽然在较长的时期没有爆发新的战争，但由于维也纳会议没有解决列强之间的一些内在矛盾，因此到了19世纪50年代，这个均势格局就开始走向崩溃。

第二个世界战略格局：两大军事侵略集团抗争的格局（1871～1918年）。自19世纪60年代开始，普鲁士经过三次王朝战争，最终于1871年完成了德意志的民族统一，成为德意志帝国。德国的崛起粉碎了均势格局，使欧洲格局彻底改变，也使世界战略格局发生了变化，并引起了帝国主义列强重新制定新的世界势力范围。第一次世界大战的爆发就是两大军事侵略集团导致的结果。

第三个世界战略格局：凡尔赛格局（1918～1939年）。第一次世界大战后，为了瓜分战败德国、奥匈帝国和土耳其帝国的遗产，帝国主义列强召开了巴黎和会及华盛顿会议，形成了"凡尔赛—华盛顿体系"，成立了以战胜国为主导的国际联盟，加之第一个社会主义国家苏联的诞生，打破了帝国主义国家一统天下的局面。"凡尔赛—华盛顿体系"只是对战争结束后列强之间实力对比关系的一种暂时性维系，随着各大战略集团力量的变化，这种格局就被打破了。

（二）第二次世界大战以来的国际战略环境

第二次世界大战以来，国际战略环境发生了两次重大变化。

以第二次世界大战为标志所发生的第一次变化。第二次世界大战前，国际战略力量中心在欧洲，各大国之间基本达成均势，尽管欧洲列强之间的争夺成为影响国际战略环境的主要因素，但没有哪一个国家能够独霸世界。第二次世界大战德日战败、英法削弱，美国成为最大受益者。美国不仅牢牢占据世界头号经济大国的地位，军事上也迅速崛起，成为名副其实的超级大国。苏联虽然遭到重创，但在战争中表现出来的巨大实力和潜力，令世界为之震惊。建立在各国实力基础上的雅尔塔体制，对国际战略环境产生了深远影响。战后美苏在东欧国家政府组成问题上产生了尖锐分歧，在德国赔偿、中东等问题上美苏也各有图谋，世界上最大的资本主义国家和最大的社会主义国家之间的冷战开始了。以美苏为首分别成立的北约集团和华约集团，又掀起了东西方两大阵营之间的对抗。20世纪六七十年代，世界处于大动荡、大分化、大改组的阶段，苏联开始推行霸权主义政策，与美国争霸世界，并扩大了社会主义国家之间的矛盾，苏中关系恶化，社会主义阵营解体。同时，西欧、日本经济高速发展，政治上产生独立自主倾向。美苏力量逐渐达成平衡。双方互有攻守，美苏争霸成为世界动荡不安的根源。第三世界民族解放运动高涨，许多国家赢得独立，成为反对殖民主义、帝国主义和霸权主义的主要力量。20世纪80年代，美苏两国竞相增加军费开支，加强对武器装备质量优势的争夺。1983年，里根政府提出"战略防御计划"，建立反弹道导弹多层综合防御系统，使苏联的战略进攻和还击能力失去应有的效力。这一计划不仅使苏联经济几乎被拖垮，同时带动了美国的高新技术发展。苏联由于经济发展停滞，不得不实行收缩战略，使美苏争霸态势中，呈现出美强苏弱的局面。随着1989年的东欧剧变和1991年的苏联解体，冷战宣告结束。

以冷战结束为标志所发生的第二次变化。东欧剧变、苏联解体，以美苏对抗为特征的两极格局不复存在。冷战时期美苏核对峙的局面成为历史。世界大战的危险大大降低，但局部战争和武装冲突仍然此起彼伏。旧的国际秩序解体，各战略力量开始新的分化组合，都在朝着建立有利于自己的新的国际秩序而努力。美国成为唯一的超级大国，国际战略力量对比严重失衡。美国利用"一超"的国际地位，加紧建立和巩固全球霸权，企图长期主宰世界。欧洲进一步加强联合，一体化进程取得重大进展，在国际事务中的分量加重。中国迅速崛起，综合国力和国际影响力不断上升。俄罗斯、日本、印度等各国都在合纵连横，希望成为独立的一极，单极与多极的斗争相当尖锐。以经济、科技为重点的综合国力竞争成为国际斗争新焦点。各国都在利用国际局势相对缓和、科技迅猛发展的重要机遇，发展本国的综合国力，使自己在未来的国际竞争中占据有利地位。

三、国际战略环境判断

冷战结束后国际战略环境的主要特点可以概括为：总体缓和、局部动荡；战略力量失衡、战略关系重组；国际秩序变化、单极多极抗争。

（一）和平与发展是当今时代的主题

世界要和平，人民要合作，国家要发展，社会要进步，这是各国人民的共同愿望，也是不可阻挡的历史潮流。这就决定和平与发展仍是当今时代主题的根本因素。经济全球化是世界范围内生产力发展的客观结果，是不以人的意志为转移的客观趋势，也是任何国家都回避不了的世界发展大趋势。人类从没有像今天这样如此紧密地联系在一起，从没有像今天这样面临如此繁多的共同问题，从没有像今天这样拥有如此广阔的生产力发展前景。世界需要的是各国平等、互惠、共赢、共存的经济全球化。作为维护世界和平的主力军，广大发展中国家进一步崛起，和平力量还在继续增长，联合图强成为发展中国家的一个战略抉择。一个或少数几个大国主宰世界、任意摆布别国命运的时代已经一去不复返了。

在国际力量对比严重失衡的情况下，霸权主义和强权政治有了新的发展，这两者依然是造成世界动荡不安的主要根源。企图把本国的社会制度、发展模式和价值观念强加于人的倾向还没有消失，相互尊重、平等对待还没有完全实现。南北问题更加突出，发达国家利用不公正、不合理的国际经济旧秩序和经济全球化趋势中的主导地位侵害发展中的国家利益的现象还很普遍，并非所有国家都能从经济全球化中受惠，贫富差距愈来愈大。据联合国开发计划署发表的 2002 年度《人力发展报告》，最富有国家与最贫穷国家人均收入之间的差距在 1920 年是 35：1，1975 年是 45：1，1992 年是 75：1，2001 年是 100：1。据世界银行《2003 年世界发展报告》，世界上最富裕的 20 个国家的人均收入已经是最贫困的 20 个国家的 37 倍。

影响和平与安全环境的不确定因素在增加，国际和地区安全形势出现新的紧张因素。传统安全威胁不仅没有消失，而且有了新的发展，国际军事力量对比失衡加剧，同时恐怖主义等非传统安全威胁增多，出现了传统安全威胁与非传统安全威胁相互交织的局面。作为一个国际公害，形形色色的恐怖主义对世界和平与发展构成的危害空前加大。

（二）世界多极化和经济全球化成为两大主导趋势

世界多极化趋势的发展有利于维护世界和平，促进人类社会繁荣进步。使世界各种力量彼此之间逐渐形成制约与制衡，有利于避免新的世界大战的爆发，有利于遏制霸权主义和强权政治，有利于推动建立公正合理的国际政治经济新秩序，有利于实现各国人民对和平、稳定、繁荣的新世界的美好追求，也有利于包括中国在内的广大发展中国家扩大在国际舞台上的活动空间，抓住机遇，发展自己。

虽然未来的多极格局的发展有着很多不确定因素。但是一般认为，多极格局将会由美国、俄罗斯、中国、日本、欧盟等这些战略力量构成。这样一种格局将和历史上的战略格局完全不同，是一种新型的格局，具有稳定性、复合性、民主性等特征。

中国将是多极格局中的一极。不管未来的世界多极格局是几极，中国肯定是其中的一极。邓小平曾说过，所谓多极，中国算一极，中国不要贬低自己，怎么样也算一极。这是由中国的实力地位和在国际事务中的影响力决定的。中国自改革开放以来，国力蒸蒸日上，随着经济的快速发展，中国的经济总量与世界主要发达国家间的差距逐渐缩小。中国又是世界上最大的发展中国家，也是最大的社会主义国家，同时还是联合国安理会常任理事国之一，有着独立自主的国际战略。

经济全球化一方面是生产力和科学技术发展的表现，一方面又是资本主义生产方式和资本主义市场经济在全球范围的延伸。它在国际经济旧秩序没有根本改变的情况下形成和发展，使西方发达国家成为其最大的受益者。对发展中国家而言，经济全球化既是机遇又是挑战。他们面临发达国家经济技术优势的压力，同时经济主权和经济安全也受到挑战。由于发达国家的主导地位，经济全球化使各国、各地区在全球发展中的地位和水平进一步出现差异、南北贫富差距进一步扩大。这不仅不利于全球经济的健康发展，也不利于地区和世界的和平与稳定。

（三）第三世界国家强烈要求建立国际政治经济新秩序

长期以来，第三世界国家强烈要求建立公正合理的国际政治经济新秩序，要求各国政治上相互尊重、共同协商，而不是把自己的意志强加于人；经济上相互促进、共同发展，而不是造成贫富悬殊；文化上相互借鉴、共同繁荣，而不是排斥其他民族的文化；安全上相互信任、共同维护，树立互信、互利、平等和协作的新安全观，通过对话和合作解决争端，而不是诉诸武力或以武力相威胁。坚决反对各种形式的霸权主义和强权政治。第三世界国家为改变现有的不公正、不合理的国际政治经济旧秩序进行了艰苦的斗争，取得了一定的积极成果。2006 年 11 月 3 日至 6 日，在北京召开的由 48 国参加的中非合作论坛北京峰会暨第三届部长级会议，完全反映了第三世界国家的上述要求，也是斗争成果的重要表现。但是，建立公正合理的国际政治经济新秩序的努力还没有取得实质性进展。

与此同时，绝大多数国家主张世界多样性。世界有近 200 个国家，60 多亿人口。各国的历史背景、社会制度、发展水平、文化传统和价值观念存在差异，世界上不可能也不应该只有一种发展模式、一种价值观念、一种社会制度。各国都有权选择符合本国国情的社会制度、发展道路和生活方式。各国的事情要由各国人民自己做主，国际上的事情要由大家商量解决。实现这一点，重要的是提倡国际关系民主化、发展模式多样化。

（四）反对恐怖主义成为当前国际合作的重要问题

恐怖主义是指一种为了达到某种政治或社会目的，通过制造恐怖气氛来引起社会注意，以威胁有关政府或社会，针对非战斗目标特别是无辜平民目标的各种形式的违法或刑事犯罪性质的暴力或非暴力破坏活动。反对恐怖主义，加强国际合作，标本兼治，防范和打击恐怖活动，努力消除产生恐怖主义的根源将有利于维护世界和平与稳定。"9·11"恐怖袭击事件的发生再次表明，恐怖主义严重威胁着世界和平与稳定，是国际社会的一大公害，中国政府和人民坚定不移地谴责和反对一切形式的恐怖主义。国际社会更进一步加强磋商，开展合作，共同打击国际恐怖活动。打击恐怖主义，遵守《联合国宪章》的宗旨和原则及公认的国际法准则，充分发挥联合国安理会的作用，一切行动应有利于维护世界和平的长远利益。不能将恐怖主义与特定的民族或宗教混为一谈。不能对打击恐怖主义采取双重标准。不能借反对恐怖主义推行别的影响世界和地区稳定与发展的政治意图。无论恐怖主义发生在何时何地、针对何人、以何种方式出现，国际社会都应共同努力，坚决予以谴责和打击。

四、世界安全形势分析

近期，国家安全部、军事科研机构及业内人士等，纷纷对世界安全形势进行了分析研究。研究认为，从总体上讲，国际安全形势趋于稳定，但天下并不太平，国际社会仍面临着传统安全与非传统安全的诸多挑战。其主要观点为：

（一）世界战略力量对比态势发生微妙变化

（1）美国战略力量严重透支，国际影响力和控制力相对下降。近年来，美国极力推崇保守主义的"新帝国主义"战略理念，奉行单边主义和干涉主义的对外政策。在世界各地，在国际安全、政治、经济等各个领域，全面参与和扩展其战略利益，以谋求单极独霸世界，实现"美国治下的和平"和美国领导下的世界战略力量均势。然而，由于美国四处插手，树敌过多，战线过长，资源有限，导致其战略企图与战略力量严重脱节。在处理许多国际事务乃至国内事务上已显得力不从心，甚至有些捉襟见肘，国际影响力和控制力相对有所下降。伊拉克战争之后的这种趋势更为明显。

（2）欧洲战略力量有所增强，"大西洋裂痕"难以抚平。欧盟在巩固欧洲一体化成果的同时，正在努力扩大自己在世界舞台上的影响力。2005年3月23日，欧盟春季首脑会议修订了"稳定与增长公约"和"博尔克斯坦政令"，重新启动了"里斯本战略"，进一步巩固了欧盟的内部团结，在一定程度上弥合了因美国挑拨而引起的新老欧洲的矛盾。4月26日，法国总统希拉克与德国总理施罗德发表联合声明指出，《欧盟宪法条约》有助于加强欧盟防务建设，增强欧盟在和平与安全领域的行动能力，提升欧盟的国际地位。

近年来，美欧在处理国际事务的政治理念上分歧不断加深。可以说，伊拉克战争是欧盟这一转变的催化剂，把欧盟外交在独立于美国的道路上向前推了一把。

（3）俄罗斯国力迅速恢复，印度已成为新的世界战略力量。近年来，俄罗斯国内政治趋于稳定，中央权力更加集中，经济指标增长较快，GDP总量已达187 200亿卢布（约合6 750多亿美元），增长率连续多年保持在6%～7%，有可能提前实现经济翻番的目标。随着其国力的不断增强，俄罗斯在优先处理对美关系、注重欧亚关系平衡的同时，其对外政策更趋稳定和强硬。印度是近年来综合国力和国际影响力增长较快的国家之一，其自 1995 年以来经济连续 10 年保持6%左右的高增长率，GDP 已增至 6 920 亿美元，排名上升至世界第10 位。国际舆论普遍认为，印度已正式成为继中、美、欧、日、俄之后第六大世界战略力量，有可能成为多极世界中的一极。

（二）地区局部战争的阴霾仍难消除

（1）伊拉克战争仍在继续，战场局势时趋恶化。伊位克战争的大规模军事行动已经结束两年多了，政权移交也有一年多了。但是，伊境内战事不断，战争远未真正结束。其现状：一是伊政治势力重新整合；二是经济重建举步维艰；三是自杀式袭击事件频繁，平民死伤惨重；四是美、伊军队联手清剿反美武装；五是美军伤亡惨重，耗费巨大。美国中央战区司令阿比扎伊德将军也坦言："我们面临的是一场漫长的战争、一个难对付的敌人，我们不得不在本地区与其长期作战。"

（2）阿富汗局势依然紧张，塔利班武装组织死灰复燃。一段时间以来，世界的注意力投向了伊拉克，阿富汗渐被淡忘。但是，这块是非之地却难以平静，安全形势异常凶险。经过几年时间的喘息，塔利班残余武装已经在阿富汗南部生存下来，形成了以乌鲁兹甘和扎布尔省为中心的根据地，不断派出小股部队袭击驻阿美军和其他西方援助人员。针对日益猖獗的袭击事件。阿政府及驻阿外国部队几乎动用了能调动的所有武装力量，对塔利班武装和其他反政府武装进行清剿，但收效不大。

（3）其他地区的武装冲突此起彼伏。2005 年，亚洲和非洲是局部战争和武装冲突的多发地。战争类型既有国际武装冲突，如以黎冲突、巴以冲突、尼日利亚与喀麦隆冲突、印孟边境冲突等，也有国内武装冲突，如尼泊尔、苏丹、菲律宾、也门、阿尔及利亚、科特迪瓦、印尼、格鲁吉亚、俄罗斯、哥伦比亚、乌干达等，还有联合国维和部队与当地武装的冲突，如刚果和海地武装分子袭击联合国维和部队等。带有"反恐战争"特点的武装冲突明显增多，相对集中于中东—外高加索—中亚—南亚—东南亚的地缘政治"破碎地带"。

（三）世界热点地区局势时紧时缓

（1）巴以关系出现 180°大转弯。长达四年之久的巴以冲突，双方承受了严重的政治、经济损失，形成了两败俱伤的局面。

阿拉法特之死和以军单边撤离加沙，使中东地区出现了新的和平契机。2005 年初，阿巴斯就任巴民族权力机构主席后，巴以双方为重启和谈采取了一些积极措施，巴以关系一度趋缓。但零星冲突时有发生，甚至一度呈加剧之势，哈马斯向加沙南部犹太人定居点发射火箭，以色列则用导弹还击，使巴以停火协议面临严峻考验。

然而，由于阿巴斯奉行温和政策并采取了得力措施，局势没有朝恶化方向发展。沙龙与阿巴斯在耶路撒冷举行历史性会晤，让世人看到了和平的希望。

但不久双方发生了激烈的冲突，以军重新全面封锁加沙地带和约旦河西岸地区，加强对巴激进组织的武力打击，造成上百名巴勒斯坦人员伤亡，使平静数月的巴以局势再度紧张起来。

（2）朝核危机依然严峻。布什政府第二任期之后，朝核危机仍曲曲折折，但毕竟在

2005 年举行了第四、五轮六方会谈。11 月 9 日至 11 日。第五轮六方会谈第一阶段会议在北京举行。会谈经过了"认真、务实、建设性的"讨论，最后发表了《主席声明》。各方重申，愿在增信释疑的基础上整体落实共同声明，实现利益均衡，达到合作共赢，早日实现朝鲜半岛无核化目标，维护朝鲜半岛及东北亚地区的持久和平与稳定。然而，朝鲜仍于 10 月 3 日发表核试验声明，并于 10 月 9 日首次进行了核武器试验。10 月 14 日联合国安理会一致通过 1718 号决议，决定对进行试验的朝鲜实施制裁。朝鲜发表声明，拒绝接受安理会 1718 号决议，六方会谈陷入僵局。直到 2007 年 2 月 13 日第五轮六方会谈第三阶段会议才取得了重大进展。

（四）霸权主义仍是世界战乱的根源

世界面临的又一严峻现实是，霸权主义与恐怖主义之间形成一种恶性互动。霸权主义诱发、利用恐怖主义，恐怖主义刺激霸权主义，为霸权主义行径提供某种合理依据。霸权主义危害人类的和平、安全与发展，恐怖主义则以其反人类、反文明、反道德性而遭到国际社会的谴责。两者都是威胁世界安全的祸源，而且彼此的关系有时又是反复无常的。今天尤其值得警惕的是，不能以过分强调恐怖主义的威胁来掩盖霸权主义这一更为严重的主要威胁。

五、当前中国在维护世界和平中的作用

2005 年 8 月，胡锦涛在纪念世界反法西斯战争胜利 60 周年大会上指出："我们要高举和平、发展、合作的旗帜，坚定不移地走和平发展道路。人类的发展进步，民族的繁荣富强，应该也只有通过和平发展道路才能实现。历史告诉我们，一切通过武力或以武力相威胁来实现本国利益的行为，一切把本民族利益凌驾于其他民族利益之上的做法，都是行不通的，都不符合人类历史发展的潮流，都不符合世界各国人民的根本利益。"这段讲话进一步阐明了我国对外政策的基本思想，表达了中国政府的一贯立场和维护世界和平的决心。

中国是社会主义国家，也是最大的发展中国家。中国不与任何国家结盟，不干涉别国的内部事务，坚决维护自己的独立和主权，同时也尊重别国的独立和主权。中国一贯坚持正义的原则立场，反对以大欺小，以强凌弱和以富压贫的强权政治，致力于建立公正合理的国际新秩序，是反对霸权主义和维护世界和平的重要力量。中国作为独立自主的政治大国，坚持走具有本国特色的现代化发展道路，依靠自己的力量建立了独立的、门类较齐全的工业和国民经济体系，把发展经济的潜力日益转化为不断增强的现实国力。中国拥有一支数量可观、实力较为雄厚的科学技术队伍，较为齐全的科研设施。在一些重要的科技领域已接近或达到世界先进水平。中国的国防实力在日益增强，能够独立研制各种型号的坦克、火炮、战机、舰艇、导弹等主战兵器，而且自行设计和制造了原子弹、氢弹、运载火箭、卫星等，成为世界上少数几个掌握这类技术的国家之一。中国拥有任何人都不能轻视的军事力量。中国奉行独立自主的和平外交政策，始终是维护世界和平与地区稳定的积极力量，在反对霸权主义，推动国际裁军进程，促进全球发展以及解决国际争端等方面发挥着日益突出的重要作用，赢得了崇高的国际威望。

我国将继续改善和发展同发达国家的关系，以各国人民的根本利益为重，不计较社会制度和意识形态的差别，在和平共处五项原则的基础上，扩大共同利益的汇合点，妥善解决分

歧。具体来说，与美国继续发展建设性合作关系；与俄罗斯继续发展战略协作伙伴关系，全面落实《中俄睦邻友好合作条约》；与欧盟及其成员国继续发展全面合作关系；与日本继续本着"以史为鉴，面向未来"的精神，发展致力于和平与发展的友好合作伙伴关系。

在处理与周边国家关系方面，继续加强睦邻友好，坚持以邻为伴、与邻为善，加强区域合作，把同周边国家的交流和合作推向新水平，营造良好的周边环境。与周边国家打交道，我们一直主张睦邻友好、互信互利、平等合作、维护和平稳定，促进共同发展。对历史遗留下来的边界、领土、领海争端，中国主张通过平等对话和谈判，求得公平合理的解决，一时解决不了的，可以暂时搁置，求同存异，不应因此而影响正常的国家关系。中国高度重视和积极参与东亚的合作，已经与东盟确立了新世纪合作的重点领域，并签署了在 10 年内建立自由贸易区的协议，与日本、韩国的三边合作进展顺利。

第二节　世界主要国家的军事战略

在当前世界军事格局中，美国成为唯一超级军事大国，形成美国一霸称雄、多区真空的状态。美国承担世界警察的任务，联合国的作用有限；日、德积极争夺参与国际军事事务；美俄在"NMD"问题上存在分歧；中国坚持积极防御军事战略方针；印度谋求 21 世纪亚洲军事强国目标。目前，六大军事力量相对集中在美洲军事区、西欧军事区、东欧军事区、中东军事区、非洲军事区、东亚军事区。

一、美国军事战略——试图独霸世界

美利坚合众国（简称美国），地处北美洲中部，东临大西洋，西濒太平洋，北接加拿大，南靠墨西哥及墨西哥湾。此外，其阿拉斯加州位于北美洲西北部，夏威夷州位于中太平洋北部。总面积 9 372 614 平方公里。海岸线长 22 860 公里。冷战时期，美苏长期对峙，苏联解体后，美国成为世界上唯一的超级大国。为维护和巩固超级大国地位，负起"领导世界"的责任。美国凭着世界第一的军事力量，加紧构建以美国为主导的、完全符合美国利益的世界秩序，并在军事方面采取了一系列的措施。

1997 年，美国国防部发表了《四年防务评估报告》，提出了"塑造——反应——准备"新战略，确定了面向 21 世纪美军建设方针和发展规划。美军以此为指导，将继续推行精兵政策，以保持和提高全球部署和投放能力为中心，以加强信息战和精确打击能力为重点，进一步推进和深化新军事革命。美国推行霸权主义、强权政治，它的战略意图和行动将对世界形势稳定与否产生重大影响。

（一）美国的武装力量及军事部署

1. 美国的武装力量

美国武装力量主要由现役部队、军内工作的文职人员和后备役部队组成。

美国现役部队的数量随着国际、国内形势的变化而变化。第二次世界大战时期，美军最高兵力达到 1 212.4 万人。冷战结束后，美国根据国际形势的变化逐步减少，目前为 147.2

万人。美军现役部队编有陆、海、空三军。

美陆军兵力为49.1万人，占三军兵力的33.35%；空军兵力为38.9万人，占三军兵力的26.43%左右；海军兵力为59.2万人（含海军陆战队17.5万人），占三军兵力的40.22%。

美军后备役部队是美国武装力量的重要组成部分。是战时扩充现役部队的首要来源。后备役部队由两部分组成：一是国民警卫队约45万人，装备精良，是各州地方武装，其任务是维护治安、抢险救灾等，战时由联邦政府调动扩充现役部队；二是联邦后备队，队员多为退伍军人，共约86万人，分为编组和非编组。任务是战时向现役部队提供单个补充兵员和成建制的部队。

2. 美国的主要军事部署

根据小布什政府发表的《四年防务审查报告》《核态势报告》《美国国防战略》等主要文献，美国军事战略部署除强调保卫本土之外，海外军事力量将主要部署在"欧洲、东南亚、东亚沿海地区以及中东—西南亚"四个关键地区。

（二）美国军事战略的演变与调整

第二次世界大战结束以来，美国军事战略几经变化。冷战时期，杜鲁门政府执行遏制战略，艾森豪威尔政府执行大规模报复战略，肯尼迪、约翰逊政府执行灵活反应战略。这些军事战略的提出与实施，均为美国的国家利益、美国与苏联抗衡及美国在全球争霸的需求，提供有力的军事保障。

冷战结束后，美国安全不再有超级大国的全面威胁的情况，因此，乔治·布什政府提出"当前防务战略"；随后，克林顿政府又提出"灵活与有选择的参与战略"和"塑造、反应、准备战略"。其目的是促进稳定和平时期的参与、实行威慑和防止冲突并取得战争胜利，塑造对美国有利的国际环境，应对危机和对未来作准备。

布什政府上台后，由于发生了"9·11"事件及随后的阿富汗和伊拉克战争，直到2004年5月参谋长联席会议主席迈尔斯上将才正式向国会提交了《美国国家军事战略》报告，主要内容包括七个方面。一是军事战略的目的是保护美国、预防冲突与突然攻击并战胜任何敌人。二是对安全威胁的判断和作战环境的估计，认为美国的敌人更为广泛，战场空间更为复杂和分散，关键的军事技术更易扩散和被获取。三是提出了国防战略的七大原则和军事战略的三大原则，前者是风险管理、基于能力模式、保卫美国和投送美国军事力量、加强联盟和伙伴关系、增强美国全球军事态势、发展全面的军事能力、实现国防管理转型。后者是灵活性、决定性和一体化。四是实行"先发制人"的对外用兵方针，并阐述了理由。五是提出了新的战略威慑方针，建立"常规与核进攻性战略打击力量、主动与被动防御系统、反应迅速的国防基础设施"新的三位一体的力量结构，并将核力量划分为"实战部署力量"和"反应力量"两大类。六是提出实现军事转型，明确了转型的目标、转型的方法和联合部队的特征。七是提出联合部队建设"基于能力"的建军模式和加强联合部队建设的具体措施。

上述军事战略改变了以往"轻国内、重国外"的军事战略，而开始实行"内外并重，国内优先"的军事战略方针。

首先，美国从理念上开始把本土安全置于军事安全战略的首要地位。过去美军有太平洋战区、欧洲战区，唯独没有"国内战区"。现在成立了"国土安全办公室"，并征召5万多名国民警卫队和预备役人员加入保卫本土安全的行列。过去，美军对外任务较重，对内任务较轻，而现在则加大了本土防御的力度。

其次，美国加快部署国家导弹防御系统（NMD）的步伐，逐步实施太空军事战略。"9·11"事件后，美国的国土安全成了"最高政治"，布什政府借机大肆宣扬美国面临的导弹威胁，而恐怖事件所产生的浓烈的"美国悲情"，致使许多人不再去理性地思考花费大量的金钱研制和部署导弹防御系统是否真正有效。"9·11"事件带来的各方面变化为布什政府推进NMD计划提供了不少有利条件。

第三，"9·11"事件使美国与俄罗斯的关系得到改善，这种变化加快了美国军事战略重点的转移。美国政府认为，当前欧洲盟国的安全环境有了很大改善，欧洲大陆发生战争的可能性远低于亚洲地区，今后美国面临的军事威胁主要来自亚洲地区。因为亚洲的朝鲜半岛、南亚等地存有潜在冲突和危险，日益对美国的国家安全利益构成挑战，所以美国军事战略重点从欧洲转到亚洲就成为"势在必行"之事。

尽管美国政府在"9·11"事件后对军事战略进行了调整，但它没有改变美国冷战结束后确立的全球战略。美国仍然谋求建立单极世界秩序，仍然把欧亚大陆作为全球战略重点。美国的军事战略调整，实际上是为了更好地实现美国的全球战略目标。

（三）美军的未来发展趋势

1. 重新确定21世纪的建军方针

根据"塑造——反应——准备"战略的要求，美军要通过巩固与扩展军事同盟、保持前沿存在、加强与友好国家的安全合作和军事交流等措施，塑造有利于增进美国利益的国际环境；当这种塑造活动失败时，美军要对各种危机做出迅速有效的反应；美军在保持高度战备状态的同时，立即着手为对付未来不确定的威胁做超前准备。"塑造——反应——准备"的新战略，是"地区防务""灵活与选择参与"战略的继承与发展。这个战略提出的"兼顾现实威胁与长远挑战，在维持现有能力与进行新军事革命之间保持平衡"的建军方针，为21世纪美国各军种的发展明确了总体方向。美军将以更加系统化的步骤建设成一支功能全面、高度灵活并拥有决定性优势的总体部队。

2. 美三军提出新的发展目标，以适应新的军事战略

空军以"全球参与"替代"全球到达，全球力量"的战略。强调加速向天军发展，特别重视提高部队的快速反应和执行多种任务的能力。美空军要"全球参与"，必须发展具有到达全球任何地区的能力，必须具有打击任何目标的力量。为此提出三项主要措施：

一是大力推行空中远征部队模式。1997年美国空军正式成立了"空中远征部队战斗实验室"，专门研究提高独立机动作战能力问题，并特别注重提高作战飞机的航程和作战半径。美军一个战斗机联队现编有80架飞机，将逐步减为66架。主要强调飞机的质量，重点对现役飞机进行改装，换大推力发动机。改装飞机上的激光制导炸弹、红外识别仪等。在此基础上发展新型F－22战斗机。F－22战斗机是当今世界第四代战机，具有隐身能力强、机动性能高、能短距离起落等特点。该机已经于1997年9月试飞成功，2002年开始交付空军。美国空军计划购买339架。

二是加强空中与空间力量的结合。美军新战略要求空军保持并发展空中与空间力量的

综合优势，并且加强空中与空间力量的相互结合，以便发挥其全球机动与打击、信息获取与运用、精确打击与灵活支援的全面优势。1997年3月提出成立"天军"的构想。目前除了继续抓紧动能武器的研制之外，主要的就是继续完善全球定位系统。全球定位系统，由空间导航系统、地面控制系统和用户定位设备三大部分组成，利用多颗低轨道卫星实现全球导航定位。目前正进一步研究系统的各种电子防护技术和战术运用问题。

三是发展空运力量和空中加油机。空运力量和空中加油机是美国空军实现全球到达的两根支柱。美军目前重点发展C－17新型运输机，该运输机具有战略战术空运能力，可直接将物资从本土空运到前线。发展空中加油机的重点是改进装备，更换大推力发动机等。

海军奉行"前沿作战——从海到陆"战略，因而要建设一支能对付全球地区性战争的远征部队，全面加强前沿存在和近海作战能力。这样便出现了以下变化：作战空间由公海变为敌方近海地区；作战目标由夺取制海权变为夺取陆岸控制权；作战样式由海军单一行动变为陆、海、空联合作战；兵力建设形成了以海基信息、沿海控制、力量投送、精确打击和导弹防御为重点的海军力量建设。为适应这一变化，海军调整了一定数量的舰艇和陆战部队为高度独立部队，接到命令后可以到达世界任何海域执行任务。其兵力组成为：能对危机作出反应和控制危机升级的部队；能够前往任何地区实施作战的两栖部队；能向任何地区实施海上紧急运输的部队；能对应急部队的作战海域实施健全保障的部队。目前重点是加强这些部队的建设。如对第一支部队的建设，大西洋舰队和太平洋舰队都在组建航母作战大队。航母大队由一艘航母和2艘巡洋舰组成，这项计划预计5年内完成。

1997年以来美海军还加快了"网络中心作战"新概念的实施步伐。准备投资15亿美元，建成包括各种传感器、通信系统和综合信息武器系统，使海上整体作战能够及时地交换信息，加快信息传输和作战决策进程。

陆军以"力量投送"战略为指导，继续加强快速反应能力和应急作战能力建设，并加紧数字化部队的试验和组建。为此，美军提出了战时部署到危机地区部队行动的具体要求：4天内空运1个步兵旅；12天内部署1个步兵师；15天内船运1个配备120辆坦克的重型旅；30天内从美国本土将2个重型师船运到战区；75天内从美国本土将5个师组成的应急军投送到世界任何地区。为达到上述要求，美军采取在师部建机场、武器装备集装箱存放机场附近，快速反应师常年值班等措施。

美军加速组建数字化部队。现组建了一个军，2010年陆军全部实现数字化。

3. 注重质量建军

美军认为，高技术兵器的运用可以使少量军队完成以往大量军队完成的任务。例如，海湾战争美军使用F－117A隐形战斗机后，其投弹命中率是第二次世界大战时美B－17飞机的900倍，所以美国提出的口号是"少养兵、养精兵"。因此美国将加快质量建军的步伐，在质量建军上突出三高（高质量军队、高强度训练、高技术装备），其具体措施是：

一是在削减核武器数量的同时，发展新一代核武器。美、俄经过40多年的发展。核武器已达到饱和超杀伤的地步，美、俄任何一方都不能打破核均势。美认为削减是有条件的，就是保证美国始终占有核优势，所以美国不会轻易放弃核武器在其新的军事战略中的支柱地位。目前美国在削减其核武器数量的同时，继续重点发展B-2隐形轰炸机和三叉戟弹核潜艇，不断研制新型弹头。

二是不断研究发展军用新科技。近几年用于研究与发展新装备新技术的经费每年以1.5%的速度在增长，重点是在保持核威慑前提下侧重发展先进的常规武器和关键技术，包括C^4I（C^4I是英文指挥、控制、通信、计算机、情报五个单词首字母的缩写，指军队指挥自动化系统）系统、模拟技术、电子对抗技术、精确制导技术等。如针对隐形技术，将投入1 600亿美元，以保证21世纪初拥有各种隐形飞行器。

三是提高部队素质，增强实战能力。第一，组建数字化部队。数字化部队可以把语言、文字、图像等信息仅用"0""1"两个数字来传递。因此，数字化部队通常的配备是：武器装备配有数字化通信、敌我识别装置、第二代前视雷达和全球定位系统。这样就会将战场上各种作战力量，用统一的信息网络连接起来，形成一体化打击能力。第二，加强快反部队建设。美军目前有快反部队30多万人，分布于各个军种。今后主要向加强特种装备、增加攻击直升机等方面发展。第三，严格部队的军事训练。美军的训练要求严、标准高。

四是收缩海外驻军，保持军事力量的"前沿存在"。美军根据国际安全环境变化，其海外驻军呈收缩态势，主要是关闭调整海外军事基地设施，减少海外驻军。但是，对美仍有重大利益的某些地区，美仍保留适量驻军，任务是威慑、实战，为其干涉地区事务动用军事力量赢得战机。现欧洲地区为12.3万人，亚太地区10多万人，美国发生"9·11"事件后，在亚太地区的驻军大大增加，其战略重点已经从欧洲转向亚洲。

二、俄罗斯军事战略——极力捍卫大国地位

俄罗斯位于欧洲东部和亚洲北部，北濒北冰洋，西与挪威、芬兰、爱沙尼亚、拉脱维亚、立陶宛、波兰、白俄罗斯、乌克兰8国为邻，西北一角临波罗的海、芬兰湾，西南靠黑海，南和格鲁吉亚、阿塞拜疆、哈萨克、蒙古、中国、朝鲜民主主义人民共和国等国接壤，东临太平洋，并隔海与美国阿拉斯加州和日本相望，面积1 707余万平方公里（欧洲部分约440余万平方公里，亚洲部分约1 260余万平方公里），是世界上幅员最大的国家。其边界全长58 562公里。苏联解体后，俄罗斯所面临的内外形势极为严峻，综合国力急剧下降，超级大国地位丧失。俄罗斯为了摆脱内外交困的局面，保持和维护大国地位，除了在政治、经济、外交等方面采取了一系列措施外，在军事方面也采取了一系列行动。

俄罗斯联邦成为独立国家以及俄联邦武装力量组建以来，迄今已经16年。期间虽然走过一段困难时期，但从总体上看，俄罗斯仍拥有强大的军事力量，武器装备现代化水平和整体作战能力仍然位居世界前列。特别是自2000年普京上任之后，以《俄联邦国家安全新构想》《俄联邦新军事学说》的出台为标志，俄罗斯的新国防政策已经形成。

（一）俄罗斯的武装力量及编成

苏联解体后，俄罗斯继承了苏联在联合国安理会常任理事国的席位以及苏联76%的领土和70%的国民经济总资产，因而具有极强的发展潜力。

俄军仍然是目前世界上唯一能与美军抗衡的军事力量。截至 2004 年初,俄罗斯总兵力为 100.4 万人,其中陆军兵力有 34.8 万人,主战坦克 1.5 万余辆,直升机 2 300 多架,是俄罗斯武装力量中人数最多的一个军种;海军约 17.2 万人,舰艇 1 000 余艘,总吨位 200 多万吨,飞机 800 架;空军和防空军 18.5 万人,作战飞机 2 800 余架;防空导弹发射架 2 000 余部,雷达 2 500 余部;战略火箭军 10 万人,洲际弹道导弹 750 余枚,潜射弹道导弹 400 余枚;独立航天兵约 5 万人;俄国防部机关、院校、直属部队 33 万多人。俄军另有文职人员 60 万人,内卫军、边防军等其他部队约 100 万人,俄政府拟继续裁减军队的总人数。

俄罗斯军队的编成情况:俄军最高统帅是俄联邦总统,安全会议是国家安全问题的最高决策机构。1996 年 7 月成立的国防会议,是负责国防和国家军事安全政策等重大问题的常设机构。国防部是俄罗斯军队领导机关。武装力量总参谋部是俄罗斯军队的作战指挥机构。军区是俄罗斯陆军和平时期战略军团的编成单位,目前俄军编 6 个军区:莫斯科军区、乌拉尔军区、彼得堡军区、远东军区、西伯利亚军区、北高加索军区。

(二)俄罗斯军事战略思想的演变与调整

1. 俄罗斯军事战略演变

第二次世界大战后,苏联军事战略发展经历了五个阶段。第一阶段为 1945～1953 年,其主要对手是美国和北约,依靠陆军为主的各军种共同努力达成战争目的,基本战略行动类型是进攻、反攻和防御,其中战略进攻是主要类型,合围作为最有效的方法受到特别重视。第二阶段为 1954～1960 年,苏联打破了美国的核垄断,形成了在各战区进行核战争的战略,实质是通过对敌实施密集核突击来完成最重要的军事政治和战略任务。第三阶段为 1961～1970 年,苏军建设全面改观,苏联形成了"无限制火箭核战争战略",彻底改变了对武装斗争条件、性质、进程和结局的看法,制定了涉及全部大陆、海洋、近地大气层空间和太空的大规模战略性战役理论。第四阶段为 1971～1980 年。苏美战略力量大致平衡,苏联制定了分阶段进行战争的战略,苏军制定了各种开展军事行动的方案,并根据威胁程度逐步过渡到使用更具破坏力和杀伤力的武器。第五阶段为 1981～1991 年,将合理够用作为军队建设根本指导方针,实行"纯防御"军事安全思想。确立了"在同等程度上既准备打核战争,也准备打新型常规战争,并准备以回击性、主要是对应性行动抗击侵略的战略"。

苏联解体后,俄联邦军事战略经历了叶利钦时期和普京时期。在叶利钦任内,俄联邦军事战略出现了俄苏战略史上前所未有的急剧变化。推翻了十月革命以来形成的几乎全部战略价值观,以及战略的许多基本观点和原则。普京 2000 年当选总统后,第一任期初期的军事战略总体上延续了叶利钦时期的军事战略。从 2002 年开始,俄罗斯军事战略进行新的调整。奉行"以核遏制为依托的机动战略"。主要表现为:一是对军事政治形势作出比较严峻的判断,认为军事力量对于保障国家安全的作用提高。二是提出跨境威胁的概念,如车臣就兼具外部威胁和内部威胁的特征。三是奉行"先发制人"的用兵方针,是对上述严峻军事形势作出的反应。四是强化核战略的遏制功能,矛头指向美国研制小型核武器并使之实战化的企图,防止核扩散。五是发展同时应付两场武装冲突或局部战争的战略能力,设想应付在高加索和中亚方向可能同时爆发的冲突。六是重视军事行动的新特点，如非接触作战、特种战役、精神因素作用提高等。

2. 俄军事战略的调整

伊拉克战争后，面对新的威胁与挑战，俄罗斯更加重视军事战略调整，出台更富有进攻性的核战略，力图用核威慑力量弥补常规军事力量的不足，维护俄罗斯的大国地位和国家利益。其主要内容包括：

一是调整充实"现实遏制战略"。俄罗斯进一步充实"现实遏制战略"，在原有的"现实遏制"框架内，出现了一种更为积极、更为进取的趋势。其核心是通过强化反制能力来加强军事战略的遏制功能。俄罗斯也把"先发制人"作为基本的用兵原则。"俄罗斯武装力量现代化学说"强调，俄武装力量动武的空间不受限制，动武时限提前，今后的俄罗斯武装力量动武不只限于冲突或战争爆发之际，只要俄罗斯感受到了敌人对自身与其盟友构成重大威胁就可以动武。俄罗斯军事战略的积极性、主动性和进攻性明显加重。

二是强调"均衡发展"的建军策略。伊拉克战争后，俄罗斯非常重视采取"均衡发展"的建军策略，采取了压缩军队员额，优化军种结构，改革武装力量指挥体制，加强核力量建设，完善军事技术政策，保持科研与军工生产潜力，发展新型武器装备，控制军费增长等内容的一系列改革措施，立志建设一支机动、精干、高效，有充分遏制能力的现代化军队。核遏制和常规遏制是俄罗斯遏制战略的两面。俄军认为，核遏制手段制止不了局部战争和武装冲突的爆发，如果没有有效的常规遏制能力，遏制战略就可能破产。因此，俄罗斯突出"常规遏制"力量建设，重点发展能形成局部优势的常规装备，将增加常备兵团和部队并以其为基础组编军队集团。

三是强化独联体军事安全合作。独联体是俄稳定周边、抗衡北约东扩、重振大国地位的重要依托，历来是俄军事安全考虑的优先方面。但近年来，随着北约势力加紧向前苏联地区渗透，独联体一些国家的离心倾向加剧，特别是格鲁吉亚、阿塞拜疆和乌克兰还表示希望加入北约。针对这一情况，普京采取了一系列措施，强化与独联体国家的军事安全合作力度。首先是巩固俄白联盟，建立统一的国防空间；二是扩大独联体国家集体安全合作的范围，扩大独联体国家在反恐问题上的军事合作。

（三）俄军的发展趋势

俄军今后将按"新的军事学说基本原则"全面建设部队。其发展主要有以下特点：

1. 调整军事战略思想

俄军发展军事的主导思想是：精简兵员数量，建设一支规模小、专业性强、有高度机动能力、在各战略方向能进行积极的全方位防御作战的职业化军队。1999 年 10 月，俄罗斯提出了新的《俄联邦安全构想》和新的《军事学说草案》，明确提出把北约作为最大的安全威胁；要重整军备，加强军队信息化建设；强调核力量和核威慑在维护国家安全中的作用，依然将核武器视为维护其大国地位、确保俄罗斯及其盟国安全的最有效手段，宣布俄罗斯在面临大规模入侵或核入侵条件下将首先使用核武器。俄罗斯为强化军力，国防预算大幅度增加，2005 年占国民生产总值的 2.45% 以上。

2. 改革体制编制，完善军种结构

俄罗斯总统普京于 2001 年 3 月 24 日签署命令，决定开始对武装力量编制结构进行调整改革。

目前，俄军在"建立一支精干而有效的职业化军队"思想的指导下，正在进行新一轮的军事改革，主要集中于以下几个方面：

一是继续裁减军队员额。裁减面涉及各个军兵种，重点是后勤、管理机构和中央指挥机构。到2005年，俄军武装力量减至85万人左右。武装力量之外的强力部门的兵力也将裁到50万人左右。

二是合并兵种。在1998年俄罗斯将防空军与空军合并之后，2001年，俄罗斯太空导弹部队和宇航部队脱离战略火箭军，直属武装力量总参谋部。2002年，战略火箭军从一个独立的军种变为一个兵种，到2005年隶属于空军。

三是改革兵役制度。俄罗斯在2003年已部分实行合同兵役制，并在此基础上逐步建成一支高度职业化的武装力量。

四是在裁减军队数量的同时，加大了对国防经费的投入。2000年，俄罗斯的防务拨款约为1 680亿卢布，增幅达41%。2002年的军费预算大幅增加700亿卢布，使军费总额达到2 841.6亿卢布（95亿美元）。可以预计，随着俄罗斯经济状况的逐渐好转，俄国防经费将会进一步增加。

原苏联拥有雄厚的国防工业基础和很强的军工生产能力。俄罗斯独立后，在通过对原苏联国防工业进行结构调整和改组改制的基础上，逐步完善俄罗斯的国防工业体系，建立起了符合俄军现代化要求的武器装备订购体系，保证俄军队武器装备的现代化水平不断提高；近年来，俄罗斯通过不断加强国际军事技术合作，大力开拓世界军火市场，使俄罗斯的利益和影响扩展到新的国际市场。

3. 逐步更新武器装备，实现高技术化

前几年由于国内政局不稳，经济衰退，俄军的武器装备研制和发展受限。

目前俄军的主要做法是大量淘汰20世纪70年代以前服役的老式装备，减少维修保养费，保留20世纪80年代服役的先进装备，少量装备20世纪90年代研制的新式装备。为了保证军备的发展，根据俄罗斯的军备建设方针，俄罗斯制定了为期10年的《俄军武器装备发展规划》《21世纪军队装备计划》，确定了各军种军事技术和武器装备发展的重点项目和具体计划。同时，俄罗斯的战略核力量在结构上将有所变化，将从原陆基弹道导弹为主体改为潜射弹道导弹为主体。俄罗斯还组织研制了新型导弹，如代号为"白杨"的新型陆基弹道导弹，它能机动发射，射程为1万千米。

针对美国发展太空防御的行动，俄罗斯于2001年6月1日正式成立新的太空部队。俄罗斯将其军事航天部队主要任务规定为两项：一是负责军事卫星发射；二是负责对敌方太空武器系统进行打击。部队最重要的装备将是反卫星卫星和反卫星导弹，并抓紧研制新型反卫星卫星和其他"天战"武器。

三、欧盟军事战略——努力实现共同防务

欧洲联盟（简称欧盟）是由欧洲共同体发展而来的，是一个集政治实体和经济实体于一身、在世界上具有重要影响的区域一体化组织。1990年12月，欧洲共同体马斯特里赫特首脑会议通过《欧洲联盟条约》。1993年11月1日，该条约正式生效，欧盟正式诞生，总部设在比利时首都布鲁塞尔。1995年，奥地利、瑞典和芬兰加入欧盟。2004年5

月 1 日，马耳他、塞浦路斯、波兰、匈牙利、捷克、斯洛伐克、斯洛文尼亚、爱沙尼亚、拉脱维亚和立陶宛 10 个国家正式成为欧盟成员国。2005 年 4 月 25 日，保加利亚和罗马尼亚在卢森堡签署了加入欧盟的条约，并于 2007 年 1 月 1 日正式加入，使欧盟成员国增至 27 个，总人口超过 4.8 亿、国民生产总值高达 12 万亿美元的当今世界上经济实力最强、一体化程度最高的国家联合体。

欧洲虽然基本实现了共同市场和一体化，但是巴尔干半岛的种族、宗教冲突随时会将西欧、东欧、中欧拖入传统国家和民族矛盾之中。美国对欧洲在政治、经济上颐指气使的政策，将导致欧洲在全球化立场上加大与美国的分歧，欧洲与俄罗斯、亚洲的合作必将强化。欧洲会在经济、政治、外交上与美国维持"和而不同"，基本不会在军事上与美国对立。

（一）欧盟的军事力量

组织欧盟军事力量是欧盟改组过程中的重要一步。欧洲各国已经不仅仅满足于充当北约的军事基地，而是要成为一个真正具有军事、经济和政治力量的实体。当年的科索沃战争使欧洲人对自己的角色认同产生了迷茫，欧洲决定抛弃美国的军事拐杖。对此迈出第一步的是英国和法国。1999 年底，英国首相布莱尔与法国总统希拉克签署了一份关于欧洲防务问题的协议，表示两国将共同致力于建立一支欧洲联合快速反应部队，以提高欧洲军队的战斗能力。英法两国签署这一协议，可以说是大势所趋，是欧洲形势发展的必然产物。

冷战时期，西欧国家几乎一直处于美国的军事支持甚至保护之下。冷战结束后，欧盟国家特别是英法两国，开始产生组建欧洲快速反应部队的构想，但真正促使欧盟国家下定决心付诸行动的还是科索沃战争。北约所有的欧洲成员国都不同程度地参与了这场战争，欧洲十几个国家的总兵力远远超过美国，作战飞机也有数千架，但在整个战争期间，欧洲盟国却只承担了约 20% 的空袭任务。在向科索沃派驻地面部队时，欧洲盟国也仅派出了区区几万人，尚不足这些国家地面部队总人数的 2%。科索沃战争使欧盟国家认识到，这种过分依赖美国的倾向，如果长期发展下去，不仅有损欧盟作为国际关系中一级的形象，而且将影响今后欧洲地区的稳定。

因此，英国、法国和意大利等国领导人率先提出，如果欧洲地区再发生类似科索沃这样的地区冲突或其他人道主义危机，欧洲必须要有能力自行解决。

在经过积极磋商后，终于在 2000 年底，欧盟宣布了组建欧洲快速反应部队的初步计划，准备筹建一支 6 万人的"欧洲联军"。目前，欧盟设有一个军事参谋部，一个政策与安全委员会，一个联合紧急事务处理中心，一个卫星中心，一个政策规划和预警部门。不容忽视的是，欧洲快速反应部队面临的一大难题是军事设施问题。虽然欧盟能够征集到足够的士兵，却没有足够的配备设施，例如军事基地、运输设备和通信设施。目前，欧盟主要依靠的是北约组织的军事设备。

（二）欧盟军事战略的演变

1989 年底，东欧剧变，特别是 1991 年 7 月华约解散和同年 12 月苏联解体，这些重大事件使欧洲和国际形势发生了历史性变化。人们对北约是否需要继续存在下去提出了疑问。为了适应东西方关系的巨大变化，北约自1990年5月起即开始酝酿修改军事战略，并于1991年底在罗马召开的首脑会议上，正式确定了北约的新战略概念，以危机反应战略取代了灵活反应战略，从而使北约军事战略进入了第四次调整。这次战略调整，是北约对安全环境重新评估的结果。该战略的核心内容包括威慑、反应和战而胜之三个步骤：首先，北约强调威慑的作用，准备以一支高效率的北约一体化部队对敌人实施威慑，以防止危机发生；其次，在危机出现前兆时，将运用政治手段、经济制裁和军事压力作出反应，及时消除危机或防范危机升级为对抗；最后，如果战争无法避免，北约将打一场现代化局部战争，并做到战而胜之。

1999年4月，北约借助成立50周年之际，于4月24日在华盛顿召开的北约首脑会议会上通过了酝酿已久的新的《联盟战略概念》，第五次调整了其军事战略。这份面向21世纪的北约战略文件，确立了北约面向新世纪的军事战略，确定了北约在集体防御基础上的新使命。新战略概念重申了对集体防御和跨大西洋关系的承诺，提出建立一个具有加强欧洲大西洋地区安全与稳定全面能力的联盟，强调了北约全面发展防务能力以承担各种任务的重要性。军事战略的重大调整主要有三个突破：

一是炮制共同危机概念。所谓共同危机，北约将其界定为地区性民族与种族冲突、大规模杀伤性武器扩散、恐怖主义活动及有组织的国际犯罪活动等。北约使用共同危机概念，故意模糊军事行动的地理范围，实质上是不想受地理范围的限制，危机在哪里发生，北约就在哪里应付，从而使其军事干预全球化。这一理念标志着北约职能将从地区性防御向全球性军事干预转变。

二是确立独立行动原则。北约作为一个地区性组织，其行动一般不应超出其成员国范围，否则必须得到联合国授权才能履行一定的国际义务。但北约会议于1998年11月通过一项修正案，规定北约今后为避免人道主义灾难可以无须联合国授权，独立地在防区外地区采取军事行动。美国力主奉行独立行动原则，即在未获安理会授权的情况下，仍可自行出兵干预。

三是确定自愿合作原则。北约以往奉行战略执行成员国一致原则，即对于重要国际事务，所有成员国必须取得一致意见并采取一致行动。这次战略调整，北约转而实行自愿合作原则，不再强调北约作为一个整体去实施行动，而可以根据利益需要组成临时同盟实施军事行动。

"9·11"事件和伊拉克战争后，面对新的国际形势和安全环境，为了便于联合行动，应对国际新的安全威胁；特别是为了统一欧盟安全理念和行动，扩大欧盟的国际影响，同时弥合欧美在安全意识上的分歧，平衡跨大西洋伙伴关系，以达到维护和确保欧盟的利益和安全之目的，进而巩固和促进欧洲一体化建设，2003年6月19日索拉纳向欧盟萨洛尼卡首脑会议提交了欧洲历史上第一部安全战略纲要。该战略是在欧洲的觉醒与认识的不断提高以及一体化进程的顺利发展的前提与背景下形成的，它站在欧盟全局的高度，首次提出了欧盟未来统一的战略目标与方针。该战略的形成，标志着欧盟在共同防务问题上防务一体化的真正开始。因而必将对欧盟今后的发展乃至世界战略格局产生重要影响。

（三）欧盟联合防务的发展趋势

欧盟的联合防务似乎命中注定就是一个充满艰难曲折的复杂进程。2005 年，法国和荷兰全民公决否决了欧盟宪法草案，这一结果不仅沉重地打击了人们对欧洲一体化的热切期待，也对欧盟防务一体化的进程带来了不利的影响。但是，整合欧盟的国防资源，建立独立一体化的防务力量，是欧洲应对未来安全挑战的客观需求，也是欧洲各国共同的安全利益所在，道路再曲折也要坚持走下去。从发展趋势看，欧盟独立防务一体化的发展将呈现新的趋势。

一是整合国防预算，建立联合机制。欧盟成员国每年总共 1 800 亿欧元（约合 2 180 亿美元）的防务开支，是建立世界一流防务力量得天独厚的物质基础。整合欧盟国防资源，改变成员国防务预算的开支方式，将欧盟各自为政的防务产业转变为一个更精锐、更有效、更联合的部门，以便建立一支更精锐、更有效、更联合的军队，其重要性已为越来越多的欧洲人所认识。在设立了政治与安全委员会、军事委员会、联合军事参谋部、联合紧急事务处理中心等常设机构后，欧盟防务还将不断加强机构建设。

二是军队组织结构更加有机化。鉴于 1999 年 12 月欧盟理事会确定的目标——"到2003 年部署 6 万人的快速反应部队"并未实现，2003 年 11 月，欧盟组建了欧洲军备局，负责加强欧盟解决危机问题的防务能力，争取在 2010 年以前形成统一作战能力。2004 年 4 月，欧盟又通过了由法英提出的建立欧洲快速干预战术部队的计划，拟于 2007 年组成13 支快速反应部队，每支部队由 1 500 人组成，可在 15 天之内部署到任何地方。2006 年是欧盟完成这一计划的关键一年。

三是军队武器装备高科技化。2005 年，欧盟提出了新的军事发展计划，重点是加强各成员国的军事合作，通过夯实军事科技和国防工业基础来增强欧洲的防卫能力。据悉，欧盟将研发无人驾驶飞机、新型装甲车和先进的通信系统，还将实施"欧盟联合战斗机飞行员训练计划"，以缩小与美军在这些方面的差距。2005 年 12 月开始实施的"伽利略"计划，标志着欧盟在高科技领域正在追赶美国。

四是军队结构功能科学实用化。根据信息化战争对军队的要求，欧盟将改善部队结构作为防务改革的一个方向，以制定"作战群"计划，加大利用信息技术改造老旧武器平台的工作，目标是建立小规模的灵魂部队，能够在数日内部署到位，能独立执行任务一个月，并满足不同的作战任务要求，包括在欧洲以外的人道主义救援、参与维持和缔造和平行动以及反恐行动。

在新的历史条件下，随着欧盟防务战略的制定和防务政策的全面调整，欧盟防务一体化问题是欧盟实现联合防务的重要内容。然而，由于历史和现实的原因，要实现欧盟联合防务的目标，仍然是任重而道远。

四、日本军事战略——争做军事大国

日本是亚洲东部太平洋上的一个岛国。它东濒太平洋，西隔日本海，与韩国、朝鲜相对，隔东海、黄海与中国相望，北临鄂霍茨克海，隔宗谷海峡与俄罗斯库页岛（萨哈林岛）相邻。全境由本州、北海道、九州、四国四个主要岛屿及分布四周的 3 900 多个小岛组成，陆地总面积约为 37.78 万平方公里，海岸线总长约 3.4 万平方公里。日本列岛环绕在俄罗斯远东东南部、朝鲜和中国东部沿海海区的正面，既可扼制俄罗斯出太平洋和南下印度洋的通路，又能控制美国通向朝鲜的海、空航线，也对中国东部沿海地区和朝鲜半岛的安全有重要影响。日本在二战中失败后成为美国的同盟，并被纳入到与苏联对抗的阵营之中。冷战结束后，日本在强化日美同盟的同时，不断调整军事战略，为实现政治大国奠定基础。

（一）日本的武装力量与防务

日本武装力量主要由现役兵力、文职人员和预备役三部分组成，三者编制员额比例约为 10：1：1.7 日本现役兵力由陆上自卫队、海上自卫队和航空自卫队三部分组成，截至 2003 年底，总兵力为 23.6821 万人。其中，陆上自卫队为 14.8857 万人（编制员额 17.1262 万人）。海上自卫队为 4.2665 万人（编制员额 4.5752 万人）。航空自卫队为 4.4207 万人（编制员额 4.7236 万人）。

目前，日本防卫厅正在对陆上自卫队的编制编成、执行任务和战略部署进行调整。计划到 2010 年前将现有的陆上自卫队的 13 个师和 2 个旅重新组建为 9 个师和 6 个旅，把它们划分为“政经中枢师”“沿岸部署师旅”和“战略机动师旅”。其中，“政经中枢师”为 2 个师，担负的任务是保卫东京和大阪等城市。“沿岸部署师旅”担负的任务是阻止敌人登陆。“战略机动师旅”是由中部和北部地区的 6 个师旅组成，担负的任务主要是为应付周边事态。此外，防卫厅还改变了过去为防范俄罗斯而在北海道集中部署兵力的做法，把北海道的 2 个师缩编为旅。

日本武装力量的统帅机构由内阁总理大臣、安全保证会议、防卫厅及其所属的参谋长联席会议和陆、海、空三军参谋部组成。其中，内阁总理大臣是国防问题的最高领导人、三军的最高统帅，代表内阁对三军行使最高指挥权。安全保证会议由内阁总理大臣、外务大臣、大藏大臣、内阁官房长官、防卫厅长官、经济计划厅长官等组成。

日本重视国防动员，认为现代国防的“正面”是军力，“纵深”主要为经济力。因此，十分重视经济的发展。在国防动员方面，日本遵循“寓军于民”“平战结合”“渐进扩军”“以质代量”等方针和指导思想，注意储备军官、军士，作为军队动员扩编的骨干，保障战时能够进行快速、大量、持续、安全的动员，注重保护和发展军事工业，加强战略物资储备和建立危险基金储备制度，以确保国防动员计划的实施。

（二）日本防务战略演变与调整

第二次世界大战后，日本军事战略大致可划分为以下几个阶段：第一阶段（1945～1975 年），主要军事战略思想是依赖美国重建旧日军，奉行与美国建立军事同盟，以中、朝为敌，在美国武装下，逐步充实自身防卫力量。第二阶段（1976～1979 年），确立了“专守防卫”战略，在继续坚持日美安全保障体制的同时，以苏联为敌，强调“自主防卫”，提出建设一支能应付小规模入侵的“基础防卫力量”。第三阶段（1980～1992 年），调整“专守防卫”战略内涵，更新作战指导方针，改革防卫体制，实现向海外派兵、拓展国际空间的目的。第四阶段（1993～2000 年），逐步突破“专守防卫”战略方针的束缚，奉行主动性、多边性和国际性的战略原则，以俄罗斯为潜在威胁，加强对中国、朝鲜的防范，争当世界政治大国。第五阶段（2001 年以后），强调建立全方位的防卫战略，由防转攻，由内向外，提出多边安全保障理论，强调质量建军。

冷战结束后，日本利用较为有利的国际环境。在加速向政治大国目标迈进的过程中，也对其国防政策进行了重大的修正和调整，特别是随着自身军事实力的不断跃升，日本近年来在推行"综合安全保障"战略时更加注重发挥军事力量的作用，其军事化色彩日趋浓烈，这也使得日本的国防政策对亚太地区的安全产生了深远的影响。

日本官方对其安全环境的分析主要强调三个：一是冷战后，亚太地区各国较过去更加关注安全保障问题，并将国家的相当一部分资源投入到军事力量的增强上，以追求更加自主的安全，因而这一地区的力量对比处于一种不稳定状态。二是亚太地区的安全保障体系尚未完全形成，地区内的不确定因素较多，政治及军事状况都不十分稳定。三是在地缘政治上，亚太特别是西北太平洋地区是美、俄、中这些世界性大国利害集中的地区，日本身居其中，对安全保障问题不能不敏感。对于威胁来源，日本认为苏联解体后，日本长期面临的"显而易见的威胁"消失了，但"周边态势"中的各种"分散而难以确定性质的危险"依然威胁着日本的安全。

日本防卫政策的基本内容包括：

（1）强调当前世界形势中存在着许多"不明朗、不确定"因素。新的《防卫计划大纲》一方面承认冷战结束后日本周边地区已不存在针对日本的"特定威胁"，声称日本"不做威胁他国的军事大国"；另一方面强调"朝鲜半岛局势持续紧张"，当前世界形势中存在着许多"不明朗、不确定"因素。这与原大纲中强调在"以美苏两国为中心的东西方关系中根深蒂固地存在着各种对立因素"后再提及"朝鲜半岛局势持续紧张"相比，无疑是从宣传"苏联威胁论"转为"朝鲜威胁论"。同时，新大纲在对世界形势的分析中特别强调，近邻地区多数国家正在进行军事力量的扩充和现代化。

事实上，近年来日本已把防卫态势的重点从集中对付"来自西方的威胁"转为"来自北方的威胁"。因此，日本已经并正在对自卫队的部署态势进行调整，部分陆上自卫队部队将从北海道调往九州，海上自卫队也正在加强位于西部的佐世保、吴港基地的建设。从近几年的三军联合演习看，尽管因靶场分布等原因地面部队主要在北海道演练，但海、空自卫队却主要从九州到本州的日本以南海区活动，这也反映了日本对潜在作战对象的判断上发生了变化。

（2）继续坚持日美安全保障体制，维护自身安全，为国家战略服务。新大纲着重强调了日美安全保障体制在新时期的作用，认为它对确保日本的安全和周边地区的和平与稳定至关重要，是日本新时期防卫政策的重要支柱。因为，日本可以依赖美国的核威慑力量维护日本的安全，同时在这一保护伞掩护下，不断加强自身的防卫力量，建立起完善的防卫体系，扩大自卫队活动空间及提高其对各种危机冲突的反应能力。坚持日美安全保障体制，已不仅仅是日本维护自身安全的需要，也是日本追求在亚太乃至全球发挥大国作用的需要。

（3）调整战略防御重点，全面推行积极的外向型防卫政策。冷战后，日本依据其对周边安全环境的分析，重新确定了其防卫对象，出现了重心"西移"的趋势，其兵力部署由北部为主改为西部和北部并重。此外，日本的防卫区域也由环日本列岛，扩展到 1 000 海里的海域直至全球"潜在的热点地区"。这充分体现了日本力图在亚太乃至世界安全领域发挥重要作用的企图。可以说，日本的防卫政策正由原来被动的自卫型走向积极的外向型。

（4）积极参与世界安全事务，扩大日本在世界军事领域里的影响。新大纲强调指出，自卫队要"为建立更稳定的安全保障环境作出贡献"。事实上，日本长期以来一直想摆脱其"超级经济大国、受控的政治小国、高技术的军事弱国"的形象。而让自卫队参与国际维和行动，在世界军事领域"为国际社会作贡献"，正可以扩大日本在国际上的影响，从而为其防卫力量的发展寻找合理借口。此外，日本政府近来取消了其维和部队的武器使用限制，允许在"必要的场合"使用自卫武器。这意味着又一项限制其防卫力量的"政治禁忌"被打破，使日本将来推行军事干预政策成为可能，同时为其树立军事大国地位并最终实现其争当政治大国的国家战略目标提供了必要保证。

（5）建设高质量的防卫力量，推行应急预备役体制，确保稳固的国防。

日军编制定额为26.4万人，新大纲拟将定额减至24万人，并明确提出了"合理、高效、精干"的建军方针。主要措施是：第一，调整自卫队的体制，使自卫队的快速反应能力和应付"多种事态"的能力得到较大程度的提高。第二，大力加强海、空自卫队建设。在21世纪初，自卫队的武器装备将以提高防空和确保海上安全能力为重点进行更新换代。为此，日本将不惜斥巨资采购新型舰船和飞机，以大幅度提高自卫队的作战能力。第三，强化预备役制度。将组建应急预备役部队，计划员额为1.5万人。第四，继续保持高水平防卫预算。全力保障防卫力量的质量建设。近几年，日本在经济滑坡、财政紧张、政府预算缩减的情况下，仍不断地增加防卫预算，表明了其将继续奉行加强防卫力量建设的决心。

（三）日本防务战略的未来发展

随着日本新防务计划大纲的制定，日本新时期的防务战略将朝着下列方向发展：

（1）谋求突破"和平宪法"。冷战结束后，随着日本"政治大国化"进程的加快，日本社会各界对自卫队的认同感及关注程度明显提高。据2005年版《防卫手册》统计，目前，对自卫队表示关注的国民比例达59.4%，较之1981年的49.6%上升了近10个百分点。可以认为，日本民意的这一变化为日本修改"和平宪法"提供了社会基础。2005年11月22日，执政的自民党通过了新宪法草案，其中最引人关注的便是针对第9条的修改。根据该草案，现行宪法第9条中"不保持海空军及其他战争力量"之条文改为"为确保我国的和平与独立以及国家和国民的安全，保持以内阁总理大臣为最高指挥权力者的自卫军"。同时草案还进一步规定，自卫队"为确保国际社会的和平与安全，可实施国家协调活动以及在紧急状态下维持公共秩序或旨在保护国民生命与自由的活动"。这其中的含义非同小可。

（2）继续谋求提高军事实力。日本安全战略先后进行了几次重大调整，到世纪之交，其面向21世纪的安全战略基本确立。日本安全战略的实质是在确保本国安全的情况下，加速实现其军事强国、政治大国的战略目标。为实现此目标，日本将继续谋求提高军事实力。一方面加大防卫投入，提升作战能力。日本政府一改往日遮遮掩掩的做法，公开为扩军开亮绿灯。日本军费之高居世界第二位，仅次于美国，日本自卫队的武器装备将继续走向高精尖。日本与英国同属资源匮乏的岛国，生存与繁荣均依赖海上交通，但日本自卫队拥有3倍于英国的坦克，2倍以上的战舰以及同等数量的战斗机。人们不难看出，21世纪的日本自卫队将走向何方。另一方面，继续进行体制编制调整，重点确立联合作战指挥体制。为了建设"外向型"军事力量的需要，近年来，日本对其军事组织进行了一定幅度的改革，其中包括调整统率机关，使之更加适应现代高技术条件下联合作战的需要；对陆上自卫队作战部队体制编制进行改革，将部分作战师改编为旅，使陆上自卫队作战部队机动投送方式实现多样化，更适应国土防卫和快速反应的要求；裁减员额，使自卫队更加精干。

（3）防卫战略由"专守防卫"转向"主动防卫"。目前，日本防卫战略已发展为具有全球性、进攻性、联盟性和灵活性的战略。随着国际战略形势的变化及科学技术的发展，日本将改变其"专守防卫"战略，转向"主动防卫"战略。并为其谋求政治大国和军事强国提供有力保障。在强化日美同盟、推进质量建军的同时，日本的防卫态势和军事部署也在发生变化。开始改变"重视北方"的部署，实施"全国均衡部署"，"主动安保"，"以适应周边国家的军备现代化和可能出现的地区争端"。在具体的军事部署上，则体现重视西面的考虑，借口是对付来自朝鲜的威胁，实际上是以朝中威胁置换冷战时期的苏联威胁。从近年来的情况来看，日本为贯彻这一战略方针，在实际操作层面可谓动作频繁。自 2003 年 12 月日本根据《伊拉克重建支援特别措施法》向伊拉克派出第一支部队以来，日本政府已连续两次延长了驻伊自卫队的派遣期限。

2005 年 1 月，在东南亚地区发生海啸灾难后，日本自卫队迅速向灾区派遣了总数近千人的国际紧急救援队。这是战后日本政府向海外派遣的最大规模的现役部队。

日本此举的战略意图显然不仅仅在于实施国际人道主义救援，就其军事意义而言，无疑为自卫队检验在实施"海外干预"行动中的联合运用、远程兵力投送、联合后勤保障等方面的能力提供一个绝好的机会。

2003 年底，日本政府决定计划耗资 46.2 亿美元，分两个阶段从美国引进一套导弹防御系统，以保护日本免受来自朝鲜的弹道导弹威胁。整个系统将从 2007 年开始部分运作，到 2011～2012 年全部部署完成。在第一阶段，从 2004 年开始将"标准"3 型拦截导弹安装在日本 4 艘装备精良的"宙斯盾"驱逐舰上。在第二阶段，到 2010 年将目前的"爱国者"2 型反导系统升级为"爱国者"3 型反导系统，并从 2007 年开始部署。日本建立战区导弹防御系统是日本在发展防卫力量方面的重点举措，它对日本的防卫政策和亚太地区安全必将产生重大影响。

五、印度军事战略——维护地区军事强国

印度位于南亚的印度半岛，北与中国、尼泊尔、不丹、锡金接壤，东连孟加拉、缅甸，濒孟加拉湾，西同巴基斯坦毗邻，临阿拉伯海，南面与斯里兰卡、马尔代夫隔海相望，面积 297 万多平方公里，居世界第七位。印度处于太平洋经马六甲海峡横越印度洋进入红海的航路上，其安达曼群岛、尼科巴群岛控制着从太平洋到印度洋的重要航道，战略地位十分重要。

印度的国防政策直接服务于印度的国家安全战略，其核心内容是通过不断发展经济和保持强大军事力量，威慑周边小邻国，遏制巴基斯坦，在与中国改善关系的同时，正逐步放弃以中国为现实威胁，但仍继续保持对北部的军事态势，加速向印度洋扩张，争当世界大国。

（一）印度的武装力量和领导体制

印度的武装力量由正规部队、准军事部队和预备役部队三部分组成。据印度官方和伦敦

国际战略研究所公布资料，印度陆海空三军总兵力已由独立初期的 30 万人增至 114.5 万人。此外，印度还拥有 70 万人的准军事部队和 280 万人的后备力量。印度陆军兵力为 92 万人，空军兵力为 17 万人，居世界第四，印度海军兵力 5.5 万人。据 2004 年 3 月 1 日有关媒体报道，以色列已批准向印度出售 3 架总价值 11 亿美元的高性能"菲尔康"预警机。西方防务专家估计，印度目前已经拥有世界第 6 大核武库。

印度的国防领导体制，体现文官政府对国防建设和武装部队的领导。总统是名义上的三军最高统帅，其下是由总理任主席的"内阁政治事务委员会"。它是实权机构，握有国防等国家大事的最高决策权，该委员会由总理及国防部长、内政部长、外交部长、财政部长等组成。在决策有关国防重大事务时，该委员会（也称"国防安全委员会"始于 1990 年）通过的决议，报总统核准后交国防部监督三军执行。国防部是内阁行政权力机关，部长为文职官员，负责国防和军队事务、执行国防政策、督导和协调三军建设和三军关系。直属机关有国防局、国防生产和供应局、国防研究局、国防计划协调与执行委员会，国防财政顾问处等，其中，国防局权力最大。

印度军队没有统一的指挥三军的常设性作战指挥机构。三军司令部为各自军种的最高指挥机构，主管为各军种的参谋长。平时，各军种司令部通过军区司令部指挥自己的军种部队，执行军事部署和训练任务。战时，根据战争的规模和发生的地区，以主要参战军种为核心，组建临时的联合作战司令部。该机构并不直接指挥参战部队，主要是计划和协同各参战部队的作战行动。具体指挥活动仍由各军种的指挥机构实施。

为满足国防需求，保障印军装备的生产和供给，大力发展国防科技工业是印度国防政策的一项重要内容。长期以来，印度从本国的国情出发，以满足现实国防需要为目的，始终坚持军工与民用相结合、国防潜力与军事实力相结合、引进与自产相结合、仿造与研制相结合等原则，大力发展本国的军工企业，并经过长期努力，逐步建立起了一个结构较完善、门类较齐全、具有较高研究水平和自主开发能力的国防工业体系。印度的军工企业主要由三部分组成：一是重点生产坦克、弹药、轻武器和一般装备物资的 39 家兵工厂。二是负责生产包括飞机、雷达、舰艇、反坦克导弹等在内的一些大型军事装备的 8 家国营军工企业。三是与军工生产有联系的民用企业和私营企业。此外，印度非常重视发展国防科研工作。实行了一套由国防部集中领导，民用部门配合，以军为主，军民结合的国防科研管理体制。

（二）印度军事战略的演变与调整

印度自建国以后，一直奉行"地区威慑"的军事战略。冷战期间，印度与苏联关系密切。苏联在印度具有重大影响，双方军事合作紧密。而美国与巴基斯坦结盟，以抗衡印俄。冷战结束后，俄罗斯在军事上大力收缩，美国也减少了在印度洋的军事力量，南亚地区出现了相对的力量真空。印度抓住这一有利时机，加快争当军事强国和世界一流大国的步伐。1998 年，进行了核武器试验，正式跨入核国家门槛。其战略方针是：突出核威慑条件下的高技术局部战争（低强度战争）的威胁，战争准备从打一场全面战争转向打多场边境局部战争；以进行"有限战争"作为主要作战手段，即通过给对手以必要的惩罚，实现相对有限的战争目的；以巴、中两国为主要对手，拥有对巴进行一场全面战争的能力，迫使其撤出所占领土；将中国视为潜在威胁，在不放弃"既得利益"的同时，相继进行新的扩张和蚕食；通过外交、军事和经济手段，谋取和维护对南亚诸国的威慑与控制；控制从阿拉伯海到中国南海之间的海域，不允许外国干涉南亚和印度洋事务，特别是中国同印度邻国发生军事关系；加速与东盟建立经济上的战略联盟和军事合作关系。作战思想强调进攻作战，先发制人，必要时越境作战，力求把战火引向敌方领土；在进攻和防御中实施全纵深立体作战；注重机动作战，力求掌握战场主动权；强调诸军兵种联合作战，突出空军的作用，重视陆、空军协同联合作战；强调在主要方向上集中绝对优势兵力，达成速战速决的效果；重视发挥电子战的作用，实施电子欺骗，压制电子干扰，隐蔽作战意图，电子杀伤与火力杀伤相结合；强调实行高效的作战指挥。

进入新世纪后，印度从谋求建立印度在南亚地区霸权出发，对其安全环境进行如下的分析和判断：①世界战略格局发展对印度提出的挑战；②从长远看，中国是印度的主要潜在威胁；③从历史和现实看，巴基斯坦是印度的主要现实威胁；④大国在印度洋的军事存在对印度安全构成威胁；⑤国内局势动荡将长期影响印度国家安全。

印度于1999年明确提出了"最低限度有效核威慑"战略。其主要内容：一是关于核力量建设构想。计划在未来30年内耗资7 000亿卢比（约合160亿美元）建立一支由陆基机动弹道导弹、空军中远程攻击机和空对地导弹、海军核动力潜艇和潜射弹道导弹组成的三位一体的核威慑力量。二是关于核力量指挥控制机构。成立战略指挥机构，包括国家指挥部、军事战略指挥部、综合情报机构、国家指挥中心、武器研制和生产综合机构及通信基础设施等，以确保核力量的指挥、控制和安全储存。战略核力量的最终指挥权由总理或其指定的接班人严格控制。三是关于核力量使用原则。称印度将不首先使用核武器，核武器只用于对侵略者进行惩罚性报复，给对方造成无法承受的重创。

第三节　我国周边安全环境

所谓周边是指与中国领土、领海相连接的国家和地区。中国的周边环境主要是指中国周边的大国和地区的安全环境，涉及的大国有美国、日本、印度和俄罗斯；地区包括东北亚、东南亚、南亚和中亚。周边安全环境是国家战略环境的基本组成部分和重要构成因素，是中国所处的国际环境中最重要的组成部分之一。中国对外积极推动建设和谐世界，首先要从周边做起，和谐周边是和谐世界的基石。为此，周边国家的发展态势、相互关系以及对华政策动向即周边安全环境，是我们必须高度关注的问题。多年来，我们一直致力于营造睦邻友好的周边环境，因为我们最大的机遇在周边，最大的挑战在周边；最有希望的也在周边，最容易出问题的还是在周边。

随着中国自身的发展以及国际和地区形势的变化，作为地处亚洲大陆东部、太平洋西岸的大国，中国特殊的地缘环境以及与周边国家在历史上和现实中存在的复杂关系，对中国安全环境构成影响。我们所指的安全，既包括传统意义上的军事、政治安全，也包括近年来日益引起重视的反恐、经济、能源等"非传统安全"内涵。中国周边安全环境体现为两个层面、多重内容。两个层面：一是中国与周边国家的双边关系层面；二是区域合作的多边层面。不论双边关系还是多边关系，又都包含着政治、军事、经济、能源和环境等多重内容。中国的周边环境和国家安全，是一个非常值得我们认真研究的与国家安全休戚相关的重大理论问题和现实问题。

一、我国周边安全环境的历史演变

中国的周边安全环境，既与中国面临的客观外部环境直接相连，也与中国内部的社会环境息息相关，还与世界及中国自身的军事发展形势紧密相关。

新中国成立之初，需要集中精力在战争废墟上进行国家建设，改善人民生活。但国内的安全形势是国民党在大陆的残余势力尚未肃清，盘踞在台湾的蒋介石集团在美国的军事支持下伺机反攻大陆。特别是由于美苏分别结成激烈对抗的资本主义和社会主义阵营，中国被迫卷入其中，美国对我国进行全面封锁。与此同时，中国周边新独立的国家在走向民族复兴之路时，却不幸又被大国斗争的阴影所笼罩，又一次被卷入大国斗争的旋涡。随着美苏之间冷战的加剧和美国对华政策的破产，美国调整了对日本的政策单独对日媾和，并签订了《美日安保条约》。美国在日本、韩国、台湾及东南亚地区建立和部署了一系列军事基地和相当数量的军事力量，直接参与了20世纪50年代的朝鲜战争和60年代的越南战争，并支持台湾当局对中国东南沿海地区进行军事窜犯，使我国整个东部方向上面临巨大安全挑战。进入60年代，由于苏联霸权主义日益抬头，最终导致中苏两个社会主义大国分道扬镳，并发生了1969年珍宝岛武装冲突，中国同时面临苏、美两个超级大国的军事威胁。中国政府加强战备，顶住了外来压力，并取得了对印边境自卫反击战的胜利。70年代，中美关系改善，但前苏联在中苏边境上陈兵百万，来自苏联的威胁有增无减，国防仍面临巨大压力。中国采取了一系列行之有效的措施，维护了国家安全，并取得了中越边境自卫反击战的胜利。1978年党的十一届三中全会召开，中国分析判断国际安全环境和国际形势趋于冷静客观。80年代中期以后，随着和平与发展时代特征的凸显，国际安全形势相对缓和，中国的安全环境逐步得到改善。但随着西方国家"和平演变"攻势的加强，"资产阶级自由化"思潮开始泛滥，对中国社会主义制度构成威胁。

冷战后期，在多种因素的作用下，东西方关系缓和；随着妨碍中苏关系正常化的"三大障碍"的逐步消除，中国周边地区安全形势进入相对稳定的时期。冷战结束后，中国的安全形势进一步好转，与周边国家特别是与大国的关系得到改善和加强。周边安全形势进入了一个相对稳定的历史时期。目前，中国的周边安全环境总体有利，但是，中国安全仍面临不容忽视的"挑战"。从维护国家综合安全上看，国内和国际特别是周边因素关联性加强，传统与非传统安全因素相互交织，维护国家安全难度加大。反对和遏制"台独"分裂势力及其活动的斗争复杂严峻。少数国家炒作"中国威胁论"，加强对中国的战略防范与牵制。周边复杂而敏感的历史问题和现实问题，仍对中国的安全环境产生影响。

二、我国周边安全环境现状及趋势

（一）我国周边环境处在中华人民共和国成立以来的较好时期

冷战结束后，两极格局解体，美国成为世界上唯一的超级大国，大国关系进行了深刻的调整。"9·11"事件后，国际安全形势发生新的变化，大国关系经历了新一轮调整。中国努力抓住世界和平与安全面临的机遇大于挑战这一时机，围绕发展这个第一要务，高举和平、发展、合作的旗帜，坚持独立自主的和平外交政策，坚持走和平发展道路，推行睦邻友好、与邻为善、与邻为伴政策，努力为我国改革开放和社会主义现代化建设营造良好的周边环境。为此，中国与周边大国的关系不断改善，与周边地区的经济合作态势良好，安全合作不断深化。中国的周边安全环境总体来说是比较好的。

从中美关系的重要性不仅仅是影响中国周边安全的一个单一变量，而且还是影响其他变量的全局性变量看，"9·11"事件后，美国将国际恐怖主义和伊斯兰激进势力视为主要敌人，将防止大规模杀伤性武器的扩散视为国家安全的首要任务。美国认识到，在反恐、核不扩散的重大问题上都离不开中国的合作，尤其在维护朝鲜半岛和平稳定、防止大规模杀伤性武器的扩散、打击跨国犯罪、维护世界局势和平稳定等方面有着共同利益和巨大的合作潜力。同时，随着中国融入国际社会和全球化进程的深入发展，两国经济相互依存性增强。2006年6月，胡锦涛主席成功访美，中美领导人2006年多次会晤，就全面推进21世纪建设性合作关系达成共识。两国合作加深，关系得到改善，美国对华政策表现出寻求合作而不是对抗的基本取向。不但在一段时间内排除了把我国视为主要的战略对手的可能性，而且增加了同我国进行战略合作的需要。中美关系的缓和与改善，使我国的国际战略回旋余地加大，国际地位进一步提高。

冷战时期，北方一度曾经是我国周边安全的心腹大患，如今却成为相对和平的地区。中国与俄罗斯的战略协作伙伴关系持续发展，显示出无比旺盛的生命力。胡锦涛主席在对俄罗斯进行国事访问并出席在俄罗斯举办的"中国年"开幕式等活动前夕，于2007年3月20日在人民大会堂接受俄罗斯媒体联合采访时指出，当前，中俄关系蓬勃发展，达到前所未有的水平。双方按照《中俄睦邻友好合作条约》的原则和精神，以互办"国家年"活动为契机，全面推进政治、经贸、科技、人文领域的务实合作，取得了丰硕的成果。两国在朝鲜半岛核问题、伊朗核问题等重大国际和地区事务中密切配合，为维护世界和平稳定发挥了重要作用。胡锦涛强调，坚定不移地推动中俄战略协作伙伴关系向前发展，实现世代友好，是两国和两国人民的共同愿望和必然选择。从中亚地区看，以上海合作组织作为平台，中国和中亚五国的关系在安全、经济及能源合作方面取得了令人瞩目的成就。上海合作组织作为一种新型国际安全模式，所取得成功经验即一直遵循"互信、互利、平等、协商、尊重多样文明，谋求共同发展"的"上海精神"。胡锦涛主席在接受俄罗斯媒体联合采访时也同时指出，上海合作组织各成员国互为友好邻邦和重要合作伙伴，有着加强合作的政治意愿和开展合作的坚实基础，各领域合作具有巨大潜力和美好前景。上海合作组织的合作主要包括：维护地区和平，共同打击"三股势力"，打击非法贩卖毒品和武器及其他跨国犯罪；加强区域合作，推动贸易和投资便利化；开展科技、教育、卫生、文化、体育及旅游领域的相互协作等等。目前，成员国正集中精力推进安全、经济、人文领域的务实合作，致力于给成员国人民带来更多实际利益。

从地缘角度看，南亚在亚洲处于相对独立的地位，在西方殖民主义入侵亚洲以前，中印两国从来没有发生过冲突，也不存在什么主权之争。中印两国都倡导和坚持国家间彼此平等、互不干涉内政的国际关系基本准则，中印两国之间也从来没有根本的利益冲突。尽管两国过去曾受到边界的困扰，但是近年来双边关系发展迅速。随着《关于在中印边境实际控制线地区保持和平与安宁的协定》《关于在中印边境实际控制线地区军事领域建立信任措施的协定》《中印关系原则和全面合作的宣言》《关于解决中印边界问题政治指导原则的协定》

等的签署，特别是"面向和平繁荣的战略合作伙伴关系"的建立。中印以合作为主流，两国关系尤其是经贸关系有了长足发展。同时，南亚次大陆的印巴对抗这一传统的热点呈现出逐步冷却的态势。目前，中、俄、印均主张世界多极化、国际关系民主化、维护世界多样性，主张遵循国际法准则处理国际事务与国与国的关系，主张加强联合国的作用。可以说，中俄印不断加强合作将成为世界政治多极化的基础。

在当今经济全球化和地区一体化的趋势下，东盟国家之间的内部合作愿望比以往任何时候都更加强烈。东盟稳步推进共同体建设，推进与域外国家自由贸易区谈判。以东盟与中、日、韩（10＋3）为主渠道的东亚合作已成为内容日益丰富、机制不断完善的合作体系，在促进地区和平、稳定、繁荣方面继续发挥重要作用。东亚峰会为东亚合作提供了新的平台。中国与东盟国家建立对话关系15年来，双方关系不断深化和密切。随着中国正式加入《东南亚友好条约》，《南海各方行为宣言》《中国——东盟全面经济合作框架协议货物贸易协议》《中国——东盟争端解决机制协议》《落实中国——东盟面向和平繁荣的战略伙伴关系联合宣言的行动计划》等的签署，无论是合作的内容还是合作的层次，都上了一个新台阶。东盟可以说是中国崛起的一个战略支点。从顶住1997年亚洲金融危机的压力，为东南亚国家分忧解难；2004年的印度洋海啸灾难中，向灾区提供援助，给予人道主义救助，帮助建立海啸预警系统，免除一些国家的外债，共同对付地区灾难，中国以自己的行动展示了负责任的大国形象。

在中国周边环境中，中日关系和朝核问题构成两个最棘手的方面，东北亚地区这两方面形势的发展对中国安全环境的发展态势至关重要。2006年9月安倍晋三接任日本首相，给中日改善关系带来新的机遇。安倍表示要加倍努力改善同中国和韩国等亚洲邻国及俄罗斯的关系，并于当年10月8日访华，成为五年来首次访华的日本首相。中日政治关系开始走出谷底。2007年4月11日温家宝总理访问日本，在东京机场发表讲话时指出，今年是中日两国邦交正常化35周年，两国关系的改善和发展面临重要机遇。他强调指出，我此访的目的是增进政治互信，深化互利合作，扩大友好交流，推动中日关系长期、健康、稳定地向前发展。中日双方在东京发表《中日联合新闻公报》，双方决心正视历史，面向未来，共同开创两国关系的美好未来。双方再次确认，根据2006年10月安倍首相访华时双方发表的《中日联合新闻公报》，努力构筑"基于共同战略利益的互惠关系"。该公报说，关于台湾问题，日方重申一个中国的原则；东海问题，根据互惠原则共同开发；防务交流，加强两国防务当局联络机制，防止海上发生不测事态；联合国改革，加强对话努力增加共识；关于朝核问题"六方会谈"合作，致力于实现半岛无核化；启动经济高层对话机制。公报还确认，两国外长就双边及共同关心的地区和国际问题保持密切合作；朝核问题的"六方会谈"的重启，是中国在各方之间的穿梭斡旋并发挥了东道主的建设作用。各方承诺与行动的兑现有了期待，东北亚的紧张形势得到缓解，并且体现了中国作为负责任的大国不可替代的作用。多年来，中国积极参与东北亚区域合作的选择符合世界经济发展的客观规律，也是实现尽快发展中国经济，实现贸易国际化的正确选择。

（二）影响中国周边的不安全因素

当前国际社会面临的安全威胁日趋综合化、多样化和复杂化，天下仍不太平。亚太地区安全中的复杂因素继续增多。中国的安全仍面临不可忽视的挑战。

当前，在中国周边环境中直接影响中国国家安全的不安全因素主要有以下几个方面：

第一，作为世界上唯一的超级大国，美国对华战略极大地影响中国的周边安全。"遏制＋接触"构成美国近20年来对华政策的基调，防范加接触是美国对华战略的一贯方针。众所周知，美国全球战略的核心是维持对全球事务的主导权（或称之为"霸权"），在这一总体战略的指导之下，它的亚太战略就是防止在亚太地区出现挑战其主导权，导致现有秩序和格局逆转的新兴大国。美国对华战略都是围绕维护霸权这一核心展开的。美国最担心中国的发展可能将会导致美国在亚洲影响力的降低，甚至将美国最终"挤出"亚洲。为此美国防范中国崛起的态势走向成型，使我国维护安全的难度加大。当前值得注意的有三个动向：一是美国围绕"中国是否是负责任的大国"的议论。2006年8月31日，主管亚太事务的助理国务卿柯庆生在美国国会美中经济与安全审议委员会举行的听证会上，又老调重弹美国对中国人权与宗教自由、贸易不平衡、防扩散、军事透明度以及支持所谓的"问题国家"等问题的批评。他明确提出中国目前还不是"负责任的相关者"。关于"负责任"内涵的不同认定，折射出在什么是"应该的国际关系"这一问题的认识上，中美两国在理念上存在着深刻的分歧。中国所谓的"负责"是对世界负责，中国不认为美国在这个问题上具有裁判的资格。此外，责任是相互的而不是单向的，要求中国对美国负责，那么美国也应当对中国负责。一方面大量对台军售，另一方面还指责中方"军事不透明"，这是中国不能接受的。这不仅构成中美关系振荡的原因之一，而且将涉及国际体系的多个层面，无疑增大我们的外部压力。二是近年来美国国防部的《四年防务报告》和白宫的《国家安全报告》中有关中国的部分，无不透露出"中国威胁论"的论调，从而突出对中国防范的一面。如称"中国军事力量的发展已经达到了改变地区军力平衡的程度"，指责中国在全球寻求能源安全的方式和市场开放不够。这些报告不仅把中国列为其关注的主要目标之一，而且映射出对华采取强硬立场乃至加紧进行包围中国的军事部署。三是美国继续调整和加强其在亚太的军事部署，同时美日同盟也在悄然经历新一轮强化，对中国周边安全构成长远威胁。自20世纪90年代冷战结束以来，作为美国全球军事调整的重要部分，美国一直在调整它的亚太军事布局，以更多的战略注意力关注亚太地区，以日美安保体制为核心，巩固和加强双边军事同盟关系。美国当前军事调整出于多方面考虑，有反恐之需要，有应对可能发生的冲突，战略设想是应对正在崛起的国家。美日同盟作为冷战的产物，不仅没有随着冷战的终结而退出舞台，反而一再得到强化，成为美国亚太战略的支柱。近年来，美日同盟更是经历了新一轮强化。特别值得关注的是，美日安全磋商委员会会议（"2＋2"会议）把属于中国内政的台湾问题纳入了它们的"共同战略目标"。所有这些，对中国及亚太地区的和平稳定将产生负面影响，尤其是日美同盟中军事一体化进程已经损害到第三国的安全利益，对中国的周边环境构成挑战。综合起来看，美国对中国未来的发展方向，对中国将如何使用正在壮大起来的力量感到不放心；中国对美国到底有多担心中国，提防、牵制中国究竟会到什么程度也拿不太准，这种"相互疑虑中的相互依存"，决定了中美关系是在离心的地缘政治和向心的经济利益上朝着相反的方向用力，使我们维护国家安全的难度加大。

第二，日本追求政治大国与军事大国的既定目标，在后小泉时代不会发生转变。这是小泉政治的惯性作用，以及日本社会越来越强烈的民族保守主义之诉求所决定的。从安倍的政治理念、政权构想与外交政策等方面看，如果能够稳固政权，将继续推行强硬的保守路线。从其走向将直接牵涉到我国的东部安全环境看：一是修改"和平宪法"，加快谋求政治大国或"正常国家"的步伐。安倍竞选时表示要在"五年内完成修宪","容许行使集体自卫权,明确写上拥有自卫军",这是"作为独立国家的前提条件"。其军事外向化趋势明显,亚洲国家普遍关注。与此同时积极谋求成为联合国安理会常任理事国。二是安倍提出开展"战略性亚洲外交",近一年的新动向是倡导所谓"亚洲民主国家联盟",作为对中国批评其历史问题的反制手段,这是日本部分政要公开配合美国所谓"转型外交",并议论中国的民主化,试图把中国的政治体制和"中国威胁论"联系起来,作为制衡中国的手段。值得我们警惕的是,日本部分政要倡导的所谓"亚洲民主联盟",正在被一些"台独"分子不遗余力地加以鼓吹利用。更值得我们特别警惕的是,一个所谓的美日台联盟的雏形正在隐然形成,这个联盟不仅是军事联盟,更是所谓的民主联盟,利用所谓民主问题向中国施加压力也不是没有可能的。三是日本视日美同盟为国家安全的支柱,加速推进日美军事一体化。日美举行"2 + 2"安全磋商会议,确认朝鲜危机和台海问题为"共同战略目标"。双方致力于扩大日美联合演习、训练的深度和广度,协作提高弹道导弹防御能力,提前部署导弹防御系统,构成攻防兼备的战略体系。加强在防空、反扩散、反恐等10多个领域的合作,双方确认有事时制定共同的作战计划,日本将给予美军"不间断的支持"。双方还将在武器装备技术上进行合作研制和生产,建立日美共同应急机制,实现情报共享,提高日美联合指挥和作战能力。四是加强军事力量建设与扩张,军事大国化步伐明显加快。日本强化日美同盟和推进修宪的过程,实质是为军事强国松绑。"防卫厅"升格为"防卫省",2007年1月9日正式挂牌,这意味着日本将进一步加强军事建设,海外派兵合法化将使自卫队成为开出国门的军队。目前日本在军事实力已远远超出防卫需要的情况下,仍然连年以军费世界排名第二的速度扩充军备,使武器装备高技术化、超大型化和远洋化,势必打破东亚地区的战略平衡,给地区安全稳定带来负面影响乃至恶化地区安全环境,甚至不能排除中日之间有可能发生局部冲突。

第三,台湾问题是目前牵制中国人民精力最大、影响中国国家安全的最现实而迫切的不安全因素,反对和遏制"台独"分裂势力及其活动的斗争复杂严峻。一是陈水扁大搞"台独"和"去中国化"的分裂活动,对中国领土完整、台湾及亚太地区的和平稳定构成严重威胁。值得注意的还有,马英九因涉嫌贪污受到台湾检方起诉,辞去中国国民党主席职务并决定2008年参选台湾地区领导人。岛内蓝绿两大阵营的政治斗争出现新的变数,原本就错综复杂的台湾政坛由此更加动荡不安。不能排除"台湾"分裂势力通过"宪改"谋求"台湾法理独立"的冒险活动,千方百计寻找机会,制造事端,甚至可能铤而走险,孤注一掷。二是时至今日美国仍不肯放弃对台湾事务的干预。美国多次重申坚持一个中国政策,遵守中美三个联合公报,反对"台独"的立场,但是美国继续向台湾出售先进军事装备,与台湾加强军事联系和往来的态势短期内不会改变。尤其值得注意的是,美台军事合作加速"融合"。三是美日同盟的强化对台海局势稳定产生着影响。将台湾问题明确列为两国"共同战略目标",纳入日美防卫合作的范围。不仅是向台湾当局发出的错误信号,而且表明日本将在亚洲及其他地区更加紧密地配合美国的行动,美国和日本将更进一步公开地介入台湾海峡的事务。这样就增加了引起台海紧张局势的可能性,从而损害台海和亚太地区的和平稳定。胡锦涛在出访俄罗斯前,于2007年3月20日接受俄罗斯媒体联合采访,回答记者关于两岸关系的提问时强调指出,当前两岸关系发展受阻的主要症结,在于台湾当局拒绝一个中国原则,不承认"九二共识",而且加紧推动通过"宪改"谋求"台湾法理独立",企图把台湾从中国分裂出去。这是全体中国人民坚决不答应的。

第四，恐怖主义等非传统安全威胁上升。在中国周边，中亚和东南亚都是恐怖主义势力活动猖獗的地区。中亚地区是连接欧亚大陆的战略要地，其民族、宗教成分复杂，各国边界分布多在崇山峻岭之间，为恐怖势力的生存和活动提供了条件。中亚地区与我国西部相连，居住着一些有共同宗教信仰的跨界民族。中亚地区的恐怖势力利用这一地理、文化特点，不断向我国渗透，与我国西部境内外的"东突"等恐怖势力、民族分裂势力、宗教极端势力勾结呼应，妄图建立所谓的"东突厥斯坦"，严重影响我国周边的安全和稳定。美国利用反恐介入中亚、南亚和东南亚，给周边安全带来新的复杂因素。地缘、民族和宗教与政治经济矛盾相互作用，涉及周边地区的局部战争、武装冲突和重大恐怖事件时有发生。随着我国改革开放进程的加快和更深地融入国际社会，信息、能源、金融、环境安全领域的威胁也在上升。我国在能源、金融和对外经贸等方面的风险不断扩大，事实迫使中国国家安全的视角必须关注非传统领域的安全问题。如我国的西南边境、东南沿海在走私、贩毒、偷渡、非法移民等跨境犯罪方面问题突出，对外经济贸易摩擦增加，面临的"三股势力"威胁依然严峻。表明中国国家安全面临的挑战，是国内和国际因素关联性增强，传统和非传统安全因素相互交织，维护国家安全的难度加大。为此，除了传统的军事安全之外，非传统安全因素的重要性日益凸现，将成为影响今后中国与周边国家关系的重要变量。

三、我国周边战略方针

随着中国自身发展及国际和地区形势的变化，一个和平稳定的周边是创造良好的外部环境的根基。中国的发展离不开周边，周边国家的安全、稳定与繁荣牵动着中国。从政治上看，周边是我国维护国家主权和发挥国际作用的首要依托，是中国倡导的新安全观与和谐世界等国际理念实践的重要舞台。中国与周边国家保持良好关系，有助于消除"中国威胁论"和稳定大国关系，从根本上打破对中国的战略遏制，缓解我们所承受的战略压力；从经济上看，周边是我国对外开放、开展互利合作的重要伙伴，中国对外贸易额的60％以上是在周边地区实现的，中国所加入的区域性经济合作组织或机制也主要集中在周边地区，中国与周边相互依存。从安全上看，中国与周边息息相关，中国周边国家历史遗留的传统安全问题尚未消失并出现新的情况，非传统安全问题在一些国家日趋突出。周边国家对台湾问题所持的态度，将对我们营造反对"台独"和促进统一的良好环境有着重要影响。在东海、南海与有关国家的岛礁最终归属和海洋权益上的争端大都还未解决，将使我们维护主权和海洋权益的斗争面临严峻挑战。

朝鲜半岛稳定和无核化进程仍存变数。印巴之间的"冷和平"并不意味着矛盾的消除。美国在中国周边重组和加强军事存在，强化日美同盟，刺激日本追求政治大国、军事大国的步伐明显加快，等等。这些都对中国安全环境有着重大影响。

面对中国周边环境中存在的不安全因素，搞好同周边国家在内的全世界各国的双边或多边关系，为中国的发展创造良好的外部环境，维护好国家安全，采取正确的对外战略，执行正确的周边安全战略，是我国长远战略利益的需要。

（一）中国的对外战略

中国对外战略的总体目标是：维护世界和平，加强同各国的合作，积极推动建设和谐世界。其内涵十分丰富，它主要体现在：一是主张顺应历史潮流，维护全人类的共同利益，我们愿与国际社会共同努力，积极促进世界多极化，推动多种力量和谐共存，保持国际社会的稳定；积极促进经济全球化朝有利于实现共同繁荣的方向发展，趋利避害，使各国特别是发展中国家从中受益。二是主张建立公正合理的国际政治经济新秩序。各国政治上应相互尊重，共同协商，而不应把自己的意志强加于人；经济上应相互促进，共同发展，而不应造成贫富悬殊；文化上应相互借鉴，共同繁荣，而不应排斥其他民族的文化；安全上应相互信任，共同维护，树立互信、互利、平等和协作的新安全观，通过对话和合作解决争端，而不应诉诸武力或以武力相威胁。反对各种形式的霸权主义和强权政治。中国永远不称霸，永远不搞扩张。三是主张维护世界多样性，提倡国际关系民主化和发展模式多样化。四是坚决反对霸权主义、强权政治和一切形式的恐怖主义。各国的事情应由各国人民自己决定，世界上的事情应由各国平等协商。主张在反恐问题上加强国际合作，标本兼治，反对反恐搞"双重标准"。

（二）中国的周边战略方针

目前，我国的周边安全战略构想可概括为："卫主权、求和平、保稳定、谋合作、促发展"。卫主权，即捍卫和维护国家领土主权的完整和统一，捍卫和维护海洋权益。求和平，即反对霸权主义、强权政治，维护周边、亚太地区和世界和平。保稳定，即确保稳定的政治环境和社会秩序，致力于稳定周边环境。谋合作，即在和平共处五项原则和公认的国际关系准则基础上，谋求与周边国家在经济、科技、军事、环保、防止跨国犯罪等领域建立和发展友好关系。促发展，即以加快发展经济为中心，发展科技和教育事业，发展社会主义文化，发展国防力量，发展民族团结，发展生态环保工程，增强综合国力。在与周边各国交往中，注重外交理念的和平性，军事战略的防御性，安全政策的合作性，承认各国的自主性，尊重地区的多样性，使我们坚持与邻为善，以邻为伴的方针和睦邻、安邻、富邻的政策更为全面和成熟。以和平、安全、合作、繁荣为周边政策目标，积极推动睦邻友好和区域合作，从而积极推动建立公正合理的国际政治经济新秩序。

1. 坚持睦邻友好

睦邻友好是我国周边外交的精髓。加强睦邻友好，就是要不断加强增信释疑与互利合作，巩固同中小国家的关系，全面推进同周边大国的关系。

我们与周边中小国家的友好关系历经时势变迁考验，具有强大生命力，他们是我们靠得住的朋友，信得过的伙伴。对他们，我们必须坚持平等相待，相互尊重，坚持互信互利，谋求共同发展，避免强加于人，防止大国沙文主义。

我们将本着求同存异，和睦相处的精神，努力扩大同周边大国的共同利益，全面推进同周边大国的关系。中俄两国互为最大邻国，俄罗斯是世界主要的战略力量之一。胡锦涛在出访俄罗斯前夕，于2007年3月20日接受俄罗斯媒体联合采访时指出："坚定不移地推动中俄战略协作伙伴关系向前发展，实现世代友好，是两国和两国人民的共同意愿和必然选择。"他强调，着力以下4个方面推动两国关系深入发展：一是增强政治互信，在涉及国家核心利益的问题上继续相互支持。二是本着互利共赢精神，推动两国经贸、能源、科技等领域务实合作。三是扩大人文领域交流合作，增进两国和两国人民的相互了解和友谊。四是加强两国在国际和地区事务中的战略协作，为维护世界和平，促进共同发展作出更大贡献。

中日关系正处在一个关键时期，中国和日本在东北亚地区乃至世界上都是有重要影响的国家。日本首相安倍晋三访华，胡锦涛在出席亚太经合组织会议期间与安倍会晤，就进一步发展中日关系达成共识，温家宝总理2007年4月11日访问日本，达成构建"基于共同战略利益的互惠关系"。温家宝在和安倍晋三首相会晤时指出，为构建中日战略互惠关系，双方要从战略的高度和长远的角度来把握两国关系的方向，积极推行以下六个方面的工作：一是恪守中日三个政治文件的原则，信守承诺，维护两国关系的政治基础。二是增加高层交往，就双边关系中的重大问题及时进行沟通。三是深化互利合作，通过高层经济对话机制，推进两国节能、环保、金融等领域的合作。四是加强两军交往和安全对话，加快建设两军海上危机管理机制。五是扩大人文交流，重点办好中日文化体育交流年活动。六是密切在国际和地区事务中的磋商与协调，推动区域合作进程和实现东北亚地区的长治久安发挥建设性作用。

中印两国发展面向和平与繁荣的战略合作伙伴关系符合中印两国人民的根本利益。我们将努力增进相互了解，加强政治对话，扩大经济合作，同时建立中、俄、印三方机制，加强应对国际社会面临的新威胁和新挑战的能力。胡锦涛在回答"是否可以说，俄中印三国不断加强合作将成为世界政治多极化体系的基础"的记者提问时指出，中国、俄罗斯、印度都是世界上有影响的国家，在重大国际和地区问题上有许多共同利益和相同立场。三国均主张世界多极化、国际关系民主化、维护世界多样化，主张遵循公认的国际法准则处理国际事务与国与国关系，主张加强联合国的作用。中国、俄罗斯和印度开展三边合作，不针对任何第三方，有利于三国自身发展，也利于地区乃至世界的和平发展。

2. 加强区域合作

区域合作是中国周边外交的重点投入领域。加强区域合作，就是要加快推动上海合作组织和东亚合作以及其他区域和次区域合作的全面发展，积极探索符合本地区特点及各方利益的政治、经济与安全合作模式。

上海合作组织成员国互为友好邻邦和重要合作伙伴，有着加强合作的政治意愿和开展合作的坚实基础，各领域合作具有巨大潜力和美好前景。我们应集中精力推进安全、经济、人文领域的务实合作，给成员国带来更多实际利益。同时，加强该组织的自身建设。

我们将以东盟和中、日、韩的合作（10＋3）为东亚合作主渠道，继续尊重和发挥东盟的重要作用，在深化经济融合的同时，以非传统安全领域为切入点，推动"10＋3"逐步开展政治和安全对话，丰富其合作内涵，引导其全面发展。同时，我们也要加强中日韩三边协调与合作，为深化东亚合作作出贡献。我们将以东亚合作为区域合作核心，同时支持其他区域或次区域合作机制，最终形成整个亚洲多层次、多样化、相互联系又相互促进的复合型地区合作框架。

3. 积极推动建立公正合理的国际政治经济新秩序

多年来，我们一直主张建立公正合理的国际政治经济新秩序。十六大的政治报告从政治、经济、安全和文化四个方面就建立新秩序作了明确阐述，丰富了新秩序的内容，形成了我们的新秩序观。周边国家大多同我们有着相似的历史遭遇和现实处境，在国际和地区事务中立场相近，在建立新秩序问题上共识较多，周边可以成为我们建立新秩序的首要实践场。

我们提出新秩序，不是要抛弃或否定现行秩序，而是要对其中不合理、不公正之处进行调整和改革，使之能够反映大多数国家和人民的共同利益，推动实现国际关系的民主化。我们倡导新秩序，不是要排他，而是希望实现开放、包容和共赢。

我们重视发展与美、俄、欧等大国和地区的关系，重视与他们就亚洲问题加强对话与协调，愿意看到他们为本地区的和平、稳定与发展发挥建设性作用。

长期以来，我们在周边坚持大小国家平等相待，坚持和平解决争端，如和平协商，合情合理地解决边界纠纷，"搁置争议，共同开发"，解决国际的领土和权益争端，坚持不干涉别国内政，可以说是对政治新秩序的实践。我们与东盟建设自由贸易区，促进互利共赢的经济融合，谋求共同发展与繁荣，是对经济新秩序的实践。我们推进上海合作组织，倡导树立以互信、互利、平等、协作为核心的新安全观，是对安全新秩序的实践。我们尊重周边国家不同的文化、宗教和历史背景，推动多种文明和平共处，可以说是在文化领域对新秩序的实践。我们将本着积极稳妥的精神，与周边国家一道，继续沿着这个方向作出努力。

今天任何一个国家都要与国际政治经济乃至安全发生联系，并受其影响和制约。当今世界已经成为一个紧密联系又错综复杂的整体，孤立于世界之外的国家和地区是不存在的。因此，一个国家确立睦邻政策，优化周边环境，进而驾驭国际形势，已经不是这个国家或其统治者具有何种胸怀、何种风范的问题了，而是环境的逼迫使然，人民的要求使然。

中国坚持走和平发展道路，这是由中国的国情、文化传统和国家制度决定的。我们的发展不会影响任何国家，更不会威胁任何国家。中国现在还是一个发展中国家，我们不称霸。中国要成为一个发达国家，还有很长的路要走。即使中国发达了，也永远不会称霸。积极促进周边国家的发展振兴与和平稳定，是中国的既定方针。睦邻、安邻和富邻是中国实现自身发展战略的重要组成部分。当前，中国周边外交既有正确的理论指导，又有多年来打下的坚实基础，一定可以为中国和平崛起打造出一个有利的周边环境。

思考题

1. 国际战略格局的现状、特点和发展趋势是什么？
2. 我国周边安全环境与现状怎样？战略方针是什么？发展趋势如何？
3. 世界主要国家如美国、俄罗斯、欧盟、日本、印度的军事战略是什么？

第四章　军事高技术

第一节　军事高技术概述

科学技术特别是军事高技术的发展，正在军事领域引发一场深刻的变革。

从近年的海湾、科索沃、阿富汗和伊拉克等局部战争中，可以看出：现代战争，已进入信息时代，战场对话已经成为高技术武器装备的较量；谁拥有军事高技术，谁就能占据更大的战争主动权，为获取战争胜利奠定物质技术基础。

一、军事高技术的概念与分类

军事高技术是指建立在现代科学技术成就基础上，处于当代科学技术前沿，以信息技术为核心，在军事领域发展和应用的，对国防科技和武器装备发展起巨大推动作用的高技术总称。

军事高技术的范围十分广泛，分类也多种多样。从高科技向军事领域自然延伸的角度，军事高技术可分为六大领域：军用信息技术、军事航天技术、军事海洋开发技术、军用生物技术、军用新材料技术及军用新能源技术。从军事高技术与武器装备的关系出发，军事高技术可分为两大类型：一是支撑武器装备发展的共性基础技术，主要包括微电子技术、光电子技术、计算机技术、新材料技术、高性能推进与动力技术、仿真技术和先进制造技术等；二是直接用于武器装备并使之具有某种特定功能的应用技术，主要包括侦察监视技术、伪装与隐身技术、精确制导技术、信息战技术、指挥控制系统技术、军事航天技术、核化生武器技术和新概念武器技术等。

二、军事高技术的主要特点

军事高技术是高技术的重要组成部分。它既具有高技术的共同特征，又有其自身的特点。军事高技术与一般技术相比，具有以下七大特点：

1. 高智力

高技术是知识密集型技术，其发展和运用都必须依靠创造性的智力劳动，依靠富有创新意识、创新能力的高素质人才，体现了高智力的特性。例如，半导体集成电路，从成本上讲，原料及能源仅占其总成本的2%，而其余98%都是其智力含量。

2. 高投资

高技术的研究开发，需要昂贵的设备和较长的研制周期，因而需要耗费巨额资金。据目前统计，一般高技术企业用于研究开发的经费占其产品销售额的比例高达 10% ～30%，而科研成果产业化的投资又比研究开发投资高出 5～20 倍，形成高技术产业后的设备更新投资还会越来越大。

3. 高竞争

高技术的竞争性，决定了谁先掌握并应用高技术，先研发出新武器装备并抢先用于战场，谁就能占据战争主动权。为此，世界军事大国都试图在高技术发展的竞争中占据主动。

4. 高风险

高技术研究本身蕴含着巨大的风险。高技术竞争的失败，对民用技术而言，就意味着企业投资的失败；对军事技术而言，则意味着国家利益将受到损害。以航天技术发展为例，40多年来取得了神话般的巨大成就，但在 1961 年 3 月 23 日，苏联的邦达连科就成为为航天事业献身的第一人；1986 年 1 月 28 日，美国"挑战者"号航天飞机失事；2003 年 2 月 1 日，"哥伦比亚"号航天飞机重返大气层时空中解体，可见其风险之大。

5. 高效益

新型武器装备往往是军事高技术的物化，是军事高技术的综合集成。战争实践证明，军事高技术成果一旦转化为新型武器装备，不仅能够大大提高部队战斗力，而且能够逐步改变作战样式甚至战争形态。例如，航天技术，其投资效益比高达 1：14，充分体现了高效益的特点。

6. 高保密

高技术本身具有极强的综合性和技术辐射性，隐含着巨大的潜力，更加强调保密。高技术的保密，对于民用技术来说，保的就是"金钱"；而对于军事技术，保的则是"生命"。比如，F－117 隐身战斗轰炸机，1982 年 8 月 23 日服役后一直处于高度保密之中，1989 年12 月 20 日首次用于巴拿马战争；海湾战争中出动 42 架、1 千多架次，却完成了 40% 的战略目标空袭任务，特别是对 95% 巴格达战略目标的打击任务，作战能力和效果十分突出；1999 年 3 月 27 日被南联盟军队击落后，这种世界上先进隐身战机的技术暴露无遗，作战能力大大降低。

7. 高速度

高技术产业是目前发达国家经济中最活跃也是增长最快的领域。美国经济在"9·11"事件前已连续十多年呈现高增长、低通胀趋势，都是以信息技术为龙头的高技术产业带来的结果。高技术产业的成功，不仅表现在产值、产量的发展高速度上，而且还突出表现在产品性能更新的高速度。例如，计算机芯片的处理速度，从其诞生至现在几乎每隔 18 个月就翻一番。

三、军事高技术的发展与应用

当前，军事高技术前沿领域主要有军用信息技术、作战平台技术、军事航天技术、新概念武器技术、军用新材料技术、先进推进与动力技术、军用生物技术和核武器技术等。其中，军用信息技术、作战平台技术、军事航天技术、新概念武器技术的发展和应用，直接影响现代战争的作战样式和进程；军用生物技术发展的潜力巨大、影响深远。本节主要介绍军用信息技术、军用新材料技术和军用生物技术的发展和应用。

（一）军用信息技术

1. 微电子技术

微电子技术，即电子元器件及由它组成的电子设备微型化的技术，其核心是集成电路技术。1958 年第一块集成电路的诞生，标志着微电子技术开始步入人类文明的殿堂。衡量微电子技术发展水平高低的标志是集成度。集成电路产品的生成主要包括两项关键技术：一是原材料，二是制造工艺。

目前，集成电路普遍使用的制造材料是硅材料。随着集成电路运行速度和集成度的不断提高，砷化镓半导体材料正逐渐占据重要地位。砷化镓与硅材料相比，在同样条件下，其载流子的迁移速度要快 5~7 倍。以砷化镓为基片制成的集成电路与传统硅电路相比，其运行速度提高了 1 000 倍，具有低功耗、抗辐射、耐高温以及寄生电容小等优点。

在制造工艺方面，目前仍普遍采用平面加工工艺。自 1959 年生产集成电路以来，集成度以每 10 年增大 250 倍的速度在发展，20 世纪 90 年代末已达到在 $350mm^2$ 的晶片上集成 5 亿个元器件的水平。预测到 2010 年，集成度可高达 10 亿。未来 10~20 年将采用生物技术制造晶体管，集成电路性能将越来越高，用途也将越来越广。

随着微电子技术发展水平的不断提高和在军事领域的广泛应用，武器装备的性能将发生巨大变化：一是武器系统的体积、质量和功耗大大减少，可靠性大大提高；二是武器系统自身的信息处理能力得到质的飞跃，使一些原来作为设想的高技术兵器成为现实；三是传统装备的电子化水平将不断提高，从而使保障手段逐步走向多样化和智能化。

2. 计算机技术

计算机是由电子器件及相关设备和系统软件组成的自动计算系统。它具有极强的数据处理能力、较强的记忆能力和一定的思维能力。世界上第一台电子数字计算机于 1946 年在美国宾夕法尼亚大学莫尔学院研制成功，总共用了 1.8 万只电子管，总质量达 30 吨，运算速度为 5 000 次/秒。当前，根据数的表示方式和计算原理的不同，电子计算机通常分为数字计算机和模拟计算机两大类，前者是对离散形式表示的数进行操作，而后者是对连续变化的物理量进行处理。

从 20 世纪 90 年代初期以来，混合计算机和多媒体计算机的发展也十分迅速。混合计算机是指既能处理数字信息，又能处理连续变化的物理量的计算机。它由混合接口、数字计算机和模拟计算机三个主要部分组成。其主要功能是实时仿真复杂系统，如仿真导弹系统、航天飞行器系统等。多媒体计算机是具有综合处理文本、图形、图像、声音、视像等多种媒体信息能力的计算机。它具有数字化、集成性、交互性等特点。

计算机软件包括计算机程序、程序所使用的数据以及有关的文档资料。衡量软件质量的标准，主要包括可靠性、功能、性能、可移植性、可维护性、界面友好等。软件技术是一个非常庞大的领域，随着软件的规模越来越大，如何测试程序已成为当今软件业面临的最大问题，也是软件生产中成本最高的部分。目前，软件编制工作中的 50% 是测试和验证，因此测试对软件的发展至关重要。

目前，计算机技术已在军事领域广泛应用，成为现代战争中战斗力的倍增器。比如，计算机辅助制定作战计划，精确引导和定位以及智能化武器系统等，使得现代战争发生了翻天覆地的变化。除此之外，计算机还广泛地应用于军事训练、新型武器研制、军事科研与评估等各个方面，如武器训练模拟器、驾驶模拟器、维修模拟器和作战模拟系统等。随着计算机技术的发展，尤其是超级计算机的发展，计算机在武器系统中的应用还将更加广泛，对现代军事的影响也将会更加强烈。

（二）军用新材料技术

目前，信息技术、材料技术、能源技术已成为现代高技术的三大支柱。而新材料技术又是其他高技术发展的物质基础和重要依托。军用新材料技术，是指用于制造各种先进军事装备的高性能材料或新型材料的研制与应用技术。

按新材料的用途，可将其分为信息材料、新能源材料以及在特殊条件下使用的结构材料和功能材料。信息材料是指用于信息获取、处理、传输、贮存等而开发的新型材料，如半导体材料、敏感材料、光导纤维材料和信息记录材料等。新能源材料是指为开发新能源而研制出的新材料，如光电转换材料、超导材料、高密度储氢材料、高温结构陶瓷材料等。结构材料和功能材料，是指在特殊情况下使用的高负载、超高温、超低温等特殊材料。其中，结构材料主要是利用材料的力学性能（如刚度、强度、塑性、韧性等）发挥作用；功能材料则是主要利用材料的物理性质和化学性质（如光、声、电及化学特性等）发挥作用。

目前，在军事领域应用的新型材料，主要包括高温材料、功能材料和复合材料等。高温材料的应用范围十分广泛，主要是汽车、坦克、军舰、飞机、导弹的发动机，以及航天飞机、宇宙飞船等表面需要的材料。功能材料在研制隐形武器装备方面发挥着巨大作用，例如，反雷达隐形材料可以吸收或衰减大量的雷达波信号，既可以涂敷在飞行器表面上，也可作为飞行器的结构材料，好的吸波材料可以吸收 99% 以上雷达波能量。复合材料在提高现代武器平台的整体性能方面正发挥着巨大作用，其应用部位已由次承力部件发展到主承力部件。用高性能纤维及其纺织物增强不同基体制成的高级复合材料，因其强度大，相对密度小，不仅可以大大降低装备自身的信号特征，而且还具备良好的气动性能，在航空、航天武器装备中有着十分广泛的应用前景。

（三）军用生物技术

生物技术是以生命科学为基础，利用生物（或生物组织、细胞及其他组成部分）的特性和功能，设计、构建具有预期性状的新物质或新品系，以及结合先进的工程技术手段和其他基础学科的科学原理，进行加工生产，为社会提供产品和服务的一个综合性技术体系。主要包括基因技术、生物生产技术、生物分子工程技术、纳米生物技术、生物耦合技术及仿生技术等系列技术。随着生物技术的快速发展，在军事领域应用具有巨大的潜力。

生物技术可用于发展高性能的信息探测系统、通信系统、导航定位系统和信息处理系统等。美军已研究出可探测生物战剂的专用抗体传感器、酶传感器及生物战剂探针，并利用大规模集成电路的手段获得了带有 135 000 个基因探针的 DNA 芯片，可直接用于基因武器的侦检。同时，利用仿生技术制造的各种信息搜集系统，可以大幅度提高探测、监视和导航能力。例如，模仿复眼结构制成了多元相控阵"蝇眼"雷达、高能宇宙射线空气簇射"蝇眼"探测器和复眼照相机。

生物计算机发展的另一个重要方向是 DNA 计算机。DNA 分子中的密码相当于存储的数据，DNA 分子间可以在某种酶的作用下迅速完成生物化学反应，从一种基因码变为另一种基因码，反应前的基因码可以作为输入数据，反应后的基因码可以作为运算结果。由于DNA计算机的每个链本身就是一个微处理器。因而它的运算速度快，几天的运算量就相当于目前世界上所有计算机问世以来的总运算量。它的存储容量也非常大，$1m^3$ 的 DNA 溶液可存储 1 000 亿 GB 数据，超过目前所有计算机的存储容量。另外，DNA 计算机所消耗的能量只有一台普通电子计算机的十亿分之一。它可以实现现有计算机无法真正实现的模糊推理功能和神经网络运算功能，是发展智能计算机的一个突破口。

采用仿生设计可显著提高作战平台的性能和生存能力。例如，海豚有极佳的流线型体形，依照海豚的体形轮廓和身体各部位比例，建造的新式核潜艇，其航速提高了 20% ~ 25%。美国海军仿制了"人工海豚皮"，用这种人造海豚皮包在鱼雷表面，阻力减少了50%，速度提高 1 倍。另外，F - 117A 的外形像一个由多面体组成的燕子，B - 2A 战略轰炸机外形像一只大蝙蝠，这都是由于它们采用了隐身外形设计，据称这种设计能散射 30% 左右的雷达波。

基因武器是运用基因技术对已有的生物战剂（细菌、病毒和毒素等）或良性物质，进行有目的地修饰或改造，制造出新的生物战剂并武器化。日本已通过基因重组的方法把肉毒毒素植入良性原料试剂中，成功地研制出了一种新的大肠杆菌生物战剂，未来目标是要研究一种含有剧毒结构成分且具有一定潜伏期的生物战剂。另一种专门攻击某一类人种的基因武器（也称种族基因武器）也可能正在研究之中。据英国医学家透露，医学上正在发展的"神弹"基因治疗方法可能被用来研制可怕的灭绝种群的基因武器。

生物技术是一项具有革命性的高技术。现阶段，虽然军事生物技术的发展尚处在初期，但随着 21 世纪生物学时代的到来，生物技术将在军事领域里大显身手。它的飞速发展将把军队武器装备的高技术化推向更高层次。

四、军事高技术对现代战争的影响

随着军事高技术的发展及其在军事领域的广泛应用，已经对现代战争行动产生了巨大影响。其可概括为"五化"，即侦察立体化、指控智能化、反应快速化、打击精确化和防护综合化。

（一）侦察立体化

侦察立体化，通俗地讲就是"眼观六路、耳听八方"。在未来战争中，新型信息化装备将使战场更透明，可实现全球感知，实时进行远程指挥控制。从大洋深处到茫茫太空，布满了天罗地网式的侦察监视系统。水下的声呐，能够偷偷寻找军舰和潜艇的踪迹；地面的传感器，能够警惕地注视人员与车辆的动静；空中的侦察飞机，能够同时监视高空、低空、地面、海上的各种活动目标。例如，E - 3A 预警机飞行高度为 9km 时，可以探测到 500 ~ 650km 远的高空目标、300 ~ 400km 远的低空目标和 270km 远的巡航导弹。间谍卫星，"站得高，看得远"，其侦察效果更加显著。例如，同样一架视角为 20° 的照相机，装在 3km 高的侦察机上，一张照片可以拍摄到 $1km^2$ 面积的地面；装在 300km 高的侦察卫星上，一幅照片可囊括 1 万 km^2 的范围。如果把侦察卫星定位到地球同步轨道上，则一颗卫星就能同时看到太平洋两岸，监视地球表面 42% 的面积。

在未来战争中，"侦察—判断—决策—行动"的回路越来越短。信息化装备的广泛使用，使得争夺信息优势成为高技术战争的首要任务。特别是战略信息战，就如核战争一样具有大规模毁灭性作用，将成为新的威慑手段。美国参联会原副主席欧文斯曾对美、伊两军的侦察监视能力做过一番比较，得出的结论是：如果交战的一方"可以一天24小时，仅以30秒的延迟、在各种气象条件下、透过云层、在10cm的误差以内非常精确地看到另一方，而他的对手则不能，他一定会赢"。侦察能力的差异性，决定了交战双方的不对称性。

（二）指控智能化

现代军事高技术的发展和应用，使武器装备的射程、威力、精度都几乎达到了各自的极限。交战双方的差别，在很大程度上取决于其对作战力量的指挥控制水平上。在战役和战术级，信息战的表现样式是以电子战为核心的指挥控制战，夺取制信息权的核心是使拥有信息密集型武器的部队取得信息能力的优势。

未来战争，以计算机为核心的网络将把所有的通信系统、探测装置和武器系统联成一体，作战将从"以平台为中心"转向以"网络为中心"。美海军网络中心战的网络结构由三个互相链接的部分组成，即探测装置网络、交战网络和信息传输网络。网络中心战的体系分为三级：第一级战术级，网络用户数量在24个之内，信息传输时间为零点几秒，信息精度达到武器控制级；第二级为战区级，网络用户数量在500个之内，信息传输时间为秒级，精度达到部队的控制所需的要求；第三级为战略级，网络用户数量在1 000个之内，信息传输时间为几分钟，精度达到部队的协同所需的要求。各级指挥官利用网络交换大量信息，感知整个战场的态势，阐述指挥意图，制定作战计划，解决各种问题。网络中心战特点是提高了部队的指挥速度，建立了对战场空间的持续的、完备的态势感知。

（三）反应快速化

"兵贵神速"历来是兵家所追求的情形，但传统武器装备因受技术条件限制，常常"欲速不达"。高技术武器装备在现代战争中应用，才使"兵贵神速"成真，现实了机动快、反应快、打击快、转移快。

高技术武器从发现目标到攻击目标的反应时间也大为缩短。当前，计算机控制的火控系统，能在96秒内操纵4门火炮摧毁35个分离的目标，而传统武器，摧毁这些目标需要2小时。在信息化战争中，"被发现就意味着被命中"。对于现代防空系统的反应时间，那更是以秒计时。如美国的"爱国者"、俄罗斯的C－300地空导弹系统的反应时间为15秒。

在未来战争中，时间因素将变得越来越重要。西方军事家已经把"兵贵神速"赋予了新的含义，即"时间就是一切，时间就是胜利"，"时间是未来战争的第四维战场"。越来越强调战争准备的及时性，战争指挥控制的实时性，战争行动的突然性。战争从旷日持久向速战速决演变，战争的进程将大大缩短。

（四）打击精确化

精确打击武器和精确的信息支援系统有机结合，使得精确打击成为战争的重要样式。作战精度越来越高，攻击距离越来越远。精确打击在现代战争中的地位日益重要。根据推算，就杀伤破坏效果而论，爆炸威力提高1倍，杀伤力只能提高40%；而命中概率提高1倍，杀伤力却能提高400%。当前，1架次F-117A战斗机，投掷1枚或2枚2 000磅激光制导炸弹的作战效果，相当于过去B-17重型轰炸机10架、4 500架次，投掷9 000枚炸弹。统计显示，越南战争中，所用精确制导弹药占总弹药数的比例仅为0.02%，海湾战争达8%，科索沃战争为35%，阿富汗战争为56%，伊拉克战争达68%。目前，一种全新的作战样式——"精确战"，正在登上战争舞台，它要求探测目标精确，攻击目标精确，摧毁目标精确，毁伤评估精确。总之，仗越打越"精"了。

在求"精"的同时，借助军事高技术特别是智能化技术，未来战争也开始在"巧"字上下工夫。例如，对于人，是打死好还是打伤好；对于物，是打碎好还是打废好。随着时代的发展，人们已经开始重新审视这个古老而又崭新的话题。美国人认为，要想最有效地削弱敌人的战斗力，致死不如致伤，致伤不如使其失能。这里讲的"失能"，既可以指武器，也可以指人员。这样的战争，效费比更高，副作用更小，后遗症更大。

（五）防护综合化

"保存自己，消灭敌人"是一切战争的共同原则。由于现代侦察、监视和探测手段具有全方位、全频谱、全天候、全时域的特点，进攻一方如果不能有效地保护自己，就可能出现"发难者先遭难"的结局。

现在，当一架战斗机在重要地区300m以上高度飞行时，可能受到800～900部雷达的照射，其中可能有300～400部雷达以600～700个不同频率的波束进行搜索，有30～40部雷达跟踪飞机。如果再加上光电探测设备的威胁，战场电磁环境必将更加复杂。这对飞机、导弹等进攻性武器是一个严峻的挑战。在这种情况下，防护的地位显得特别重要。海湾战争中，F-117A飞机大出风头，且无一损伤，其奥妙之处，便是借助于外形设计和表面涂料，有效地实现了隐身要求，其雷达反射面只有0.1m^2，和一顶钢盔差不多。

除了隐身技术外，先进伪装、预警告警、致盲致眩、施放诱饵、加固装甲、防电磁脉冲等，也都成了现代武器装备的防护手段。对于武器装备处于相对劣势的一方而言，搞好防护和伪装隐蔽，直接关系到胜败与存亡。科索沃战争中，南斯拉夫人民和军队敢打善藏，在北约进行的78天的空袭轰炸中，巧妙地保存了自己的军事实力。由此可见，那种认为"高技术侦察监视手段发展了，伪装隐蔽没有意义了"的观点是错误的。

军事高技术的发展给现代战争带来的新变化，还远远不止这些。随着新军事革命的兴起及在全球范围内的迅速拓展，未来战争还将出现更多新的变化。

第二节 高技术在军事上的应用

一、精确制导

精确制导武器被誉为"现代兵器之星"，它的出现是第二次世界大战后军事技术发展最引人注目的进展之一。精确制导武器迅速发展，大量装备部队并广泛运用于现代战争中，对战争进程乃至结局都产生了巨大的影响。

（一）精确制导武器概述

精确制导武器，是指采用精确制导技术，直接命中概率在50%以上的武器。精确制导技术是在复杂的战场环境中，利用目标的特征信号，发现、识别和跟踪目标，并将武器直接引导至目标实施有效打击的技术。直接命中是相对于爆炸破片对目标的间接命中而言的，一般是指武器战斗部与目标有效部位的直接接触命中。

1. 精确制导武器的简要发展过程

精确制导武器起源于制导武器。第二次世界大战期间，德国人制造并在实战中使用了飞航式导弹（或称巡航导弹）V-1和弹道式导弹V-2，从此拉开了制导这门神秘技术的序幕。第二次世界大战后特别是20世纪70年代，微电子和计算机技术的突破和在制导技术中的引入，使制导精度有了很大提高，精确制导武器进入全面发展阶段，并在几场局部战争中产生很大影响。精确制导武器的发展，大体经历了四阶段：

（1）20世纪50年代末至60年代初出现战术导弹。50年代中期，随着小型火箭发动机和制导技术的改进，命中精度有很大提高。1956年阿以战争中，法制第一代SS-10反坦克导弹已具有对付当时坦克的能力。50年代末和60年代初，苏制防空导弹击落美高空侦察机，在世界范围引起很大反响。

（2）20世纪60年代末至70年代初出现制导炸弹。随着微电子和计算机技术在制导技术中广泛应用，相继出现了电视制导、红外制导、雷达波束制导和激光制导的航空炸弹。1965年美国研制成功"宝石路"激光制导炸弹，随后用于越战中，如攻击河内清化大桥。美国曾经动600架次飞机，投下近2 000吨普通炸弹，损失飞机18架，未能将清化大桥炸毁，改用激光制导炸弹后，F-4飞机仅出动12架次，就炸毁了大桥，且飞机无一损伤。70年代中期，开始出现了"精确制导武器"这一术语。

（3）20世纪70年代末至80年代初出现了制导炮弹。第一代制导炮弹以80年代美军的"铜斑蛇"和苏军的"红土地"为代表。"铜斑蛇"激光制导炮弹用155mm榴弹炮发射，制导精度可达1m以内。苏军的"红土地"制导炮弹用152mm榴弹炮发射，采用半主动激光制导，命中精度可与反坦克导弹媲美。

（4）20世纪90年代，精确制导技术开始向"智能化"方向发展。例如，美国的"黄蜂"空地导弹，由于采用了先进的信号处理和人工智能技术，已经具有初步的智能化特征。它能够在一定程度上识别真假目标，并且与其他导弹协调工作。

2. 精确制导武器的特点

精确制导武器的特点是相对于非制导武器而言的，其基本特点突出表现为高技术、高精度、高效能。

（1）高技术

精确制导武器作为人类智慧的结晶，是技术发展到一定阶段以后才出现的。精确制导武器区别于一般武器的根本原因在于其有制导系统。制导系统由信号探测、高速信号处理和自动控制等部分组成，是以光电器件、集成电路、计算机等众多高技术为基础的。所以，各国都十分重视精确制导武器技术的先进性，电子对抗和人工智能技术的领先与运用。

（2）高精度

直接命中概率高，这是精确制导武器名称的由来，也是精确制导武器最基本的特征。要使直接命中目标的概率达到50%以上，就要求对点目标的圆概率误差在0.9m以内，对普通地域目标的圆概率误差在3m以内。目前，一些有代表性的精确制导武器其命中概率可达80%以上，激光制导炸弹和电视制导炸弹，其圆概率误差约在1～3m。由于精确制导武器的直接命中概率不断攀高，因此已经出现了不需要装药战斗部的精确制导武器。例如，英国宇航公司研制的高速防空导弹，不但飞行速度马赫数可达4，而且脱靶率几乎为零，该导弹没有爆破战斗部，依靠极其精确的直接撞击撞毁目标。

（3）高效能

精确制导武器相对于非制导武器其作战效能有大幅提高。在第二次世界大战中需要数千枚普通炸弹摧毁的目标，如今只需要几枚激光制导炸弹即可实现。

在1991年的海湾战争中，"战斧"巡航导弹从1 000km以外发射，精确命中并摧毁了严密设防的巴格达市高价值目标，其总体效能远远优于普通的轰炸机群使用常规炸弹的空袭。此外，虽然精确制导武器的技术复杂，单发成本比较高，但由于具有较高的直接命中概率，完成作战任务时其弹药消耗量小，因此总体费用仍有可能低于使用常规弹药的情况。

（二）精确制导武器的制导方式

精确制导武器的命中精度主要依靠制导系统来保证。制导系统的工作过程就是发现和利用目标信息和特征的过程。由于可供利用的目标信息多种多样，从而也就决定了制导系统也要采取不同的技术途径和手段来获取这些信息和发出控制指令，因而也就有了各不相同的制导系统和制导方式。大体上可将这些制导系统归纳为自主式制导、寻的式制导、遥控式制导以及复合式制导。

1. 自主式制导

根据武器内部或外部固定参考基准，导引和控制武器飞行的制导。有关目标的特征信息是在制导开始以前就确定好的，制导过程中不需要提供目标的直接信息，通常也不需武器以外的设备配合。惯性制导、星光制导、多普勒制导、程序制导和地形匹配制导、地图匹配制导、GPS制导等都属于自主式制导。其中惯性制导是主要的一种，它的优点是不需要外部任何信息就能根据导弹初始状态、飞行时间和引力场变化确定导弹的瞬时运动参数，因而不易受外界干扰。大部分地地导弹、潜地导弹采用了自主式制导系统。

2. 寻的式制导

由武器上的导引头感受目标辐射或反射的能量，自动跟踪目标并形成制导指令，导引和控制武器飞行的制导。特点是制导精度较高，但制导距离不能太远。按感受目标信息的来源可分为主动、半主动和被动寻的制导。主动和被动寻的都具有发射后不管的特点。半主动和被动寻的制导多用于空空导弹、地空导弹和空地导弹。自寻的式制导系统是利用导弹上的接收装置接收目标所辐射或反射的某种能量而实现的，这些能量有红外线辐射、无线电波、光辐射、声波等。常用的自寻的式制导主要有雷达寻的制导、红外线寻的制导、电视寻的制导、毫米波寻的制导、激光寻的制导等。寻的式制导与自主式制导的区别在于武器与目标间的联系。

3. 遥控式制导

由设在武器以外的制导站引导和控制武器飞行的制导，可分为有线指令指导、无线指令制导和波束制导。制导站可设于地面、海上（舰艇）、空中（载机）。

遥控制导的武器受控于制导站，其飞行弹道可以根据目标运动情况而随时改变，因此，它适于攻击活动目标，在地空、空地、空空和反坦克导弹上使用较多。根据导引信号形成情况，遥控制导系统可以分为指令制导和波束制导两大类。指令制导可分为有线电指令制导和无线电指令制导和电视指令制导。苏联的"萨姆"－Ⅱ、美国的"奈基"等均采用无线电指令制导系统，美国的"爱国者"地空导弹在飞行末段也采用了无线电指令制导系统来保证其命中精度。波束制导分为雷达波束制导和激光波束制导两类。

4. 复合式制导

复合式制导是采用两种以上制导方式组合的制导。单一的制导系统可能出现制导精度不高、作用距离不够、抗干扰能力不强或不能适应飞行各阶段要求等情况，采用复合式制导可以发挥各种制导系统的优势，取长补短，互相搭配，可解决上述问题。组合方式依导弹类别，作战要求和目标等不同而异。通常有"自主＋寻的""自主＋遥控""遥控＋寻的"和"自主＋遥控＋寻的"等组合而成的复合制导系统。

（三）精确制导武器的种类

精确制导武器，可分为导弹和精确制导弹药两大类。导弹和精确制导弹药的主要区别在于前者依靠自身的动力系统和导引控制系统飞向目标；后者自身无动力装置，需借助火炮、飞机投掷，也没有全程制导装置，仅有在飞行末段起作用的寻的装置或敏感器。

1. 导弹

导弹，是指依靠自身的动力装置推进，由制导系统导引、控制其飞行路线并导向目标的武器。导弹是精确制导武器中研究最早、类别最多、生产和装备量最大的一类。导弹可从多种角度分类：

（1）按导弹发射点和目标位置，可分为地地导弹、地空导弹、岸舰导弹、地潜导弹、空地导弹、空空导弹、空舰导弹、空潜导弹等。

（2）按作战任务，可分为战略导弹和战术导弹。战略导弹，是用于完成战略任务的导弹。通常使用核战斗部，由国家最高统帅部直接掌握，用于摧毁敌方纵深内重要战略目标。战术导弹，是用于完成战术任务的导弹。主要用于打击敌方战役、战术纵深的装备、人员、设施等战役、战术目标，也可用于直接支援地面部队。

（3）按导弹射程，可分为近程导弹（射程在1 000km以内）、中程导弹（射程在1 000~3 000km）、远程导弹（射程在3 000~8 000km）及洲际导弹（射程在8 000km以上）。

（4）按攻击的目标，可分为反坦克导弹、反舰导弹、反雷达（反辐射）导弹、反飞机导弹、反卫星导弹、反导弹导弹等。但精确制导武器发展趋势之一是通用化、多功能化，因此这种分类方法有很大的局限性。

（5）按导弹的弹道特征，可分为飞航式导弹（如"战斧"巡航导弹）和弹道式导弹（如"民兵"－Ⅲ洲际战略导弹）。

（6）按制导系统（方式），也可对导弹分类，如AIM－7E"麻雀"半主动雷达寻的导弹，AIM－9L"响尾蛇"被动红外寻的制导导弹等。

2. 精确制导弹药

精确制导弹药也称灵巧弹药，根据不同的作用原理可分为末制导弹药和末敏弹药两类。

（1）末制导弹药

末制导弹药有寻的器和控制系统，在其弹道末段能根据目标和弹药本身的位置自行修正或改变弹道，直至命中目标，主要有制导炮弹、制导炸弹和制导雷等。

制导炮弹：是用地面火炮发射，弹丸带有制导装置的炮弹的总称。主要有激光制导炮弹、毫米波制导炮弹和红外寻的制导炮弹等。

制导炸弹：也叫灵巧炸弹，是指有制导装置和空气动力操纵面的航空炸弹，主要有激光制导炸弹和电视制导炸弹。制导炸弹是航空炸弹的新发展，通常是在制式航空炸弹上加装制导装置和气动力装置，靠飞机投弹时给予的初速滑翔飞行，其制导系统同一般空地导弹的导引头相似，有的甚至就是直接移植而来的。精确制导技术使航空弹药"长了大脑"，一定程度上已具有"发射后不用管""同时攻击多个目标""指哪打哪"和能在数十、数百乃至上千千米之外全天候攻击任何目标的能力。精确制导的航空炸弹圆概率误差为 0～3m，命中概率是第二次世界大战时普通航弹的 25～50 倍；使用弹药的消耗量降低到原来的 1/10，甚至 1/50；效费比提高了 25～50 倍。

制导雷：是一种将自毁破片技术、遥感技术和微处理机结合起来的新型雷，通常在普通地雷、水雷上加装制导系统后即可成为制导雷。制导雷有一个庞大的家族，通常可分为三大类：一是打击坦克、装甲车和直升机的制导地雷；二是执行反潜、反舰任务的制导水雷；三是执行反卫星任务的太空雷。

（2）末敏弹药

末敏弹药不能自动跟踪目标，也不能改变飞行弹道，只能在被撒布的范围内利用其自身的探测器（寻的器）探测和攻击目标。

末敏弹药通常由一些子弹药组成。子弹药被抛撒后，立即用其自身携带的探测器开始在小范围内探测目标，发现目标后，即可沿探测器瞄准的方向发射弹丸，对目标进行攻击，既有较大的毁伤面积，又有较高的命中精度。它是子母弹技术、爆炸成形弹丸技术和先进的传感器技术相结合的产物。末敏弹药探测范围较窄，一般仅为末制导弹药探测范围的 1/10 左右。

（四）精确制导武器在现代战争中的作用

1. 已成为现代战场的主要打击兵器

1973 年 10 月第四次中东战争期间，埃及和以色列展开了一场第二次世界大战后规模最大的坦克战，交战双方使用精确制导武器约 20 多种。开战头 3 天，以军在西奈半岛损失坦克约 300 辆，其中被反坦克导弹击毁的约占 77%。1982 年英、阿马岛战争中，英军用空空导弹击落阿军飞机 66 架，占阿军全部被击落飞机的 83%。在 1991 年海湾战争中，精确制导武器更是大显身手，充当了战场的主角。多国部队使用了大约 20 种精确制导武器，如"战斧"巡航导弹、"爱国者"防空导弹、"斯拉姆"空地导弹、"哈姆"反辐射导弹、"海尔法"反坦克导弹、"响尾蛇"和"麻雀"空空导弹及激光制导炸弹等，显示出了超常的作战能力。虽然投入的精确制导武器数量仅占全部弹药消耗量的 7%～8%，却摧毁了伊拉克 80% 以上的重要目标。美军在海湾战争以后的历次战争中，使用精确制导武器的数量占全部弹药总量的比例不断上升，到 2003 年伊拉克战争时，这个比例已经达到 68%。在 20 世纪末，世界上拥有精确制导技术并能自行研制生产精确制导武器的国家有 20 多个，但近 100 个国家和地区的军队装备了这种武器。目前，几乎所有国家都或多或少地拥有水平不等的精确制导武器。在电子战和 C^4I 系统的密切配合下，精确制导武器已经成为了现代战场的主要打击力量之一。

2. 使作战样式发生深刻变化

精确制导武器在现代作战中的大量使用，给现代作战带来许多新的变化，主要表现在使超视距、多模式、多目标精确打击成为可能，可以同时精确地打击整个战场纵深，减少前沿的短兵相接，使前后方界线模糊，战场呈流动状态、非线性或无战线化。海湾战争中，交战双方投入坦克8 000多辆、装甲车8 300多辆、兵力超过120万人。伊拉克还在科威特与沙特阿拉伯边界的科威特一侧和伊、沙边界伊拉克一侧构筑了由沙堤、反坦克火壕、蛇腹形铁丝网、混合雷场、障碍地带、坦克掩体构成，纵深7～30km的"萨达姆"防线。但地面战斗仅100小时就结束，且未发生大规模坦克战和步兵格斗。主要原因就是伊军的装甲部队被美军武装直升机、对地攻击机等发射的上万枚各类反坦克导弹所摧毁。使用精确制导武器可以实现"外科手术"式打击，使得对点目标攻击的附带杀伤和破坏降至尽可能小的程度，同时提高了全天候、全天时的作战能力。

3. 改变军事力量对比的重要杠杆

现代战争表明，精确制导武器正在改变坦克、飞机、大炮、军舰等传统武器装备的军事价值，成为改变战争双方军事力量对比的重要杠杆。精确制导武器与电子战的密切配合，将是决定未来战争胜负的重要因素。拥有先进的精确制导武器和电子战实力的一方，可以战胜传统武器具有数量优势但精确制导武器陈旧落后，又缺乏电子战配合的一方。事实说明，精确制导武器改变军事力量平衡的作用越来越明显和重要。精确制导武器还促进了常规威慑力量的形成。以对点目标的摧毁能力而言，部分精确制导武器的威力已经与小型核武器相当。过去只有用核武器才能摧毁的坚固军事目标，如今更受到非核弹头精确制导武器的强烈威胁。可见，精确制导武器已成为非核的威慑力量。

二、侦察监视技术

获取情报是取胜的前提。随着侦察监视技术的发展，侦察监视的手段、方式和设备的技术水平空前提升，能适时、准确、全时域、全方位地提供"知彼"信息，为实时采取相应对策提供了可靠的依据，为克敌制胜创造了条件。

（一）概述

1. 侦察监视技术的基本概念

侦察监视技术，是指在全时空内用于发现、区分、识别、定位、监视和跟踪所采用的技术。

侦察监视是军队为获取敌情、地形及其他有关作战情况而进行的活动，其直接目的是探测目标。整个探测过程可分为六个阶段：发现、区分、识别、定位、监视和跟踪。发现，即发现潜在目标，就是通过把目标与其背景作比较，将目标从背景中提取出来，即确定在某个地方有目标。区分，即确定目标的种类，主要是根据目标的外形和运动特征加以区分。识别，是指在探测目标过程中，对目标进行详细地辨认，确定出真假、敌友及确切的种类型号。定位，即按照一定的精度，探测出目标的位置，通常包括目标的方位、高度和距离三个要素。监视，是指对目标进行严密的注视和观察。跟踪，是指对运动目标进行的不间断的监视。

2. 侦察监视技术的分类

侦察监视技术的分类方法多种多样，根据运载侦察监视技术设备平台的活动区域不同，可分为地（水）面、水下、航空和航天侦察监视；根据侦察任务、范围和作用的不同，可分为战略、战役和战术侦察监视；根据实施侦察监视技术的原理的不同，可分为光学、电子和声学侦察监视。

（二）侦察监视技术现状

1. 地面侦察监视技术

地面侦察监视，是在陆地上进行的侦察监视行动。其手段除熟悉的光学侦察外，主要还有无线电技术侦察、雷达侦察和地面传感器侦察等。

（1）无线电技术侦察

无线电技术侦察，是指使用无线电技术器材搜集和截收对方无线电信号的侦察。它可以截收和破译敌方无线电通信信号，查明敌方无线电通信设备的配置、使用情况及技术性能，以此判明敌人的编成、部署、指挥关系和行动企图。

无线电技术侦察具有隐蔽性好、获取情报及时、侦察距离大、不受气象条件限制、不间断地对敌进行侦察等优点，同时也受到敌无线电通信距离、器材性能和采取的各种隐蔽措施的制约。

无线电技术侦察的方式，主要包括无线电侦收、无线电侦听和无线电测向等。无线电侦收，是使用无线电收信器材接收敌方无线电通信信号，从中获取情报的方法。无线电侦听，是使用无线电收信器材收听敌方无线电通话，从中获取情报的方法。无线电测向，是利用无线电测向设备确定正在工作的无线电台的方位。

（2）雷达侦察

雷达侦察，是使用雷达设备，利用物体对无线电波的反射特性来发现目标和测定目标距离、速度、方位和运动速度的侦察手段，具有探测距离远、测量精度高、能全天候使用等特点。它是目前应用非常广泛的一种侦察手段。

雷达的种类很多，按任务或用途可分为警戒和引导雷达、武器控制雷达、侦察雷达、航行保障雷达等。例如，对空情报雷达，主要包括对空警戒雷达、引导雷达和目标指示雷达，是用于搜索、监视和识别空中目标的防空雷达；对海警戒雷达，安装在各种水面舰艇或海岸、岛屿上，是用于对海面目标进行探测的雷达；机载预警雷达，是用于预警飞机的专用雷达，它可以探测、识别各种高度上的空中、地、水面目标，引导己方飞机作战、加油等；弹道导弹预警雷达，主要用来发现战略弹道导弹的发射，并测定其瞬时位置、速度、发射点、弹着点等弹道参数，为预警、防御和反导提供必要的信息。

（3）地面传感器侦察

地面传感器，是指对地面目标运动所引起的电磁、磁、声、地面振动和红外辐射等变化量进行探测，并把它们转换成人能识别与分析的图像及电信号的设备。

地面传感器通常由探测器、信号处理电路、发射机和电源四部分组成。其设置方法主要有人工埋设、火炮发射和飞机空投等方式，具有受地形限制小、结构简单、便于使用、易于伪装、易被干扰等特点。目前，使用比较广泛的有振动传感器、声响传感器、磁性传感器、应变电缆传感器、红外传感器等。

振动传感器：利用地面扰动波来探测目标，使用最为普遍的一种传感器。其主要优点是探测灵敏度高，距离远。通常可有效探测到30m以内的运动人员和300m范围内的运动车辆，具有一定的区分目标的能力。能有效地区分人为扰动还是自然扰动，是人员还是车辆；但不能识别是徒手人员还是全副武装人员，是轮式车辆还是履带式车辆等。

声响传感器：工作原理与麦克风相同，也是一种使用比较广泛的传感器。由于它能重现目标运动时所发出的声响特征，所以其特点是识别目标能力强。如运动目标是人员，则能直接听到他的声响和讲话内容，易于判明其国籍和身份；如运动目标是车辆，则根据声响判定车辆的具体类别。探测范围大，通常对人与人之间的正常音量对话，探测范围可达40m，对运动车辆的探测可达数百米。

磁性传感器：利用磁场的变化探测目标。其特点是具有较强的目标识别能力。能区别徒手人员、武装人员和各种车辆，对目标探测的响应速度快。通常速度为2.5秒，更有利于探测快速目标；但由于受能源限制，其探测范围小，对武装人员为3~4m，对运动车辆为20~25m。

应变电缆传感器：利用应变钢丝的变形引起阻值变化来探测目标。其探测范围与电缆布设长度相等，通常在30m左右。只能人工埋设，野战使用受限，但在边海防和特殊设施的预警上使用方便，响应速度快，通常为2.5秒，可靠性高，能较好地识别人员和车辆。

红外传感器：利用钽酸锂受热释电的原理来探测目标。具有体积小，隐蔽性能好，同时探测目标的反应速度快，能探测快速运动目标的特点；但只能进行人工设置，限于探测器正面的扇形区域，也不具备识别目标性质的能力。

2. 水下侦察监视技术

水下侦察监视，是利用水下侦察监视设备来探测水下的各种目标。它是现代侦察监视系统的重要组成部分。

（1）水下侦察监视装备的类型

水下侦察监视装备大体可分为两类，即水声探测设备和非水声探测设备。水声探测装备，主要有声呐、水下噪声测量仪、声线轨迹仪、声速仪等；非水声探测装备，主要有磁探仪、红外线探测仪、废气探测仪等。目前，水下侦察监视网络是以水声探测为主构成的，非水声探测设备作为补充得到了较快的发展。

（2）声呐

声呐，是利用声波对水中目标进行探测、定位和识别的水声探测装备。它是最主要的水下侦察监视装备，俗称水下"千里眼""顺风耳"。

声呐的分类与组成。声呐按其工作方式分为主动式和被动式两种。

①主动式声呐：主要由发射机、换能器、接收机、显示器、定时器和控制器等组成。发射机产生电信号，经换能器，把电信号变成声信号向水中发射，声信号在水中传递过程中，如遇到目标，则被反射，返回的声信号被换能器接收后，又变成电信号，经接收机放大处理，就会在显示器的荧光屏上显示出来。可见，主动式声呐需要主动地向海中发射声信号，测定目标方位和距离。能够探测静止无声的目标，但同时也很容易被敌方侦听，使自己暴露。另外，侦察距离也比较近。

②被动式声呐：主要由换能器、接收机、显示控制台等组成。当目标在水中、水上航行

时，所产生的噪声被换能器接收变成电信号，传给接收机，经放大处理再传送到显示控制台进行显示。可见，被动式声呐不主动发射声信号，只接收海中目标发出的噪声信号，从而发现目标，测出目标方向和判别其性质。它隐蔽性、保密性好，识别目标能力强，侦察距离也较远；但不能探测静止无声的目标，也不能测定目标距离。

声呐的类型及应用。根据使用对象不同，声呐可分为水面舰艇声呐、潜艇声呐、航空声呐和海岸声呐等。

①水面舰艇声呐：水面舰艇难以隐蔽，为了探测水中障碍，与己方潜艇进行水声通信，特别是为了避免遭受潜艇攻击和反潜作战的需要，水面舰艇往往装有几种不同类型的声呐，如搜索、射击指挥、探雷、测深、侦察识别、通信等。

②潜艇声呐：潜艇隐蔽于水下，对声呐的依赖程度也高于水面舰艇。潜艇为了搜索、发现、区分、识别、监视、跟踪水面舰艇和潜艇等目标，探测水雷等水中障碍及进行水信和导航，通常装有多种类型的声呐，如回声定位仪、侦察仪、探雷器、水下敌我识别器、水下通信仪、声速测量仪、声线轨迹仪、测深仪、测冰仪等。

③航空声呐：主要用于直升机对潜艇实施搜索、发现、区分、识别、监视和跟踪。航空声呐包括吊放式声呐、拖曳式声呐和声呐浮标系统三种。其中，吊放式声呐，便于对大面积海区实施搜索，能较迅速地查明有无潜艇活动。拖曳式声呐，航空拖曳式线列阵声呐收放十分方便，阻力小，搜索效率高。有些水面舰艇也装备了反潜预警用的拖曳线列阵声呐系统，将数百个换能器组装在拖缆上，组成长达数百米的线阵，放到 1 000m 水深层，侦察距离可达 1 000 海里以上。声呐浮标，适用于对大面积海域的搜索，使用比较便捷。反潜直升机先将若干声呐浮标按一定的要求投布于搜索海区，尔后飞机在上空盘旋，接收和监听由浮标系统发现并发射的目标信息，由此分析判断，确定潜艇等目标的准确位置。

④海岸声呐：在港口附近的海区、重要海峡和航道，固定的设置换能器基阵，以此来实施对潜警戒，并引导岸基或海上的反潜兵力实施对潜攻击。海岸声呐的工作方式通常以被动式为主。其隐蔽性能好，探测距离较远；但体积庞大，安装维修困难，特别是易受气象条件和海底地质情况的影响。

3. 航空侦察监视技术

航空侦察监视，是指使用航空器对地面、水面或水下以及空中的情况进行的侦察。由于航空侦察具有灵活、机动、准确和针对性强等特点，它既是获取战术情报的基本手段，也是获取战略情报的得力助手，即使是有了侦察卫星，航空侦察也仍是不可缺少和不可代替的。

（1）航空侦察监视设备

航空侦察监视设备，主要有可见光照相机、多光谱照相机、激光扫描相机、红外扫描装置、电视摄像机、合成孔径雷达、机载预警雷达等。

可见光照相机：利用普通黑白和彩色胶片作为感光组件的照相机。根据结构可分为画幅式、航线式和全景式三种。

红外照相机：与可见光照相机的原理相同，所不同的是要采用只能透过红外辐射的锗制镜头，而且要采用对红外辐射敏感的专门的红外胶卷。根据所拍摄的红外黑白照片的色调变化或红外彩色照片的色彩变化，就能识别伪装，发现隐蔽的目标。它具有在夜间或浓雾等不良条件下拍摄远距离影像的能力，但在夜间照相时必须用强光源照射目标。

多光谱照相机：把电磁波划分成几个窄的谱段，用几架照相机同时对同一地区拍照，得到同一地区的几个谱段的一套照片，经适当处理比较，就可将目标进行分类和区别。它的最大的优点在于能够剥去绿色植物伪装，发现军事目标。

激光扫描相机：利用激光良好的相干性实现的非透镜成像，主要用于低空和夜间摄影。由激光器、发射机、接收机、视频信号存储和显示设备组成。它的优点是照片生动逼真、立体感强、分辨率高、容易判读，同时也提高了侦察飞机的生存能力。

红外扫描装置：利用光学扫描技术和对中、远红外辐射敏感的半导体材料，将地物辐射的红外能量转变成电信号，进行处理放大后再转变成可见光图像。根据提供图像的方式不同，有红外扫描相机、前视红外系统和热像仪等。

电视摄像机：把光学图像转换成便于传输的视频信号。常用的主要是反束光导管型的多通道电视摄像机。电视摄像机具有体积小、质量轻、没有机械传动部件、易获得可靠的地面遥感数据，而且对照度要求低，分辨率比较高。

合成孔径雷达：利用雷达与目标的相对运动，把尺寸较小的真实天线孔径，用数据处理的方法，合成一较大的等效天线孔径的雷达。它具有分辨率高，能全天候工作，能有效地穿透某些掩盖物和识别伪装；但图形几何畸变较大，判读困难。

机载预警雷达：是预警飞机的主要电子设备，主要包括脉冲多普勒雷达和相控阵雷达。脉冲多普勒雷达，是利用多普勒效应探测运动目标，能探测目标的位置和相对速度，具有盲区小，发现低空、超低空目标的距离远，机动性强的特点。目前，正在研制新一代相控阵雷达，是电扫描相控阵天线利用计算机控制相位的方法实现波束的扫描，具有扫描灵活、可靠性高、抗干扰能力强、对载机气动影响小和有利于隐身等优点。

（2）航空侦察监视的平台

航空侦察监视平台，主要包括有人驾驶侦察机、侦察直升机、无人驾驶侦察机和预警机。

有人驾驶侦察机：从设计上分为两类，一类是专门设计的侦察机，其特点是生存能力强，侦察容量大、精度高；另一类是由各型飞机改装的侦察机。例如，由运输机和轰炸机改装的侦察机主要用于完成战略、战役侦察任务，由歼击机、歼击轰炸机改装的侦察机主要用于完成战术侦察任务。

侦察直升机：可依靠视觉和各种光学观察设备进行直接观察，还普遍装备了航空照相机、电视摄像机、红外扫描装置等侦察监视设备。其优点是有利于对地面进行更细致、更准确地观察，能够在空中旋停，可以在己方空域直接监视敌战术纵深内的活动目标。

无人驾驶侦察机：能够携带可见光照相机、电视摄像机、前视红外遥感器及侧视雷达等侦察设备。具有成本低，可靠性高，体积小不易被发现和击落，机动灵活，易于发射使用等特点。但在地面需要维护保养和测试，操作比较复杂，地面对飞机的控制信号及飞机向地面传送侦察的数据易受到电子干扰。无人与有人驾驶侦察机只能互为补充，而不能相互取代。

预警机：是航空侦察监视系统的重要组成部分，起到了活动雷达站和空中指挥中心的作用，由载机和电子系统组成。电子系统包括监视雷达、数据处理、数据显示与控制、敌我识别、通信、导航和无源探测等。它能够引导各种飞机进行作战、为战区指挥员提供各种作战情报。它具有监视范围大、生存能力强、指挥控制能力强和灵活机动等特点，在航空侦察监视系统中，具有举足轻重的地位。

4. 航天侦察监视技术

航天侦察监视，是指使用有侦察设备的航天器在外层空间进行的侦察。随着航天技术的发展，航天侦察监视已经不仅能满足战略情报的需要，而且也能满足某些战役、战术情报的需要。其具有轨道高、速度快、范围广、限制少等优点，还能根据需要可长期、反复地监视全球或定期、连续地监视某一地区，也能在较短的时间内乃至实时地提供侦察情报。

航天侦察监视的分类方法很多，如按使用的航天器是否载人，可分为卫星侦察和载人航天侦察。其中，卫星侦察是主要方式，按其任务和侦察设备又可分为照相侦察卫星、电子侦察卫星、导弹预警卫星和海洋监视卫星等。

（1）照相侦察卫星

照相侦察卫星，是侦察卫星中发展最早、发射最多的卫星，同时是航天侦察监视任务的主要承担者。它同时使用可见光相机、红外相机、多光谱相机及电视摄像机等不同种类侦察设备，可以优势互补。有的照片直观，易于判读；有的能识别伪装；有的便于识别更多的目标；有的可进行近实时的传送。目前，只有少数国家能够发射并回收照相侦察卫星，又以美国水平最高，历史最长，已经发展到第六代。前三代，分为普查和详查型两种；到了第四代，一颗卫星既可普查，又能详查；第五代实现了图像传输的数字化；第六代带有更先进的光电遥感器，进一步提高了夜间侦察能力和情报信息的准确性，据称其地面分辨率达 0.1 m，同时还具有截获电子信号的侦察能力和变轨能力。

（2）电子侦察卫星

电子侦察卫星是航天侦察的主要平台之一。为保证电子侦察卫星的寿命，其高度不能太低；为保证侦察效果，又不能太高。一般高度在 300 ~ 1 000 km 之间。电子侦察卫星上装有侦察接收机和磁带记录器，当卫星飞经敌方上空时，将接收的各种频率的无线电信号记录在磁带上，当卫星飞经本国地球站上空时，再回放磁带，以快速通信方式将信息传回。其主要任务：一是侦察对方雷达的位置、使用频率等性能参数，为实施电子干扰和为战略轰炸机、弹道导弹的突防提供依据；二是探测对方军用电台和发信设施的位置，以便于窃听和破坏。侦察卫星具有天线覆盖面积大，侦察范围广，持续时间长，手段优越和安全等特点。

（3）预警卫星

预警卫星，用于监视、发现和跟踪敌方战略弹道导弹的发射及其主动段的飞行，并提供早期预警信息。此外，还兼顾有探测核爆炸的任务。它利用红外探测器，探测导弹在主动飞行期间发动机尾焰的红外辐射，为保证不"虚惊"、误报，还使用电视摄像机加以配合，准确地判明导弹发射。预警卫星属地球同步卫星，通常由 3 颗预警卫星组成预警网，每颗卫星负责地球表面的 1/3 区域。一旦有导弹发射，卫星上的红外望远镜在导弹发射后大约 90 秒时就能探测到尾焰产生的红外辐射信号，并传送到地面站，然后又传送到指挥中心。此过程仅需要 3 ~ 4 分钟，能为己方争取 15 ~ 30 分钟的预警时间。海湾战争中，美国利用预警卫星，使"爱国者"导弹成功地拦截了伊拉克的"飞毛腿"导弹。

（4）海洋监视卫星

海洋监视卫星，主要用于探测、监视海面状况和舰船、潜艇活动，侦收舰载雷达信号和窃听舰船无线电通信。能在全天候条件下鉴别舰船的编队、航向、航速，并能探测水下核潜艇的尾流辐射等，还可为舰船的安全航行提供海面状况和海洋特性等重要数据。它具有覆盖海域广阔，探测运动目标，轨道高，由多颗卫星组网等特点。

（三）侦察监视技术的发展趋势

随着微电子、光电子、通信、雷达、航天等技术的发展及广泛应用，现代侦察监视技术已经进入了一个崭新的发展阶段。不仅从侦察方式、手段和设备上，而且从战术运用上，也都将提高到一个新的水平。实时、可靠的侦察监视效果，对现代战争进程和结局将产生直接影响。

1. 空间上的多维化

为了适应高技术立体战争的需要，侦察卫星、侦察飞机、陆地上的雷达、地面传感器、无线电设备、水下的声呐等侦察监视设备，必将有机地形成一个整体，组成一个涵盖陆、海、空、天、电磁的综合的侦察监视网络。在侦察监视的地域、时间、周期以及对情报的处理和利用方面，使不同的侦察监视设备之间互相取长补短，相互印证，充分发挥侦察监视设备的效能。

2. 速度上的实时化

现代战争，作战节奏快，战场态势瞬息万变，要求侦察监视提供的信息也要快；否则就满足不了作战的需要。为此，必须要提高信息处理和传输能力。随着遥感技术和计算机技术的迅速发展，借助大容量和运算速度快的计算机对遥感图像进行自动分类和识别，可大大地提高信息处理速度，将使侦察监视获得的信息实时地传递给指挥员决策使用成为现实。

3. 手段上的综合化

侦察技术的发展，反过来又促进了反侦察技术和伪装干扰技术的发展。为了有效地发现、区分、识别、定位、监视和跟踪目标，特别是有效剥除其伪装，不仅要加强目标特征研究，还要加速研制新的遥感器，使用多种遥感器，同时观测同一地区，既能获得较多的信息，也能使各种信息之间相互对照、比较和印证，从而提高信息的可信度。

4. 侦察、监视系统与攻击系统结合更加紧密

现代战争，目标被发现即意味被摧毁。只有侦察监视系统与武器系统有机地结合起来，才能充分发挥侦察监视的效果。以往作战效果不理想，往往不是武器系统"够不着"，而是侦察监视系统"看不到"。现代战争，侦察监视系统不仅能以自身携带的武器攻击，更重要的是能引导空中、地（水）面的武器攻击所发现的目标。信息传输，是侦察、监视系统与武器系统紧密结合的最主要的途径。

5. 提高侦察监视系统的生存能力

由于精确制导武器的迅速发展，对侦察监视系统的生存构成了严重的威胁。能否确保侦察监视系统的生存，将直接关系到作战结局。航空侦察监视系统，要向高空、高速、隐身、超低空方向发展，以便让对方的防空火力"够不着""追不上""看不见"。反卫星武器的出现，航天侦察监视系统也不再"高枕无忧"，而必须在如何躲避攻击、抗电子干扰、耐核辐射等方面采取措施。在地（水）面和水下的实施侦察监视更要随时作好反侦察监视的准备。如何提高侦察监视系统的生存能力已成为侦察监视技术发展的重要课题。

三、伪装与隐身技术

俗话说：有矛就有盾。侦察探测技术的迅猛发展，必然使与之相对抗的反侦察技术的不

断发展。伪装技术已成为对付侦察探测和精确打击的最有效的技术措施之一。而隐身技术作为伪装技术领域的拓展和延伸，更是现代进攻性武器装备增加突防能力的重要手段。

（一）伪装技术

1. 概述

伪装，是隐蔽自己和欺骗、迷惑敌方所采取的各种措施，也就是常说的"隐真示假"。伪装技术，是为减少目标和背景在可见光、红外、无线电波等方面的反射或辐射能量差异而采取的各种技术措施。

（1）伪装技术的基本原理

伪装的基本原理，就是调整或处理目标与背景之间的关系，减小目标与背景在光学、热红外、微波波段等电磁波波段的散射或辐射特性的差别，以隐蔽目标或降低目标的可探测性；模拟或扩大目标与背景的这些差别，以构成假目标欺骗敌方。军事伪装就是通过利用电子、电磁、光学、热学、声学的技术手段，改变目标本身原特征信息，实现目标对周围背景的模拟复制，降低或消除目标的可探测特征，以实现目标的"隐真"；或是模拟目标的可探测特征，仿制假目标以"示假"。

（2）伪装技术的分类

军事伪装有各种不同的分类，按其在战争中的运用范围，可分为战略、战役和战术伪装；按其所对付的侦察器材，可分为雷达波段伪装、可见光及红外波段伪装、防声测伪装等；按所采用的技术，可分为传统伪装和高技术伪装。

2. 伪装技术的措施

天然伪装技术就是充分利用地形、地物、夜暗和能见度不良天候（风、雪、雨、雾）等天然条件，隐蔽或降低目标暴露征候的一种手段。

天然伪装技术主要用于对付光学（紫外、可见光和近红外）侦察，在一定条件下也能对付红外侦察、雷达侦察、声测和遥感侦察。

迷彩伪装技术主要是测量背景反射特性。它以背景反射光谱特性曲线为基础，制定迷彩颜料或涂料的配方，以复制背景。通过对颜色和表面组织结构的控制，在目标上形成地物色彩和表面组织结构图案，以减少与背景的对比度，消除阴影，造成模糊，改变目标的轮廓。

迷彩伪装就是利用迷彩技术生产的涂料、染料和其他材料，来改变目标表面，达到消除或减小目标与背景之间反射或发射可见光、热红外和雷达波，以及改变目标外形，达到伪装目的。按照目标类型、背景特点和涂料技术，主要可分为保护色迷彩、变形迷彩、仿造色迷彩、光变色迷彩和多功能迷彩等。

植物伪装技术是利用种植植物、采集植物和改变植物颜色等方法对目标实施伪装的技术。由于其简易有效，在现代战争中仍经常使用。例如，在目标上种植植物进行覆盖；利用垂直植物遮蔽道路上的运动目标；利用树木在目标地区构成植物林；利用种植物改变目标外形和阴影（植物伪装技术）；利用新鲜树枝和杂草对人员、火炮、汽车和工事实施临时性伪装等。

人工遮障伪装是利用各种制式伪装器材设置对目标进行遮蔽的一种手段，它由遮障面和支撑构件组成。遮障面采用制式的伪装网或就便材料编扎，制式遮障面有叶簇式薄膜伪装网、雪地伪装网、伪装伞、反雷达伪装网、反中红外侦察伪装遮障和多频谱伪装遮障等。支撑遮障按其用途和外形，可分为水平、垂直、掩盖、变形和反雷达遮障五种。

烟雾伪装是利用烟雾遮蔽目标和迷盲、迷惑敌人或使来袭制导武器失效所实施的伪装。这种无干扰技术通过散射、吸收的方式衰减光波能量，来干扰敌方光学侦察。由于发烟材料的发展，现代烟幕对雷达和红外波段同样具有干扰和遮蔽作用。同时，还可以对付激光制导炸弹等。

假目标伪装，是指为欺骗、迷惑敌人而模拟目标暴露征候所实施的伪装，其主要包括形体假目标和功能假目标两类。形体假目标主要是指仿造的兵器、人员、工事、桥梁等，目的是迷惑敌人，吸引敌人的注意力和火力，从而有效地保护真目标。功能假目标是指各种角反射器、尤伯透镜反射器、热目标模拟器、红外诱饵弹、综合红外箔条等具有反射雷达波或产生热辐射等特定功能的假目标。

灯火与音响伪装技术是通过消除、降低和模拟目标的灯火与音响暴露征候，以隐蔽目标或迷惑敌人所采用的伪装技术。灯火伪装分为室内灯火伪装和室外灯火伪装。音响伪装可通过消除音响使目标音响在到达侦听点时比环境噪声小 15dB。如不能达到消除音响的要求，也应尽量降低音响，声级每降低 6dB，可使侦听距离缩小 1/2。

3. 伪装技术的发展趋势

（1）伪装技术与武器装备一体化

现有的伪装技术大都是将伪装器材与伪装目标分开，单独设计和使用。战争的发展要求伪装技术与各种具有高附加值的军事目标融为一体，即在研制、生产过程中，综合考虑其外形、结构、材料，声、光、电、热等特性，以及表面涂层的使用，将伪装技术（有选择地）纳入其结构之中，使其本身就具有能力，即武器装备的隐身化将成为伪装技术的重要发展趋势。隐身飞机、隐身舰船等，将成为伪装技术与武器装备融为一体的典型代表。

（2）伪装技术将有较大突破

随着热红外成像技术、激光制导技术、合成孔径雷达技术、毫米波探测技术以其全天候、全天时、近实时和高分辨率的工作特点和探测地表下目标功能的迅速发展和应用，刺激防红外、防激光、防雷达和防毫米波等新型伪装技术的飞速发展。

超级"植物毯"。利用生物技术，获得生长迅速、耐旱、适应性强、外形各异、依周围天然环境变化而变化的超级植物。例如，在前沿阵地、工事及各种相对固定的目标上，铺上这种超级"植物毯"。它由供植物生长的营养剂特殊加工而制成的。植物的种子就编在毯中，使用时通过水喷灌，能在短时间内快速生长，长成后则在较长时间内保持不变，形成一种天然植物伪装。

高技术迷彩。研制一种智能迷彩系统，其以小斑点迷彩为基础，采用计算机辅助图形设计、配色（空间混色）和喷涂技术制造。这种小斑点多色迷彩，斑点直径一般为 10cm。各色小斑点相互渗透，疏密不一，分布形成不均匀的组合方式，利用空间混色原理，在不同距离上形成大小不一的图案。近距离看去是小斑点迷彩，远看则为大斑点迷彩，被伪装的目标，在外观上始终被这些对比鲜明的斑点所分割、变形。

高技术涂料。主要有光变色生物涂料和多频谱伪装涂料（纳米涂料）两种。光变色生物涂料，是根据"变色龙"的色素细胞变色的原理，利用生物技术将变色基因移植到前述的超级植物中，使这些植物具有变色功能，自动适应周围背景的变化。多频谱伪装涂料，是指颗粒大小为纳米级的超微细固体材料。实验证明，这种材料在较宽的频带范围内，显示对电磁波的均匀吸收性能，目标表面喷涂几十纳米厚的纳米材料，其吸收电磁波的效果与比它厚1 000倍的现有吸波材料相同。

新型多功能伪装遮障。目前，正在研制一种将变形迷彩与伪装网的特点相结合的多功能变形遮障装置，适用于对静止和运动目标进行伪装遮障。这种遮障采用具有光学、红外、雷达三种防护功能的伪装网制作，由几米或更小尺寸的小块组成。遮障不是将整个目标全部盖住，而是经过科学设计后，分别安装在目标易暴露部位或具有特殊形状的部位，并和原有的迷彩有机结合，从而起到很好的伪装作用。

智能蒙皮。蒙皮表面由众多微机电系统元件组成，它可以传感外来红外、近红外、雷达等辐射，并通过平板取向、染料抽运和粒子的取向使表面发生改变，实现与背景的良好匹配，达到伪装的目的。

（3）研制和装备新型伪装器材

在伪装技术发展的推动下，未来将有一系列标准的新型伪装器材研制和装备部队。主要包括：标准组件式轻型和重型伪装网系统，多功能伪装服及多用途单兵伪装器材，自动烟幕和假目标或诱饵施放系统，新型多功能、高效率的伪装作业机械。

（二）隐身技术

1. 概述

隐身技术，又称隐形技术、低可探测技术或目标特征控制技术，是通过降低武器装备等目标的信号特征，使其难以被发现、识别、跟踪和攻击的综合性技术。隐身技术是传统伪装技术走向高技术化的发展和延伸。作为一门交叉性学科，综合了流体动力学、材料学、电子学、光学、声学等众多领域的技术。

目前，隐身技术通常分为雷达隐身技术、红外隐身技术、电子隐身技术、可见光隐身技术、声波隐身技术等。随着隐身技术的发展和应用，在未来战场上的作用越来越大。一方面，大大提高武器装备的生存能力、空防能力和作战效能，打破已形成的攻防平衡态势；另一方面，推动防御系统中的各种探测系统发生重大变革，刺激反隐身技术的发展。

2. 隐身技术的现状

隐身技术最早可追溯到第二次世界大战时期，德国潜艇在通气管和潜望镜上运用吸波材料对付雷达探测。20世纪50年代，美国在U－2侦察机上探索减小雷达散射截面的途径。70年代后，美、苏、英、法、德、意、日、加拿大、以色列等国都投入巨资研究隐身技术，取得了不同程度的进展，并应用于各种隐身武器装备上。目前，隐身技术主要体现在以下五种技术：

（1）雷达隐身技术

雷达是最重要的侦察探测装置之一，雷达隐身技术自然成为一种最重要的隐身技术。其原理是根据雷达在无干扰时自由空间的测距方程，具有一定性能参数的雷达的探测距离与目标（如飞行器）的雷达散射面积的4次方根成正比。因此，要想缩短雷达的探测距离，就要减小目标的雷达散射截面积。目前，雷达隐身的主要技术措施如下：

隐身外形技术。合理设计目标外形，是减小其雷达散射截面积的重要措施。例如，美国下一代CVN－21级航空母舰就采用了最新的隐身技术，即上层建筑采取集成化设计，使传统拥挤的舰桥体积明显缩小，质量大为减轻，并靠后推移；干舷显著降低，舰面设施非常简化，使飞行甲板与航空作业区连成一片，从而最大限度地减小其雷达反射截面。

隐身材料技术。目前研制的隐身材料主要有雷达吸波材料和雷达透波材料，按其使用方法可分为涂料型和结构型。吸波涂料敷在目标表面，所使用的是高性能的磁性耗能吸波材料、"铁球"涂料和"超黑色"涂料等。涂料层薄，但容易脱落，而且覆盖的频率范围有限，所以又发展了结构型隐身材料。它们用来制造机身、机翼、导弹壳体等。

自适应阻抗加载技术。在金属体目标（如飞行器）表面附加上集中参数或分布参数的阻容元件，使其产生与雷达回波的频率、极化、幅值相等但相位相反的附加辐射波，它与雷达回波相抵消，从而达到减小目标雷达散射截面积的目的。

微波传播指示技术。即利用计算机预测雷达波束在不同大气条件下传播发生畸变所产生的"空隙"和"波道"，使空防飞行器在雷达波覆盖区的"空隙""盲区"内或"波道"外飞行，以避开敌方雷达的探测。

等离子体隐身技术。即用等离子气体层包围飞机、舰船、卫星等目标的表面，利用其对雷达波具有的特殊吸收和折射特性，使雷达回波的能量减小。

（2）红外隐身技术

许多军事目标，如飞机、导弹等都因在飞行途中发出强大的红外辐射而被对方发现。红外隐身技术除采用红外干扰外主要就是通过抑制目标的红外辐射，使敌方红外探测系统难以发现的一种技术。目前，红外隐身的主要技术措施如下：

改变红外辐射波段。使飞机等目标的红外辐射波段处于红外探测器的响应波段范围之外，或者使目标的红外辐射避开大气窗口而在大气层中被吸收和散射掉，从而达到隐身目的。

降低红外辐射强度。这是红外隐身的主要技术手段。主要措施有改进发动机结构；使用能降低排气的红外辐射的新燃料；装备表层采用吸热、隔热材料和涂料；利用气溶胶屏蔽发动机尾焰的红外辐射；采用闭合环路冷却环境控制系统，降低荷载设备的工作温度。

调节红外辐射的传输过程。直升机动力排气系统的红外抑制器就有这种功能，因而能有效抑制红外探测器威胁方向的红外辐射特征。

（3）电子隐身技术

电子隐身技术主要是抑制武器装备等目标自身的电磁辐射。目前，采用的主要技术措施如下：

减少无线电设备。如用红外设备代替多普勒雷达；用激光高度表代替雷达高度表；用全球定位系统或天文惯导系统代替无线电导航系统等。

采用低截获概率技术改进电子设备。如采用发射功率自动管理技术；在时间、空间和频谱方面控制无线电设备的电磁波发射；采用频率捷变技术；武器装备采用被动雷达等电子探测系统等。

减小电缆的电磁辐射。如尽量缩短各种电子设备的距离；用光缆取代电缆等。

避免电子设备天线的被动反射。如将天线做成嵌入目标体内的结构，不使用时回收体内等。

对电子设备进行屏蔽。如改进装备结构，采用特殊材料和涂料等。

（4）可见光隐身

可见光探测系统的探测效果，取决于目标与背景之间的亮度、色度和运动等视觉信号参数的对比特征。采用可见光隐身技术目的就是要减少这些对比特征。目前，可见光隐身技术主要技术措施如下：

改进目标外形的光反射特征。如飞机采用平板或近似平板外形的座舱罩，以减少太阳光反射的角度范围和光学探测器瞄准、跟踪的时间等。

控制目标的亮度和色度。如涂敷迷彩涂料或挂伪装网；涂敷能随环境亮度变化而变化自身亮度与色度的涂料；用有源光照亮目标低亮度部位等，以使目标与背景的亮度和色度匹配。

控制目标发动机喷口的火焰和烟迹信号。如采用不对称喷口、转向喷口或喷口遮挡；使燃料充分燃烧或在燃油中加入添加剂以减少烟迹等。

控制目标照明和信标灯光，以及控制目标运动构件的闪光信号等。

（5）声波隐身

声波隐身技术，是控制目标的声波辐射特征，以降低敌方声波探测系统对目标的探测概率。目前，声波隐身技术措施主要有：发动机和辅助机采用超低噪声设计；采用吸声和阻尼声材料、减振和隔声装置；减小旋桨对介质的扰动噪声；合理进行目标整体设计，以避免发生共振现象等。

3. 隐身技术的运用

隐身技术运用的直接形式，是发展隐身武器装备。隐身武器装备，是应用隐身技术研制的不易被敌方雷达、红外、电子、可见光和声波探测系统发现的武器。

隐身技术为有效地解决武器装备的战场生存问题提供了新的途径，改变了传统的那种靠增加钢甲厚度而牺牲机动性能来提高生存能力的方法，实现了隐身、机动和防护的完美结合。因此，隐身武器装备格外受世界各国军队的青睐。

（1）隐身飞机

隐身飞机是隐身武器研制和发展最快、取得成果最多的领域。隐身飞机之所以能有效地对付雷达、红外、电子、可见光及声波的探测，就是由于它综合运用了各种隐身技术，降低飞机的雷达截面积、红外辐射特征；控制飞机的可见光目视信息特征及降低飞机的噪声等。

美国的 F-117A 是世界上第一种按低可探测性技术设计原则研制并投入实战的隐身战斗机。B-2 是美国第二代隐身轰炸机，具有更好的隐身效果。F-22 "猛禽" 战斗机，是当世唯一的实用型第四代先进战斗机，1997 年 9 月首次试飞成功，其设计兼顾了超声速机动和隐身特性两方面的需要，具备超高机动性与隐身性能。在隐身性能上，F-22 战斗机隐身性能提升了 80 倍。F-22 战斗机隐身技术包括进行外形优化、电磁及热信号屏蔽、关键部位覆盖隐身涂料、加装电子欺骗、干扰等手段。"暗星" 无人机，是美国正在研制中的具有当今先进水平的高空长航时无人机，也是世界上第一种全隐身无人侦察机。X-45A 无人驾驶战斗机，是美国波音公司研究的无人机，其机体完全采用特殊材料制成并加敷了涂层，具有极好的隐身能力。

俄罗斯在研发新型作战装备时十分注意突出武器装备的隐身性能，如与美军 F-22 战斗机同属第四代战斗机 S-37 "金鹰" 战斗机，其首次试飞时间与 F-22 战斗机首次试飞时间仅相距 18 天，尽管在隐身性能比 F-22 战斗机稍逊色一筹，但采用了类似 F-22 战斗机的平滑流线型外形设计，前掠翼几乎全部采用复合材料制成，机体外涂刷雷达吸波材料，其隐身性能当属世界一流。

（2）隐身导弹

隐身导弹是伴随隐身飞机发展起来的，目的是减小被拦截概率，增强突防和攻击能力。导弹隐身主要是通过采用雷达吸波材料及特殊的头部外形设计以减小雷达散射面积，改进发动机及尾气排放装置以降低导弹的红外特征来实现的，如 AGM－86B 型、AGM－109C 型和 AGM－129 型隐身战略巡航导弹，AGM－137 型和 MGM－137 型导弹等都是近年来美国成功研制的隐身战术导弹。法国生产的巡航导弹，采用翼身融合体，使用吸波材料来减少雷达截面积。隐身导弹已成为一种发展趋势，不仅发展隐身的巡航导弹、地空导弹、反舰导弹，有些国家还正在探索研制隐身的洲际弹道导弹。

（3）隐身舰艇

隐身飞机的迅速发展和出色表现，极大地刺激了隐身战舰的发展，美国"海影"号隐身军舰，于 1983 年开始秘密设计建造，10 年后，"海影"舰脱颖而出，并进行了一系列海上试验，曾掀起了轩然大波。目前美海军装备的 SSN－688 "洛杉矶"级、"海狼"级潜艇都可谓是隐身潜艇，如"海狼"（SSN－21）攻击型核潜艇是世界上最安静的潜艇，其优越性超过俄罗斯"奥斯卡"级核潜艇。"美洲狮"级隐身护卫舰由美国与法国联合研制，现已进入海上试验阶段。

俄罗斯充分利用其在舰艇隐身技术处于世界领先水平的优势，精心打造超级隐身舰。俄罗斯海军新型多功能型"立方体"隐身护卫舰早已在北方造船厂动工。俄海军订购了 10 艘该型护卫舰，2005 年已全部交货。目前俄海军已装备了"基洛夫"级隐身驱逐舰，隐身潜艇有 636 及 877 "基洛"级潜艇、"阿库拉"（又名"鲨鱼"）级潜艇、SSN－P－IX 级潜艇，其中"鲨鱼"潜艇在隐身性能上当属世界一流。

（4）隐身坦克、装甲车

随着现代高技术反坦克武器的发展，坦克一旦被发现就很容易被摧毁。引入隐身技术使其难以被发现是增强坦克生存能力十分有效的技术途径。目前，隐身坦克、装甲车辆的研制步伐加快，并推出 M－113 隐身装甲车。美、英已计划联合发展未来的隐身侦察步兵战车，美国在"未来作战系统"上采用的隐身技术，其绝大部分都将在这种未来的隐身侦察步兵战车上被采用。美、英计划该车于 2007 年开始装备部队，至少要生产装备 1500 多辆。俄罗斯已经问世的 T－95 主战坦克、BM－2T 步兵战车等都具有很强的隐身性能。

4. 隐身技术的发展趋势

进入 21 世纪，世界各国特别是美、俄、英、法等军事强国都加大了隐身技术的研究力度，拓展了研究范围，并在传统隐身技术研究的基础上，不断探索仿生学隐身技术、等离子隐身技术、微波传播技术、有源隐身技术等新的隐身机理，研制高分子隐身材料、纳米隐身材料、结构吸波材料、智能隐身材料等新型隐身材料。可以预见，隐身技术发展前景非常广阔。

（1）扩展雷达隐身的频段

目前隐身技术主要针对厘米波探测雷达，为了达到反隐身目的，探测雷达的工作波段正在向长波和毫米波、亚毫米波乃至红外、激光波段扩展。因此，隐身技术所能适应的波段也必须相应地扩展，例如研制新型宽频带吸波涂料和结构型材料，研制宽频带干扰机等；否则难以达到隐身的目的。此外，还在寻找更多、更新的技术途径，例如，将仿生学的研究用于隐身技术。研究发现海鸥与燕八哥的体积相近，但它的雷达的散射面积却比燕八哥大 200

倍；蜜蜂的体积小于麻雀，但它的雷达散射面积反而比麻雀大16倍。

（2）发展隐身材料的功能

隐身技术的发展使隐身材料进入一个新的阶段。一是隐身材料向反雷达探测和反红外探测相兼容的方向发展。要求未来的隐身材料必须具有宽频带特性，既能对付雷达系统，又能对付红外探测器。二是雷达吸波材料向超细粉末、纳米材料方向发展。人们发现超细粉末、纳米材料可能是良好的雷达吸波材料。目前，一些国家正在对其吸波材料机理进行深入研究。这类材料的优点是质量轻、透气性能好，但制造技术要求高，价格昂贵。

（3）注重各种隐身技术的综合运用

现代侦察探测系统采用了多种探测技术，决定了隐身技术是一项多学科的综合性技术。要想使目标达到理想的隐身效果，必须综合应用各种隐身技术。实验证明，采用隐身外形设计可降低5~8dB，利用吸波材料可降低7~10dB，其他措施（如阻抗加载、天线隐身等）可降低4~6dB，综合起来，可获得降低约20dB的隐身的效果。

（4）武器装备将更广泛应用隐身技术

根据现代战争的要求，隐身技术的发展与应用现已由隐身飞行器开始扩展到研制地面坦克和火炮、水面舰艇、水下潜艇等各种武器装备，并取得了一定的进展。一些国家还在研究具有隐身性能的机场、机库、士兵、侦察系统、通信系统和雷达等。预计，未来将会出现更多的隐身和具有部分隐身性能的武器装备和设施。

（5）降低隐身武器装备的成本

由于目前采用隐身技术的成本很高，如吸波结构材料和吸波涂料的价格非常昂贵，导致隐身武器装备的造价不菲。例如，F-22隐身战斗机售价近2亿美元，比单架F-16战斗机的2 000万美元贵了许多。因此，如何在技术上突破，降低隐身武器装备的成本，是今后隐身技术发展的重要方面。

四、电子对抗技术

电子对抗离不开强有力的物质基础——电子对抗技术。未来信息化条件下的局部战争，电子对抗内涵和外延不断扩展，逐渐由传统意义上以控制有限电磁频谱和利用电磁能攻击对手的电子对抗，发展到在信息领域为获取战场信息使用权和控制权的全面对抗。电子对抗技术已经成为军事高技术群中作用越来越重要的组成部分。

（一）电子对抗技术概述

电子对抗技术，简单地说是直接应用于信息对抗的各种技术的总称。它是军用信息技术的一个分支。

1. 电子对抗技术的产生与发展

电子对抗技术是伴随着电子技术在军事上的应用而诞生的，其最初阶段主要是电子对抗技术的发展。1906年，德国福雷斯特研制成了世界上第一只可以对无线电信号起放大作用的真空三极管。第一次世界大战中，出现了对无线电通信的侦察、测向和干扰。第二次世界大战期间，新发明的雷达应用于防空作战。由于雷达与作战行动和武器系统紧密相连，给对方造成直接的威胁，这就促使对雷达的侦察、干扰技术迅速兴起。

第二次世界大战后，电子对抗技术进入了一个缓慢发展时期。直至 1947 年末，美国贝尔电话试验室的 3 名物理学家肖克莱、巴丁和布拉坦研制成功第一只点接触型锗晶体三极管后，电子技术才有了新的突破性进展，为电子对抗设备向着功耗低、体积小、质量轻的方向发展提供了有利条件。朝鲜战争中，面对中、朝军队的反攻，美军将第二次世界大战中使用过的老式干扰机安装在 B - 29 飞机上实施无线电干扰。

20 世纪 50 年代至 70 年代，导弹、航空、航天技术迅速发展，精确制导武器及与其相配套的各种雷达和通信设备的出现，形成对飞机、舰船和重要目标的新威胁，促进了电子对抗技术的发展。在此期间，利用储频技术和宽带行波管，发展了对炮瞄雷达和导弹制导雷达的各种欺骗（包括速度、距离、角度）式干扰技术；研制了专用的电子侦察船、电子侦察飞机、电子侦察卫星和电子干扰飞机；为提高现役作战飞机的电子对抗能力，研制了飞机外挂的电子对抗吊舱；发展了具有压制和欺骗两种干扰样式的双模干扰机；随着红外和激光技术在军事上的应用，产生了光电对抗技术，研制出红外告警器、激光告警器、红外干扰机和红外诱饵弹等光电对抗设备。随着与武器系统配套的跟踪雷达和制导雷达的威胁增大，突破了原来电子干扰的手段，发展了辐射源定位技术、被动跟踪辐射源技术与武器导引技术相结合的反辐射摧毁技术，研制出反辐射导弹，并在局部战争中应用。随着一些新技术和新器件的应用，电子对抗设备的工作频率范围已扩展到 2MHz ~ 18GHz，以及红外、可见光波段。与此同时，频率捷变、单脉冲、相控阵、脉冲多普勒、动目标显示等雷达技术和扩频通信、猝发通信等反干扰能力强的技术体制也迅速发展和应用。到 70 年代末，微电子技术、计算机技术和数字技术已在电子对抗装备中应用，提高了设备的信号处理能力和快速反应能力。除设备系统化之外，侦察设备采用了快速扫频、自动调谐、瞬时测频、全景接收显示和具有初步识别、威胁判断能力的新型脉冲分析装置等技术；干扰设备采用了自动频率和方位引导、自动确定威胁目标和干扰样式等技术。无源干扰技术和器材性能进一步提高，投放装置与侦察告警设备系统化，既具有程序控制能力，又可投放箔条、红外诱饵弹等多种干扰物。

20 世纪 80 年代以来，军事指挥、控制、通信和高技术武器装备的运用更加依赖于电子技术。随着微电子技术、计算机技术和数字技术的广泛应用，电子对抗逐步发展为信息对抗。电子对抗技术在适应密集复杂多变的电磁信号环境、拓宽频谱、增强信号分选识别能力，增加干扰样式、提高干扰功率，缩短系统反应时间，以及综合一体化、人工智能、自适应、对多目标和新体制电子设备的干扰能力等方面，发展到一个崭新的阶段。

2. 电子对抗技术的分类与组成

电子对抗技术是由综合的、交叉的、多层面的多种学科技术所构成的技术体系。

当前，按工作机理不同，信息对抗技术主要包括两大部分：电子对抗技术和网络对抗技术。其中，电子对抗技术按作战内容及电子设备的类型，可分为通信对抗、雷达对抗、光电对抗、水声对抗等。网络对抗技术按作用性质区分，通常分为网络进攻技术和计算机网络防护技术。此外，电子对抗技术还有其他分类方法。例如，从作战表现形式上，可分为侦察与反侦察、干扰与反干扰、隐身与反隐身、摧毁与反摧毁技术；从战场行动主体的层面，可分为陆军、海军、空军、第二炮兵等的电子对抗技术；从作战空间上，可分为地面、海上、空中和外层空间的电子对抗技术；从作战手段上，可分为信息支援、信息进攻和信息防护技术。

（二）电子对抗技术现状及发展趋势

1. 通信对抗技术

（1）通信干扰

通信干扰是为了使敌方的通信系统不能正常工作，需要根据具体情况采取欺骗、扰乱直至压制和破坏的手段。通信干扰技术主要有：

快速引导干扰频率技术。要实现跟踪式干扰就必须超过跳频台的速度。因此，采用快速引导干扰频率的技术，使干扰机的测频和干扰发出时间缩小到最短，干扰才能充分发挥作用。目前跳频频率的速度越来越快，已达 1 000 跳/秒以上。

灵活干扰技术。已发展有对高速跳频的干扰，可采取破译对方的跳频码，提高己方测频、测向和定位的速度，使用宽带阻塞式干扰，使用投掷式干扰机等；对直接扩频系统的干扰，可采取大功率窄带干扰，智能化的窄带干扰，即实时地估计出干扰的频率，在解扩前将其干扰滤除；对自适应阵的干扰，可采取多方向干扰、相参多方向干扰、同向干扰以及时变干扰等方式。

复合干扰技术。例如，对组网通信系统的干扰，首先要分析组网电台的工作规律，跳频网的分选，网络管理模式，从中分析出弱点，然后采取多平台、多点的方式，在统一的协调控制下进行截获、测向、释放干扰及判断，并及时修改干扰策略。

（2）通信抗干扰

通信抗干扰技术，是解决如何应对敌方有意干扰的技术。目前，通信抗干扰技术主要有：

扩展频谱技术。它主要分为跳频和直接扩频两种。跳频就是工作频率随机地在很宽的频带内跳变，其效果是造成敌方难于确定工作频率，迫使对方采用宽带阻塞式干扰，从而分散了干扰功率。跳频多用于短波和超短波系统中，一般慢跳在 200 跳/秒以下，新型跳频电台在 VHF 频段内可达 500 跳/秒，美国的联合战术信息分发系统（JTIDS）达 38 000 跳/秒。直接扩频是将待传输的电话、电报、图像或数据信息通过发信端设备，转换成信码。直接扩频是伪随机码难以破译，有较强的保密性。

采用自适应天线阵干扰对消技术。自适应天线阵是一个方向滤波器，它能自动地把天线阵方向图的零点指向干扰，使干扰进入不了接收机。

采用猝发通信技术。以尽可能高的速率，在短时间内完成通信任务。

采用新的通信波段。如采用毫米波通信。毫米波频段高，天线体积小，方向性可以做得很好，即主波瓣很窄而副波瓣（旁瓣）很低，抗干扰效果大大提高。

使用保密通信技术。信息技术的发展，使得现代的密码越来越复杂，密码攻击很难取得成功。

（3）通信对抗技术的发展趋势

通信对抗技术的发展趋势主要有：

研究对付扩频通信的技术手段。快速调频、直接序列扩频、跳频等扩频技术的发展和使用，使信号的截获十分困难，如果企图破译伪随机码，则是世界性难题。而目前，性能更高的扩频通信技术还在不断地研究之中。加强对抗扩频通信技术的有效办法，是通信对抗领域的一个重大难题。

发展相参干扰、分布式干扰等技术。自适应阵处理技术有抑制强干扰和空间滤波的特点，使传统的单站大功率干扰方式受到极大威胁，只有发展相参干扰、分布式干扰等新的技术，才能有效地对付自适应阵处理技术所具有的特点。

研究空天一体的通信干扰新技术。当前，不仅地面的通信系统功能强大，空间与空中通信系统与地面的一体化通信系统的建立，使通信对抗的领域更加扩展。目前，美国在不断地改进现有通信卫星系统的同时，还加快发展全球广播通信系统（GBS），该系统可将全球范围内各战区的信息汇总传输到空间，在统一处理后，进行全天不断的信息广播服务，广播信息进行了加密处理，可传输语音、数据、图像、图形等多种作战需要的信息。另外，美国等国家还提出了微小卫星星座计划，对于星座和空间组网的通信系统，如何进行有效地侦察和干扰，都需要进行认真和广泛地研究。

2. 雷达对抗技术

（1）雷达干扰

对雷达实施干扰的目的，是使雷达无法发现目标或使其得到虚假的目标数据。雷达干扰分为压制干扰和欺骗干扰，每类干扰又可分为有源和无源两类。

压制干扰主要采取噪声的形式，杂波噪声进入雷达接收机后，破坏敌方雷达发现目标的作用，适合于对付搜索雷达。欺骗干扰主要针对跟踪雷达，破坏雷达的跟踪系统的正常工作，使雷达出现错误的目标数据，从而保护目标不受到由雷达控制火力的打击。有源干扰需要干扰机发射电磁能量，进入雷达接收机而产生作用。无源干扰是利用一些器材对雷达信号反射或吸收而影响雷达信号接收情况，得出错误判断。

（2）雷达电子防御

雷达电子防御技术主要有：

雷达反侦察技术。雷达反侦察技术的实质就是采取技术措施，减少雷达被发现的可能性。采用雷达反侦察技术的雷达被称为低截获概率雷达，也称为寂静雷达。一般主要采取的技术措施有超低的天线旁瓣，低峰值功率的发射波形，以及波形参数随机变化等。雷达通过采用复杂的宽脉冲波形，在发射总功率不变的情况下，做到低的峰值发射功率，这样常规的侦察系统很难及时发现。采用频率捷变、脉冲重复周期抖动等技术，可随机改变波形参数，扰乱敌侦察系统的信号分离和雷达识别功能。多基地雷达技术、雷达电磁发射控制、技术参数改变等措施都可以达到欺骗的目的。

雷达抗干扰技术。雷达抗干扰技术在雷达的各个部分都有体现，没有单独的抗干扰设备，它是雷达系统的有机组成部分，采取的主要有频率捷变技术、旁瓣对消技术等。

（3）雷达对抗技术的发展趋势

更加智能化，以适应更加复杂和多变的电磁环境。强化电子进攻能力，加强实施摧毁和定向能打击。扩展频谱范围，并将无线电、微波和光学等多种频谱的利用综合为一体。增强与其他电子设备的综合一体化，提高武器装备的战斗力，降低费效比。

3. 光电对抗技术

光电对抗，是指敌对双方从紫外、可见光到红外的宽广波段上，利用各种设备和措施进行光电侦察与反侦察、干扰与反干扰的综合光电子斗争。光电对抗技术，可区分为光电侦察告警技术、光电干扰技术和光电防御技术。

（1）光电侦察告警

光电侦察告警是实施有效干扰的前提，它是指利用光电技术手段对敌方光电武器和侦测器材辐射或散射的光信号进行探测、截获、识别，并及时提供情报和发出告警。光电侦察告警根据工作波段，可划分为激光侦察告警、红外侦察告警、紫外侦察告警等几种类型。

激光侦察告警：适用于多种武器平台和地面重点目标，用以警戒目标所处环境中的光电火控或激光制导武器的威胁。

红外侦察告警：通过红外探头探测飞机、导弹、炸弹或炮弹等目标的红外辐射或该目标反射其他红外源的辐射，并根据目标辐射特性和预定的判定标准，发现和识别来袭目标的性质，确定其方位、距离等并及时告警。

紫外侦察告警：可用于导弹探测，它是通过探测导弹余焰的紫外辐射，确定导弹来袭方向并发出警告。

（2）光电干扰

光电干扰是采取某些技术措施破坏或削弱敌方光电设备的正常工作，以达到保护己方目标的一种干扰手段。在光电精确制导武器广泛使用的现代战争中，光电干扰的地位更加重要。光电干扰技术的发展，集中在红外诱饵、红外烟幕、光电干扰机及光电摧毁四个领域。

（3）光电防御

光电防御是指在有光电对抗的条件下，为提高光电武器装备的作战能力而采取的一切措施，包括光电反侦察告警和光电反干扰。

光电反侦察告警：为防止和破坏敌方光电侦察告警设备实施有效侦察告警而采取的一切措施。

光电反干扰：指为排除或破坏敌方光电干扰效果而采取的一切措施，是提高武器装备突防能力、命中精度的重要手段。

（4）光电对抗技术的发展趋势

目前，光电武器系统得到了极大发展，在现代局部战争中发挥了巨大作用，光电对抗技术向着综合化、多功能化和全程对抗的发展趋势越来越突出。"光电侦察——干扰——评估综合"光电对抗系统是光电对抗技术的最终目标，它可以实现光电侦察告警到自动采取适当的干扰和摧毁措施并对干扰效果实时评估。光电技术和信息技术的发展为光电对抗一体化发展奠定了基础，先进的光学技术、高性能探测器件、数据融合技术，使得侦察告警信息获取、数据处理和指挥控制融为一体，通过采用智能化技术、专家系统等，使光电对抗系统成为有机的整体。光电综合一体化要有一个从低级到高级，从局部到全局的发展过程。首先实现光电侦察告警综合化；其次实现光电侦察告警与雷达、雷达告警及光学观瞄系统等的综合；最后将多个平台获取的信息进行综合，指挥引导不同平台的对抗，从而实现更大范围和更高层次上的系统综合。

4. 网络进攻技术

（1）对计算机系统的软攻击

对计算机系统的软攻击，主要是指利用计算机病毒、计算机"黑客"等手段对计算机系统进行攻击，造成系统瘫痪或获取有用的信息。

计算机病毒：由于计算机病毒武器具有隐蔽性、传染性等特点，因此，计算机病毒武器将在未来战争中广泛使用。

网络"蠕虫"：通过计算机网络的通信设施"蠕动""扭动"和"爬行"，在此过程中传播病毒，影响信息和信息系统。

"特洛伊木马"程序：是一种埋藏了计算机指令的病毒程序，也是隐藏和传播计算机病毒及网络"蠕虫"的常用手段。

逻辑炸弹：是软件程序开发者或系统研制者事先埋置在计算机系统内部的一段特定程序或程序代码，这种"炸弹"在一定条件（如特定指令、特定日期和时间）的触发下，释放病毒、"蠕虫"或采取其他攻击形式，修改、冲掉信息数据，抑制系统功能的发挥，造成系统混乱。

计算机"陷阱"：又叫做"陷阱门"或"后门"，是程序软件开发者或系统研制者有意设计的隐藏在计算机程序中的几段特定程序。

（2）对计算机网络硬件电路的硬摧毁

对计算机系统的硬摧毁主要是指对计算机网络硬件电路的进攻技术，包括使用特殊设计的芯片、研制纳米机器人和芯片细菌、定向能摧毁、电磁脉冲弹摧毁等。

（3）网络攻击技术的发展趋势

采用战术定向能武器。当电磁脉冲武器的尺寸、重量和外形因素可以在常规封装中投送使用，或高功率微波武器可以装载在战术飞机或平台中时，才能实现定向能武器的战术生存能力。为达到这一目的，战术定向能武器正在进行小型化研究，使得存储、产生、变换电磁能量的技术部件在几百千克的封装质量内需要产生出约1 000kJ数量级的能量。

开发纳米机器人和芯片细菌。纳米机器人和芯片细菌都可以攻击计算机的硬件系统，用纳米制造的微小机器人可以秘密部署到敌人信息系统或武器系统附近，它们有的利用携带的微型传感器获取敌方信息，有的可以通过插口钻入计算机，破坏电子电路。芯片细菌是经过培育的，能毁坏硬件设施的一种微生物，可以通过某些途径进入计算机，嗜食集成电路，对计算机系统进行破坏。

采用半自动、自动化网络攻击和反应技术。以计划和决策支持工具建立网络攻击和效能模型，实现有组织的动态寻的和攻击启动；人员在环路中评价战斗损失和实施半主动反应。进一步地发展，半主动攻击与监视、模拟和基于代理程序的基本直接访问方法相结合，达到自动化程度；智能工具将在信息作战的所有领域内自动地实施集成的并行攻击。

研制微机械有机体和数字有机体。数字控制的自主式机械有机体向具有搜索和破坏电子系统能力的显微设备提供实体感知、刺激和移动，这种机械可以像化学试剂一样扩散，而且可以像智能机械、化学武器那样实施作战行动。具有人工智能的全自主式数字有机体将完成目的驱动活动，包括搜寻（网络浏览）、自适应、自防御、进攻和复制。

开发新的破译技术。量子计算有可能迅速地完成对大素数的高度并行分解和离散对数计算，由此，为密码分析方法提供了强大的工具，是对当今应用的所谓"坚固"的编码方法的挑战，有可能较快地破译传输信息中的密码。

5. 网络防御技术

（1）安全防护技术

军用信息系统通常采用无病毒的计算机硬件及软件产品，选用专门的病毒检测软件，对购进的计算机硬件和软件产品进行彻底检查，并清除可能携带的病毒。对计算机硬件设备都应装有适当的安全防护装置，建立可靠的工作环境，并具有一定的抗干扰能力和抗摧毁能力。计算机和计算机网络应加入屏蔽设施，限制电磁辐射量，确保计算机和网络物理安全。

（2）"防火墙"技术

为防止外部非法授权者通过外部计算机网络向用户内部网络的非法入侵，在外部网络或计算机之间设置具有封锁、过滤、检测等功能的装置，即"防火墙"。它可以有效防止外部非授权用户进入内部网络，同时保证授权用户互通。

（3）实施信息安全机制

信息安全机制，主要包括机制鉴别、保密、完整性、不可抵赖、访问控制等。

机制鉴别就是对数据源和对等实体进行鉴别，以验证所收到的数据来源与所申请来源是否一致，及某一联系中所对等实体与所申请的一致性。保密是将被存储或传输的数据信息经过加密伪装，即使数据被非法的第三者窃取或窃听都无法破译其中的内容。加密的主要方法是采用密码技术。完整性是防止未授权者对数据的修改、插入和复制。不可抵赖就是防止在传送结束后，否认发送和接收数据。访问控制是限制非授权用户访问信息和利用资源。

（4）网络防御技术的发展趋势

实施网络入侵综合探测。入侵探测器将综合全网络中分布式传感器的数据，在个体作战行动和多层次性能综合的基础上完成入侵探测。网络防护响应将是自适应和半主动式的，所需的干预很少。

采用海量密码术。数据隐藏密码方法可以做到既高度有效又高度安全，既通信安全又传输安全，在网络上为"公众通路"提供海量数据的坚固编码。

进行多类型电子认证。对信息系统进行访问的电子认证控制将综合利用多种类型的有机体测定和密码设备，为任何人提供电子安全认证。

开发反定向能武器技术。对定向能武器实施定位和攻击的积极对抗措施，它可以提前发射能量，从而破坏其作战对象，使其内部的高能存储设备失效或摧毁。

采用全光纤网络。光纤主导化和全光纤网络及数据库，将使用激光、光纤和全息技术，来抗击定向能武器和实体拦截的威胁。

研究量子密码学。在量子状态下的粒子通信，提供了一种既有通信安全特性又有传送安全特性的潜在信息编码和传输方法，从而实现不失真的无源量子密码信息接收。

（三）电子对抗技术的作战运用

电子战作为一种作战手段与其他作战手段一样，既是以剥夺敌方的作战能力为目的，也是进攻和防卫手段的统一。由于它所具有的技术特征，便成为侦察监视手段、战场指挥手段、战场攻击防护手段这三者的统一，这是电子战与其他作战方式手段的明显区别。在电子战中，主要使用的是安装在各种车辆、舰船、飞机、卫星上的能够接收各种电磁信号的侦察设备和安装在车辆、飞机、舰船上的能够发射强大电磁干扰波的设备，通过这些设备的使用来实施对敌方的攻击和防御。

1. 电子侦察

电子侦察，是使用电子设备对敌方的电子设备的各种活动进行侦察监视的技术手段。在现代战争中，军队在战场上的远距离的快速机动，武器运行的快速度使得军队只能使用无线电通信进行指挥联络，许多武器只能使用无线电技术制导。所以，现代军队的军事行动就是在电子技术的基础上进行的。因而军队的行动必然要在电子信号上表现出来，这就为电子侦察监视的实施提供了展示身手的机会，使任何军事行动都有可能处于电子侦察监视的行动之下。

（1）电子侦察是使用电子设备把空间中的各种电磁信号收集起来，经过放大处理分析，来识别这些信号里所包含的有价值的情报信息。同时，还对发出电磁信号的技术装置进行侦察监视、定位。敌方的电子设备，如雷达、无线电通信设施等电子装备只要一工作，就会发出电磁辐射，就会被我方的电子设备发现，发出的电磁信号就会被截获。电子设备在侦察监视时是不发射电磁波的，而只是接收电磁信号，因而就不会使自己暴露，从而具有很好的隐蔽性。

（2）不同的电子设备辐射的电磁信号的形式是不同的，电子侦察技术是具有很强的信号分析辨别能力的，可以准确地区分出发出电磁辐射的源体的类型、作用、位置。比如，可以辨别出发出电磁辐射的源体是警戒雷达、火炮控制雷达，还是导弹制导雷达，也可以辨别出通信电台的类型及其所属的通信网，而且能够从截获的信号中破译出信号的真实内容。

（3）电子侦察能够进行长期的监视工作，通过长期地对固定目标的监视，能及时发现其产生的新变化，甚至是微小的变化，从中获得准确的情报信息的可供分析的基本信息来源。在他国远距离之外进行电子侦察，不但安全，而且不属于侵犯他国主权的行为，利用电子侦察，还可以对敌方的有线通信进行侦察监视，可以通过通信电线通话时的电磁变化来获取信号予以破译，因而世界各军事强国都在大力发展电子侦察技术。

现在的侦察监视电子设备基本安装在车辆、舰船、飞机、空间卫星上，其侦察距离、侦察精度正在不断提高。美军在海湾战争、科索沃战争、伊拉克战争中都进行了全面的大规模的电子侦察行动，使对方的军事行动处于被全面地监视之下，获取了大量的情报信息，甚至迫使对方停止使用无线电通信，雷达停止工作，这就大大削弱了对方的军事指挥能力、通信能力、防空能力，为取得战争的胜利发挥了决定性的作用。美军长期以来，一直在使用各种电子装备对我国进行电子侦察监视活动，这就对我国的安全构成了直接的威胁。

（4）电子侦察技术的发展同时也促进了反电子侦察技术的发展，使各国军队都在研制对己方电子信息和电子设备的防护措施，形成了真正的电子对抗技术。在伊拉克战争中，伊拉克就曾经对美军进行了成功的电子信息欺骗。任何技术都存在有不完善之处，这就为对其防护技术的发展提供了空间。

2. 电子攻击

电子战的攻击措施和手段就是通过使用电磁能量对敌方的电子设备造成破坏，使敌人丧失使用电子设备的能力，使己方能够在斗争中夺得制电磁权。

电子战的攻击措施，主要有人们所熟悉的自第二次世界大战以来就使用的电子干扰活动。就是通过己方发射的强大电磁波造成对敌方的电磁波的压制，使敌方不能使用其电子设备。

现在的电子干扰技术更具有破坏力，美军在科索沃战争和伊拉克战争中的电子干扰基本上压制了伊方的电子设备的工作，伊方只要一开机，就会受到强烈地干扰，无法正常使用电子设备，雷达、电台、导弹都不可能使用了。如果实现停机沉默，虽然避免了干扰，但也等于丧失了自己的电子设备的使用能力。在电子干扰中，除了使用电子设备发射干扰波外，还可以使用无源干扰技术，美军在海湾战争、科索沃战争、伊拉克战争中，都曾经使用过无源干扰，就是用飞机投放大量的金属箔条，使对方的雷达上出现一片雪花，从而使美军的飞机成功地躲避了雷达的侦察。尤其是反辐射导弹的使用，更使电子战实现了与火力战的直接统一，使电子攻击发展为硬摧毁的攻击。飞机可以发射反辐射导弹攻击地面的雷达，而地面也可以使用反辐射导弹攻击空中安装有雷达的预警飞机和发出强大电磁波的电子干扰飞机。因而在电子战技术处于弱势的一方，更难以保护自己的电子设备和电子战作战能力。美军在科索沃战争和伊拉克战争中，使用的电磁脉冲弹对电子设备具有更大的杀伤破坏力。从而使电子战的作战手段发展到了一个新的阶段，电子战已经从无形的电磁波之间的对抗斗争变成了有形的具有直接杀伤破坏力的电子—火力战。美军在伊拉克战争中就使用了 E-bomb，也称强力微波武器，这是一种介于常规武器和核武器之间的新型大规模杀伤型炸弹，它在目标上方爆炸后，可以在十亿分之一秒的时间放射出数十亿瓦威力的电磁脉冲。这足以瘫痪半径几十公里内的地下防御工事、电力供应、电话通信、电视转播以及计算机系统。

3. 电子防护

电子战中的防护技术和措施是随着电子侦察、电子攻击的技术而同时发展的。首先是对敌方的电子侦察监视活动的对抗。其次也是对敌方的干扰、火力武器攻击活动的对抗。

电子战的作战对象和目标，主要还是敌方的信息技术系统。目前，还是集中在军事通信设施、雷达系统、制导武器的制导技术系统这三个领域中。因而在电子对抗斗争中的电子战的防护就表现在通信对抗、雷达对抗和光电对抗这 3 个方面。

电子防护技术除了提高电子设备的技术水平外，主要还是电子设备使用的措施和技术手段的改进。

（1）通信对抗。在通信对抗中，人们首先可以运用新的电台工作方式来避免敌方的侦察和干扰。例如，现在所使用的跳频电台。使用跳频电台迅速不断变化的发射频率不但使对方难以侦察和干扰，而且还能够发现对方实施干扰的电子设备的位置，以对其进行硬摧毁。其次，可以增强无线电通信的各种保密技术，防止敌方的监听和破译。再次，开发新的通信信道，新的信息技术的发展促进了新的通信技术的诞生，因而，现在就可以应用激光通信、微波接力和流星余迹等新的通信技术，使用现有的电子设备还难以对这些通信手段进行侦察干扰；激光通信的波束很细，传播 10 公里只散开 4～5 米；微波接力通信使用的工作波长非常短，其天线的方向性很强，能够将电波集中成很细的一束。对这些波束，必须对准方向才能够接收到信号，所以敌方进行侦察监视就很困难。流星余迹通信的方向性很强，地面接收范围很小，又具有不断更替的间歇时差工作的技术性能，这又大大提高了通信的可靠性和抗干扰能力，在视距之外的干扰几乎无效。

（2）雷达对抗。雷达是现代军队的耳目，更是国家安全的最基本的保障措施。所以，保护雷达的安全也就是保护军队的安全和国家的安全，就是电子战的最主要的作战任务。雷达对抗技术就是侦察与反侦察技术之间的较量和斗争。

首先，雷达对敌方的干扰压制可以在频域和空域上集中信号能量，而迫使干扰分散能量，从而形成雷达信号对干扰的能量优势。雷达如果采用了脉冲压缩技术，就能够减少敌方干扰造成的危害，敌方只有再增加十几、几十倍的干扰功率才能够实施干扰。其次，由于雷达工作时要向外发出电磁波束，所以就能够为敌方的电子侦察所发现。因而，就必须采取措施，避免雷达被敌方发现。现在已经出现了低截获概率雷达，这种雷达采取的反侦察技术主要是把雷达天线设计成超低的旁瓣；采用低峰值功率大发射波形以及波形参数随机变化等。雷达的工作频率每隔几个脉冲或一个脉冲就随机改变一次，这就使敌方的电子设备的侦察难以确定目标。再次，当前反辐射导弹是雷达的主要威胁，因而雷达对抗的关键就是能够对抗反辐射导弹的攻击。现在的主要技术和措施是采用低截获概率技术，使反辐射导弹难以发现目标；同时，还可以利用诱饵技术使反辐射导弹偏离方向，避开雷达；现在还可以采用双基地技术，使雷达发射装置与接收装置分离，因为雷达的接收装置是不发射电磁波的，所以反辐射导弹是无法发现和攻击的。

（3）光电对抗。光波，实际上也是电磁波的一种。近年来，激光侦察、激光通信和利用光传感器研制成功的各种精确制导武器在战争中发挥了巨大的作用，因而光电对抗技术也就迅速发展起来，成为电子战和信息化战争中的主要作战方式。

光电对抗中的攻击就是使用光电技术装备，通过对敌方的光电设备工作的干扰来杀伤破坏敌方的光电技术应用能力，而光电对抗中的防护，就是对敌方的光电技术攻击的防御。

光电防护包括光电的反侦察和反干扰，现在的技术措施有频率域的对抗技术，也就是在使用中不断变化激光雷达的辐射频率；同时也包括使用脉冲编码技术以及其他抗干扰技术。另外，现在多波谱技术、红外成像技术、背景与目标鉴别技术等，也被用于光电防护技术之中。

五、航天技术

1957 年 10 月 4 日，苏联将人类第一个航天器"地球"卫星 1 号送入太空标志着人类进入了新的时代——航天时代。随着航天技术在军事领域的广泛应用，极大地拓展了军事斗争的空间领域，给现代战争带来了深刻的变化。

（一）航天技术概述

航天技术，是指将航天器送入太空，以探索、开发和利用太空及地球以外天体的综合性工程技术，又称空间技术。它是 20 世纪人类认识和改造自然进程中最有影响的科学技术之一。

1. 航天技术的组成

航天技术主要由航天运载器技术、航天器技术和航天测控技术组成。

（1）航天运载器技术

航天运载器技术是航天技术的基础，常用的运载器是运载火箭。运载火箭主要由动力系统、控制系统、箭体和仪器、仪表系统组成，通常分为单级运载火箭和多级运载火箭。

（2）航天器技术

航天器是在太空沿一定轨道运行并执行一定任务的飞行器，也称空间飞行器。通常分无人航天器和载人航天器两大类。

无人航天器，按是否环绕地球运行又分为人造地球卫星和空间探测器等。人造地球卫星，按用途分为科学卫星、应用卫星和技术试验卫星等。空间探测器，按探测目标分为月球探测器、行星（金星、火星等）探测器和星际探测器。

载人航天器，按飞行和工作方式分为载人飞船、空间站和航天飞机等。载人飞船可分为卫星式载人飞船、登月式载人飞船和行星际载人飞船等。空间站可分为单一式空间站和组合式空间站。

（3）航天测控技术

航天测控技术，是对飞行中的运载火箭及航天器进行跟踪测量、监视和控制的技术。为了保证火箭正常飞行和航天器在轨道上正常工作，除了火箭和航天器上载有测控设备外，还必须在地面建立测控（包括通信）系统。地面测控系统由分布全球各地的测控台、站及测量船组成。航天测控系统主要包括光学跟踪测量系统、无线电跟踪测量系统、遥测系统、实时数据处理系统、遥控系统、通信系统等。

2. 航天器飞行的基本条件

目前，将航天器送入外层空间的手段和运载工具有两种：一种是多级火箭发射；另一种是航天飞机向近地轨道运载和布放。不论采用哪种手段和运载工具，要使航天器在太空飞行，必须具备一定的速度和一定的高度这两个条件。

（1）航天器飞行的速度

从地球上将航天器发射上天，使其沿一定轨道运行而不落回地面来，必须借助运载火箭的推力产生足够大的飞行速度，航天器才能冲破地球引力和空气的阻力，飞向太空。根据对航天器的不同运行要求，通常将航天器运行速度分为第一、第二、第三宇宙速度。

第一宇宙速度：又叫做环绕速度，指航天器（地球上的物体）绕地球作圆轨道运行而不掉回地面所必须具有的速度，为 7.9km/秒。

第二宇宙速度：又叫做脱离速度。航天器运行速度大于环绕速度时，将沿椭圆轨道运行。当发射速度增加到 11.2km/秒时，航天器将挣脱地球引力，成为一颗绕太阳运行的人造行星。

第三宇宙速度：又叫做逃逸速度。当运行速度大于 16.7km/秒时，航天器将脱离太阳系，进入茫茫宇宙深处。

（2）航天器飞行的高度

地球周围有稠密的大气层，空气密度与距地面的垂直高度成反比。在距地面 100km 的高度上，空气密度约为海平面的一百万分之一，在 200km 高空，空气密度只有海平面的五亿分之一。航天器运行轨道太低时，与空气摩擦产生高温，会将航天器烧毁，空气的阻力也会使航天器运行速度下降而陨落。因此，要使航天器在空间轨道上安全运行，除必要速度外，运行高度通常在 120km 以上。

3. 航天器的运行轨道

航天器运行轨道是其运行时质心运动的轨迹，由其入轨点位置、入轨速度和入轨方向决定。

（1）轨道参数

人们为了说明航天器运行轨道的形状、在空间的方位及其在特定时刻所在的位置，常用以下轨道参数来描述。

轨道形状和高度：绕地球运行的航天器轨道形状有圆轨道和椭圆轨道两种。航天器到地球表面的垂直距离，称为航天器的轨道高度。沿圆轨道运行的航天器只有一个高度参数；沿椭圆轨道运行的航天器在轨道上离地面最近的位置叫做近地点，离地面最远的位置叫做远地点，这两个点到地面的垂直距离分别称为近地点高度和远地点高度。根据执行任务不同，航天器可以选用不同形状、不同高度的轨道。

轨道周期：航天器在轨道上绕地球运行一周所用的时间。航天器高度越高，速度越慢，周期也就越长。

轨道倾角：航天器绕地球运行的轨道平面与地球赤道平面之间的夹角。它用地心至北极的方向与轨道平面正法向之间的夹角度量。倾角小于90°的轨道，航天器自西向东顺着地球自转方向运行，称为顺行轨道；倾角大于90°的轨道，航天器自东向西逆着地球自转方向运行，称为逆行轨道；倾角为0°的轨道，航天器始终在赤道上空飞行，称为赤道轨道；倾角为90°的轨道，航天器飞越地球两极上空，称为极轨道。

（2）常用轨道

常用轨道主要有地球同步轨道、地球静止轨道、太阳同步轨道和极轨道。

地球同步轨道：轨道周期与地球自转周期（23小时56分4秒）相同的航天器轨道称为地球同步轨道。此时航天器每天在相同时刻经过地球相同地方的上空。

地球静止轨道：轨道周期与地球自转周期相同、倾角为0°的航天器轨道。在这种轨道上的卫星，高度为35 786km，星下点（卫星和地心连线与地面的交点）轨迹为赤道上的一个点，从地面上看好像静止不动，故称为静止卫星。通信、气象、广播电视等卫星，通常采用地球静止轨道。

太阳同步轨道：轨道平面绕地轴的旋转方向和周期，与地球绕太阳的公转方向和周期相同的航天器轨道。在这种轨道上运行的卫星，每次从同一纬度地面目标上空经过，都保持同一地方时、同一运行方向，具有相同的光照条件，因此可在同样条件下重复观测地球。气象、地球资源等卫星，通常采用这种轨道。

极轨道：倾角为90°的航天器轨道。在极轨道上运行的卫星，每圈都经过地球两极上空，其星下点轨迹可覆盖整个地球。气象、地球资源、侦察等卫星，通常采用这种轨道。

（二）航天技术现状与发展

1. 世界航天技术发展概况

半个世纪以来，世界航天技术取得了划时代的巨大成就。迄今为止，人类共成功发射近5 000多个航天器。目前，世界上已有60多个国家投资发展航天技术，有170多个国家和地区应用航天技术的成果，总投资在数千亿美元以上。

（1）航天运载器

自1926年美国研制成功世界上第一枚液体火箭后，由于发展洲际导弹和航天的需要，运载火箭技术得到了迅速发展。随着航天事业的发展，液体火箭已逐渐由武器和运载两用，转向主要为航天运载服务。固体火箭则主要用作运载火箭的助推器以及空间发动机。自1957年以来，苏联/俄罗斯、美国、法国、日本、中国、英国、印度等国以及欧洲空间局先后研制出80多种运载火箭，修建了18个航天发射场，进行了5 000多次轨道发射。目前，世界上主要国家和地区研制成功的运载火箭主要有：苏联/俄罗斯的"东方"号、"上升"号、"联盟"号、"质子"号、"天顶"号、"能源"号；美国的"雷神"系列、"宇宙神"系列、"大力神"系列、"土星"系列；欧洲空间局的"阿里安"系列；日本的H和M系列；中国的"长征"系列等。其中推力最大的是美国的"土星"－Ⅴ和苏联的"能源"号，它们均可将100多吨的载荷送入近地轨道，把数十吨的载荷送入地球静止轨道、月球或火星、金星等逃逸轨道。2007年2月17日，美国运用"德尔塔"Ⅱ型火箭成功地进行了"一箭五星"的发射，并在其历史上写下了创纪录的一笔。

（2）航天器

各类人造卫星纷纷上天。自1957年10月4日苏联成功发射第一颗人造地球卫星后，各种人造卫星纷纷上天，除科学卫星和技术试验卫星外，最多的是应用卫星。

（3）航天测控

航天测控技术的发展，现足以确保运载器和航天器所需的飞行轨道和姿态。

2. 我国航天技术发展概况

我国航天事业起步于20世纪50年代中期，经过50多年的艰苦奋斗，取得了举世瞩目的巨大成就，在世界航天领域占有了一席之地。

1956年10月8日，中国导弹火箭技术研究院建立。1960年2月19日，发射了首枚试验型探空火箭；1960年11月和1964年6月，我国分别成功地发射了第一枚近程和中近程弹道导弹，为航天技术的发展奠定了基础。1970年4月24日，我国首次发射了"东方红"1号试验卫星，成为继美、苏、法、日后第五个能制造和发射人造卫星的国家。1975年11月，我国成功地发射并回收了第一颗返回式遥感卫星，成为第三个掌握卫星回收技术的国家。1981年，我国用一枚运载火箭，一次把3颗卫星送入太空，从此掌握一箭多星技术。1984年4月8日又成功地发射了我国第一颗地球同步轨道试验通信卫星。1988年9月，"风云"1号太阳同步轨道气象卫星成功发射。1997年5月12日，我国研制的"东方红"3号广播通信卫星发射成功。1997年6月10日，我国"风云"2号气象卫星发射成功，成为第三个能同时发射太阳同步轨道和地球同步轨道气象卫星的国家。1999年10月14日，中国和巴西联合研制的中巴地球资源卫星成功进入了太空。1999年11月20日，我国"神舟"号试验载人飞船成功发射。2000年10月31日，我国自行研制的第一颗导航定位卫星——北斗导航试验卫星发射成功。2000年12月21日，我国自行研制的第二颗北斗导航试验卫星发射成功，标志着我国拥有自主研制的第一代卫星导航定位系统。2001年1月10日，我国自行研制"神舟"2号飞船发射成功。2002年4月1日，我国于3月25日发射升空的"神舟"3号飞船，遨游太空6天18小时成功返回地面。2002年5月15日，我国自行研制的第一颗海洋探测卫星"海洋"1号成功进入预定轨道，标志着中国已基本建成长期稳定运行的卫星对地观测体系。"神舟"4号飞船于2002年12月30日成功发射，在完成预定空间科学和技术实验任务后成功返回。2003年10月15日，我国"神舟"5号载人飞船发射成功，标志着我国航天技术又取得重大突破，使中华民族的千年"飞天"梦想终于实现，它和乘坐这艘飞船执行太空任务的航天英雄杨利伟一同被载入史册。2005年10月12日，"神舟"6号载人飞船发射成功，2008年9月25日，"神舟"7号载人飞船发射成功。2011年1月1日，"神州"8号无人飞船发射成功，与此前发射的"天宫一号"目标飞行器进行了空间交会对接。2012年6月16日，"神舟"9号载人飞船发射成功，与"天宫一号"实施手控交会对接，标志着我国全面掌握了空间交会对接技术。我国的载人航天又迈出新的步伐。

50多年来，我国已经建立了系列完整、配套的航天器研究、设计、制造、试验、发射、测试和运营体系，在以下技术处于世界的先进行列，即卫星回收技术、一箭多星技术、卫星测控技术、静止卫星发射技术、高能低温火箭技术、航天遥感技术、数字卫星通信和载人航天技术。

（三）军事航天技术及应用

军事航天技术是将航天技术应用于军事领域，为军事目的而进行的一门综合性工程技术，是现代军事技术的重要组成部分。航天技术的军事应用成果是军事航天系统。据不完全统计，世界发射的众多航天器，大约70%是为军事目的服务的。军事航天系统大致可分为四类：军事航天运输系统、军事载人航天系统、军事卫星系统和航天作战系统。

1. 军事航天运输系统

军事航天运输系统，是能把军用航天器、宇航员或物资等有效载荷从地面运送到太空预定轨道或能将有效载荷带回地面的运输系统。目前，可利用的军事航天运输系统主要是一次性运载火箭，还有可重复使用的航天飞机。

2. 军事载人航天系统

（1）载人飞船

载人飞船包括卫星式载人飞船、登月载人飞船和行星际载人飞船。载人飞船主要用于发展新的军事航天技术和试验新型的军用设备，对地面进行观察和侦察，以及作为航天运输工具及武器平台。早期的载人飞船是由卫星改装的，后来飞船是专门研制的。苏联是世界上发展航天飞船最早的国家。1961年开始载人飞船发射试验，先后实施了"东方"号、"上升"号和"联盟"号飞船发射计划。美国紧随其后，先后实施了"水星""双子星座"和"阿波罗"飞船发射计划。

（2）航天飞机

航天飞机是一种载人航天运输工具。它既能像火箭一样垂直起飞，像航天器一样在轨道上运行，又能像普通飞机一样着陆。航天飞机主要由轨道器、固体助推器、外挂式燃料贮箱组成。其主要特点是：可重复使用，能将有效载荷送入空间轨道，发射和再入时的加速度比火箭要小，在空间可从事各种研究和实践活动。特别是在军事应用方面，不仅可以发射和回收卫星，还可执行侦察、反导和袭击任务。它不仅是一种空间运输工具，也是一种载人航天兵器。

（3）空间站

空间站是在载人飞船的基础上发展起来的永久性航天器，又称载人航天站、轨道站。它标志着载人航天活动已由空间探索向开发利用空间的新发展。空间站是可供多名宇航员巡访、长期工作和居住的大型人造卫星，具有很高的军事价值。

研制空间站的设想，最早由俄国科学家齐奥尔科夫斯基于20世纪初提出的。1923年德国火箭专家奥伯特预示了航天站的军事应用。

1971年，苏联"礼炮"号空间站发射成功后，先后发射7个"礼炮"号和1个"和平"号空间站。其中"和平"号空间站，有6个对接口，可与6艘飞船对接成7个舱体的大型轨道复合体，总质量达106吨，工作舱总容积达$510m^2$，可容纳5人或6人同时工作。美国于1975年开始实施"天空实验室"计划，接待3批宇航员后停止使用，于1979年7月12日陨落在印度洋。目前，由美国牵头的国际空间站正在建立之中。

3. 军事卫星系统

军事卫星是专门用于各种军事目的的人造地球卫星的统称。按用途可分为侦察卫星、通信卫星、导航卫星、测地卫星、气象卫星等。

（1）侦察卫星

侦察卫星的特点和用途。侦察卫星是获取军事情报的人造地球卫星。它发展最早、应用最广，具有侦察效率高，收集、传递情报速度快，效果好，生存力强和不受国界与自然地理条件限制等特点。其主要任务是，侦察对方战略目标；对领土进行测图；监测对方战略武器系统；侦察对方地面部队的部署；侦察战场变化情报。

侦察卫星的分类。侦察卫星按不同的侦察设备和任务，可分为照相侦察卫星、电子侦察卫星、导弹预警卫星和核爆探测卫星等。

①照相侦察卫星：利用光电遥感设备摄取地球表面图像的卫星。照相侦察卫星具有居高临下、分辨率高的优点。其地面分辨率可达 0.3～0.1m，照片清晰度可与航空侦察照片媲美。世界上第一颗照相侦察卫星是美国于 1959 年 2 月 28 日发射的"发现者" 1 号。目前，美国第六代照相卫星 KH－12 采用热成像和自适光学技术，分辨率达 0.1m。

②电子侦察卫星：用以侦测敌方电子设备的电磁辐射信号以获取情报的侦察卫星。它装有电子接收机、磁带记录器、快速通信设备等。其主要任务是，侦察敌方雷达的位置和性能参数；为空中攻击武器的突防和实施电子干扰提供数据；探测敌方电台和发信设施的位置，以便于窃听和破坏。

③导弹预警卫星：用以监视、发现和跟踪敌方战略弹道导弹的发射及其主动段的飞行，并提供早期预警信息的侦察卫星。它装有红外探测器和电视摄像机等设备，通常由多颗卫星组成预警网。卫星上一般还装有 X 射线、γ 射线和中子探测器等，以兼顾探测核爆炸的任务。目前，美国在地球同步轨道上部署有 5 颗导弹预警卫星，海湾战争中用其监视了伊拉克发射的"飞毛腿"导弹，为"爱国者"导弹实施拦截提供了预警信息。苏联的预警卫星由 9 颗"宇宙"号卫星组网，采用大椭圆轨道，可昼夜监视北半球。

④核爆探测卫星：通过卫星上的各种探测器，探测核爆炸时间、高度、方位和当量，从而获取别国发展核技术的情报。目前，此种任务现已由预警卫星承担。

（2）通信卫星

通信卫星是用做无线电通信中继站的人造地球卫星。按星上有无通信转发器，可分为无源通信卫星和有源通信卫星；按卫星运行轨道可分为静止通信卫星和非静止通信卫星、区域通信卫星和国内通信卫星；按用途可分为军用通信卫星、海事通信卫星和电视广播卫星。

军事通信卫星，可分为战略通信卫星和战术通信卫星。战略通信卫星通常在地球同步轨道上运行，为远程乃至全球范围的战略通信服务。战术通信卫星一般在 12 小时周期某轨道上运行，提供地区性战术通信或军用飞机、舰船、装甲车辆及单兵移动通信。

卫星通信的主要特点是：通信具有覆盖面积大、通信距离远、通信容量大、传输质量高、机动性能好、生存力强和费用低等特点。在地球同步轨道上，等距离部署 3 颗通信卫星，就可实现除地球两极外的全球通信。

（3）导航卫星

利用卫星导航具有精度高、全天候、能覆盖全球和用户设备简单等优点，在军事领域有着极为重要的意义。

导航卫星是为航天、航空、航海、各类导弹、地面部队以及民用等方面提供导航信号和数据的航天器。导航卫星通常装有指令接收机、多普勒发射机、相位控制编码器和原子钟等，与地面控制站和接收导航设备共同组成卫星导航系统。

目前，世界上只有少数几个国家能够自主研制生产卫星导航系统。目前，美国全球定位系统（GPS）是第二代导航卫星系统，由 24 颗卫星（包括 3 颗备用星）组成，采用双频时间测距导航体制，能向全球任何地点和近地空间的用户提供 24 小时不间断的三维导航定位服务。GPS 导航卫星发布军用和民用两种导航信息，军用信息又称 P 码或精码，理论定位精度约为 0.29~2.9m，垂直定位精度为 27.7m；民用信息也称 C/A 码或粗码，理论定位精度约为 2.9~29.3m，当前的实际定位精度为 12m，测速精度达 0.1m/s，授时精度达 0.1μs。苏联从 20 世纪 80 年代初开始建设的卫星导航系统（GLNASS），由卫星星座、地面监测控制站和用户设备三部分组成。2002 年 3 月 26 日欧盟决定正式启动伽利略（Galileo）卫星导航定位系统计划。"伽利略"系统由分布在三个轨道上的 30 颗中等高度轨道卫星（MEO）构成，每个轨道面上有 10 颗卫星，9 颗正常工作，1 颗运行备用，不仅卫星数量比 GPS 多，而且可以分发实时的米级定位精度信息，误差范围要远远小于 GPS，其性能更安全、更准确，更可靠。我国分别于 2000 年 10 月 31 日、12 月 21 日和 2003 年 5 月 25 日、2007 年 2 月 3 日成功发射 4 颗北斗导航试验卫星，加快建设北斗卫星导航系统。北斗卫星导航系统不仅具备在任何时间、任何地点为用户确定其所在的地理经纬度和海拔高度的能力，而且在定位性能上有所创新。

（4）测地卫星

测地卫星装有光学观测系统、无线电测距系统、雷达测高仪等设备。可用于测制地图、建立精密坐标系统、提供地球引力场分布有关数据。

（5）气象卫星

气象卫星是从外层空间对地球及其大气层进行气象观测的卫星。大多数气象卫星为军民合用，按运行轨道可分为太阳同步轨道气象卫星（也称极地轨道气象卫星）和地球静止轨道气象卫星（简称静止气象卫星）。美国是世界上第一个将气象卫星用于战场气象保障的国家，也是第一个研制并发射军用气象卫星的国家。20 世纪 50 年代末期，美国开始研制第一代军民合用气象卫星"泰罗斯"号，并在 60 年代将其用于侵越战争的气象保障。

4. 航天作战系统

（1）航天作战任务

随着航天技术的发展，航天大国为了开发和控制太空，有的已经建立了天军，研究航天作战理论，完善航天作战体系。航天作战任务主要包括：

防空防天预警。预防敌人从大气层内和大气层外进行攻击，主要是预防各种导弹和轰炸机攻击。

航天监视和全球定位。监视空间是指能连续地了解和掌握空间的状况，提供轨道目标的位置和特性。全球定位，是对敌我双方目标的定位，对我导航和对敌实施攻击。

保护本国航天系统。采取各种措施，以减小自然或人为因素对航天系统的威胁。

防止敌人使用本国航天系统。

阻止敌人使用航天系统。即扰乱、欺骗、破坏敌方的航天系统，或降低敌方航天系统的应用效能。

从太空对地基目标实施攻击。

（2）航天作战武器系统

航天作战武器系统，是部署在太空或陆地、海洋和空中，用以打击、破坏与干扰太空目标的武器，以及从太空攻击陆地、海洋和空中目标的武器的统称。航天作战武器系统主要包括反卫星武器、反导武器、轨道轰炸武器、军用空天飞机等。

反卫星武器：专门用于攻击航天器的武器。按设置场所的不同，反卫星武器可分为地基

（包括陆基、舰载和机载）和天基两种；按杀伤手段不同，反卫星武器又可分为核能、动能和定向能（激光、微波、粒子束）三种。

反导武器：包括地基反导武器和天基反导武器，主要用于拦截弹道导弹和巡航导弹。包括动能拦截弹和电磁轨道炮在内的动能反导武器和强激光武器、高功率微波武器、粒子束武器在内的定向能反导武器。与地基反导武器相比，天基反导武器可实现全球范围的拦截，并大大提高拦截概率。

轨道轰炸武器：平时在轨道上运行，接到作战命令后，借助于反推火箭脱离轨道再入大气层攻击地面目标。运行轨道不足一圈的轨道轰炸武器称为部分轨道轰炸武器。由于轨道轰炸武器和部分轨道轰炸武器从轨道再入发起攻击，敌方的预警时间短，难以防御。

军用空天飞机：一种既能跨大气层飞行，又能进入绕地球轨道运行，并可执行专门军事任务的可重复使用航天器。它将给空间作战乃至整个军事活动带来重大影响。目前在研的空间武器主要有反卫星武器和反弹道导弹武器。

六、指挥控制技术

指挥信息系统功能的发挥离不开指挥控制技术。指挥控制技术是军事信息技术中发展最为活跃、应用十分广泛的一个分支体系。建设信息化军队，满足打赢信息化战争的要求，必须持续不断地大力推动指挥控制技术的发展。

（一）指挥控制技术概述

指挥控制技术，是在军队指挥系统应用的，便于指挥员和指挥机关对所属部队的作战和其他行动的指挥，实现快速和优化处理的一系列信息技术的统称。

1. 指挥控制技术的产生及发展

军队指挥控制技术的内涵，随着科学技术进步和作战需求的变化而逐步扩展，其称谓也随之不断变化。自从出现军队后，大同小异的各种类型的 C^1（指挥）体制就诞生了。这种下级服从上级、将军指挥士兵的指挥体制延续至今已达数千年，其应用的指挥技术手段包括简易信号、有线通信、无线通信等传统技术手段。20 世纪 50 年代，随着军事装备的现代化、自动化，军兵种数量大增，作战距离、作战范围持续增大，部队机动能力也大大提高，军事指挥领域引入了"控制"一词，应用了控制技术，出现了 C^2（指挥与控制）系统。60 年代，随着远程武器特别是战略导弹和战略轰炸机的大量装备，通信手段在 C^2 系统中的作用日益完善、影响日益重要，于是又加上"通信"，形成 C^3（指挥、控制、通信）系统。70 年代，美国首次把"情报"作为指挥自动化不可缺少的因素，出现了 C^3I（指挥、控制、通信、情报）系统，并在较长时期内成为指挥系统自动化的代名词。80 年代末，由于计算机技术在指挥信息系统中的地位作用日益增强，又加上"计算机"，变成 C^4I（指挥、控制、通信、计算机、情报）系统。90 年代中期，美国根据海湾战争的经验，进一步认识到掌握战场态势的重要性，提出"战场感知"的概念，即利用各种侦察监视技术手段，全面了解战区的地理环境、地形特点、气象情况，实时掌握敌我友三方兵力部署和武器系统配置情况及其动向，为作战行动提供可靠的依据。C^4I 技术体系的内涵又进一步扩大，新融入了"监视与侦察"，变成了 C^4ISR。进入新的世纪，随着军队信息化水平的不断提高，C^4ISR 与武器平台、弹药等作战系统的"融合"不断加深，同时信息系统的对抗手段也不断增多，使 C⁴ISR 系统不仅仅是保障性的指挥控制手段，而且逐渐具有杀伤进攻的作战能力，因此，C⁴ISR 系统又将新增"杀伤"手段，从而变成了 C⁴KISR 系统。指挥控制技术体系又增添了新的成员。

2. 指挥控制技术组成和分类

在功能上，指挥信息系统大体由信息获取、信息处理、信息传输和综合控制四个分系统构成。因此，对应上述功能，指挥信息系统技术可分为：信息获取技术、信息处理技术、信息传输技术和综合控制技术。

（1）信息获取技术：是遍布陆、海、空、天的各种侦察与监视平台以及其搭载的雷达、夜视、光电和声呐等各种类型传感器的应用技术。

（2）信息处理技术：是借助输入输出设备和计算机系统对获取的各种情报信息进行整理综合、有效管理和及时更新的技术方法和手段。

（3）信息传输技术：是保证信息通过各种信道、交换设备和通信终端实现迅速、准确、保密、不间断地传输的技术措施。

（4）综合控制技术：是确保对各作战单元进行精确控制，确保指挥员意图实现的技术措施，包括精确计算、作战模拟、决策支持和实时控制。这是指挥信息系统的核心技术。在指挥、控制、计算机、通信（C⁴）系统中，其主体是计算机技术和通信技术。

此外，由于指挥信息系统向一体化方向发展的趋势越来越明显，使得综合集成技术和体系结构技术成为新的技术生长点。因此，对指挥控制技术的研究，主要围绕计算机技术、现代通信技术、系统综合集成技术和网络系统技术展开。

（二）指挥控制技术现状及发展趋势

1. 计算机技术

电子计算机的发明是 20 世纪最辉煌的科学成果之一，使人类在继化学能、物理能之后，又找到了信息能。计算机从它诞生之日起就应用于军事领域，而且计算机技术的开发与进步往往始于军事应用的需求。

在军队指挥信息系统中，计算机主要的应用是信息处理，计算机技术的核心是信息处理技术。从作战指挥控制的角度来说，信息处理技术渗透到信息流程的大多数环节。在信息传输中采用的信息编码、加密技术；在信息存储时采用了压缩、索引技术；利用复制、镜像技术，实现信息共享；利用变换、选切技术，实现信息显示；信息安全技术中也大量采用了信息处理技术。

计算机的信息处理功能在指挥控制系统中的应用如下：

（1）军用文电处理，为各级领导机关、部队提供及时、可靠、安全、保密的信息，实现信息处理的自动化、规范化。

（2）军用图形处理，即利用计算机处理图上的作战态势信息。

（3）建立军用数据库系统。

（4）作战仿真，是实兵演习、沙盘作业、图上作业等传统手段的补充和发展，是用量化手段研究对抗双方或多方军事冲突过程的有效方法。

（5）人工智能和专家系统。

2. 现代通信技术

计算机技术在通信领域的广泛应用，使得数字通信、网络通信成为现代通信技术飞速发展的重要支柱。数字通信与模拟通信相比，具有以下显著特点：

（1）抗干扰能力强。数字通信系统传输的是0、1二元信号，传输的脉冲波形只有两种状态。在接收端对每一个传输码元进行判决时，只要采样时刻的噪声绝对值与判决电平相比不超过某一个门限就不会形成误判，而且采用一些技术措施，可以具有检错和纠错能力，抗干扰能力更强。

（2）可实现远距离通信。模拟通信由于难以将信号与噪声完全分离，在放大过程中，信号和噪声一同被放大，难以进行多级传输。数字通信在进行判别后，即能恢复原始信号信息，因此，无论经过几级放大和传输，也不会产生过多的噪声，从而实现远距离通信。

（3）能适应各种通信业务。电话、电报、图像和数据等各种信息都可以转换为数字信号进行传输，所以数字通信能适应各种业务通信。

（4）保密性能强。数字通信可以方便地进行复杂的密码排列，使敌方难以进行解密等，而模拟通信就难以实现复杂的加密。

现代网络使通信技术发生了革命性的变化。网络通信具有三点优势：可以满足多业务通信传输的需要。可以传输多媒体信息。实现信息传递的宽带和高速化。

由于网络通信的发展，自动交换技术、光纤通信技术、卫星通信技术等新的通信技术得到了长足的发展和应用，构成了一个多种手段、立体化的通信网络。这些网络在军事上的应用，使军事通信发生了深刻的变化，军事战略通信网、指挥自动化通信系统、战略战术通信网和军民结合的卫星通信网联成一个整体，使战场瞬息万变的态势可实时传输，供指挥员进行决策；使远程精确打击成为可能，毁伤效能大幅度提高；使作战效果得到及时反馈，作战节奏大大加快，彻底地改变了现代战争的面貌。

3. 网络系统技术

网络系统技术的发展与运用，已经在军事领域内引起了一场深刻的革命。网络系统技术正处于快速发展之中，其发展现状和趋势集中体现在以下三个方面：

（1）信息网络技术

信息网络技术的主体是先进的软件技术、通信技术和计算机技术，以及支持主体技术的微电子技术、激光技术、自动控制技术、空间技术、高清晰度成像和显示技术等。它已成为现代军事技术的核心与主体技术。信息网络技术是自20世纪60年代末以来逐渐发展起来的，是最具先进性、应用性的一门综合性的技术。信息网络是由若干台独立计算机和其他数据终端设备在特定的硬件和软件支撑下，通过通信线路互联构成的系统。在计算机及其软件得以高度开发、多媒体技术有了迅速发展的今天，网络技术可以将各作战单元、各级各类指挥中心、在电磁干扰环境下与快速运动中形成全国、全军自动化指挥信息网络；各级各类指挥中心、各作战单元之间可互联、互通、互操作、互工作，实现数据、信息资源共享。

（2）平台网络一体化系统技术

平台网络一体化系统技术，是通过将平台及平台上的所有信息设备进行一体化系统设计，即使平台的作战效能达到最佳，可获得最好的成本实效，从而满足未来作战环境的需要。通过采用多功能通用标准电子模块和具有多频谱传感器实时数据融合能力的计算机，不仅将多种信息战功能集于一身，真正实现雷达告警、导弹发射和攻击告警、信息支援、信息干扰及规避、协同一体化,而且与平台上其他信息设备综合为一体,达成信息共享。由于网络技术的发展,高技术作战平台的这种网络联通和信息融合能力越来越强。例如,现在的遥控飞行器自身就携带有侦察、跟踪、瞄准装置和弹药,侦察发现目标后,通过平台单元内的信息协同,就能够很快将目标摧毁;侦察机的雷达发现 100~200km 距离上的目标后,数秒之内就能完成信号处理、传输工作,并引导地面兵器准确打击目标;预警卫星能将所捕获到的敌目标信息及时传输给攻击系统,并能引导攻击系统对目标实施及时和准确的攻击,因而具有边发现和边摧毁的能力等。自海湾战争以来,美国十分注重发展网络一体化的作战平台,把全球信息感知和全球指挥控制作为联合作战的重要能力之一。

（3）指挥控制系统技术

未来战争将是体系与体系的对抗,要求指挥控制系统应实现网络状指挥信息结构。即由一系列节点相连结成网络,覆盖整个战场地域,具有横向连通,纵横一体的扁平状外形,克服了树状结构信息传输慢、横向之间难以沟通、指挥灵活性和安全稳定性差的缺点。

"扁平化"指挥结构的主要特点如下:

信息共享。它使更多的作战单元同处于一个信息流动层次,使情报、目标数据和其他数据在各作战单元之间进行分层式分发。

确保作战指挥通信的稳定、不间断。它缩短了信息流程,当某一分支或节点遭到破坏和干扰时,可利用网络的多路横向信息路径传递指挥控制信息。

能实施机动指挥。它可不设固定指挥所,利用车载或机载的形式,在作战地域或空域适时机动。

网络化指挥信息机构可便利地使部分节点设置为假目标,以假乱真,以真示假,诱骗敌人,隐蔽自己企图,实现指挥所的隐蔽伪装。

（三）指挥控制技术的运用

指挥控制技术在军事领域最直接和最重要的应用结果,就是物化为军队指挥信息系统。军队指挥信息系统,是指以计算机技术为核心,具有指挥控制、情报侦察、预警探测、通信、电子对抗和其他作战信息保障功能的军事信息系统。

因此,指挥控制技术的作战运用,通过军队指挥信息系统的功能得以体现。

1. 军队战斗力的"倍增器"

指挥控制系统可以极大地提高军队的战斗力。战斗力是指军队实施战斗行动和完成战斗任务的能力,主要取决于两方面要素:一个是作战实力(简称兵力);另一个是指挥控制能力(简称用兵能力)。战斗力不是兵力、用兵能力两方面要素的简单之和,而是(战斗人员+武器系统)×(指挥谋略+指挥控制系统)的系统之积。因此,要想使兵力和兵器最佳组合,充分发挥它们的作战效能,最大限度地提高军队的战斗力,除了指挥员要有精深的谋略和高超的指挥艺术外,还需要功能强大的指挥信息系统。因为只有借助高效能的指挥信息系统,指挥员才能全面了解战场态势,作出正确的决策并迅速、准确地加以贯彻执行,实现对部队和武器系统的有效指挥控制;否则,即使有较强的军事实力,在信息化条件下的局部战争中也难以发挥作用。

2. 军队一体化作战体系的"黏合剂"

指挥控制系统可以将现代军队的各个系统有机地联为一体,充分发挥整体威力。现代战争是诸军兵种一体化联合作战，参战军兵种多，武器平台多，战场分布广，如果没有一个高效率、高度集中统一的指挥信息系统作为军队的神经中枢，那么这支军队只能是一盘散沙，无法发挥其应有的效能。因此，指挥控制系统是现代化军队一体化作战体系的"黏合剂"。美军认为，现代战争条件下，没有现代化的指挥控制系统，就等于没有一支军队。20世纪90年代以来，从海湾战争、科索沃战争到阿富汗战争，都充分表明了这一点。阿富汗军队基本上没有指挥控制系统，因此就根本无法与美军直接对抗；南联盟的指挥控制系统是不完整的，因此只能组织有限的防护，也难以与以美国为首的北约军队抗衡；伊拉克虽然建立了较为先进的指挥控制系统，但却无法确保其在战时正常工作，或系统运行不稳定、不可靠，或缺少防护手段易遭摧毁，从而不能发挥其应有的效能，也同样逃脱不了失败的命运。相反，美军则高度重视、投巨资于指挥控制系统的建设中，并在战争中不断检验其使用效果。

3. 军队指挥控制的重要手段

指挥控制系统可以大幅度提高联合作战指挥员的指挥能力。

（1）它可为联合作战指挥员提供对广阔作战空间的感知能力。指挥员可在远离战场的指挥所里通过显示设备，实时、形象、直观地掌握战场态势和有关情况，了解战场态势所需时间大大缩短。

（2）它可增强联合作战指挥员的有效用兵能力。联合作战指挥员可通过战场态势显示屏和通信网络直接指挥作战部队的行动，可对来袭的敌方各种空中目标实现从探测预警、情报侦察、监视捕捉、敌我识别、跟踪制导、电子对抗直到命中目标的全程指挥控制，提高各种信息化武器装备的作战效能。

（3）它可为联合作战指挥员提供高效的通信保障。由有线载波、微波接力、对流层散射、卫星和激光等通信设备组成的通信网，可保证指挥员对部队实施高效的实时指挥控制。系统的这些功能提高了指挥员协调陆、海、空三军参战部队的效率，使之保持协调一致的作战节奏。同时，各级参战部队也能更好地适应战场环境的变化，形成对敌绝对优势，不仅能有效、有选择地摧毁敌方目标，成倍提高联合作战能力，而且还能最终保障各军种部队在任何时间和任何地点都能有效地进行联合作战。

（4）它能使战略决策层直接感知和控制战术行动。在现代战争中，有可能出现一些战略性战斗行动，超越战役级而直接与战略级发生关系。如美国空袭利比亚、出兵海地等军事行动，规模虽然不大，但事关全局。在处理这种战略性战斗行动时，既要求前线指挥员要直接对战略决策层负责，也要求战略决策层拥有实时掌握战术情况的能力，这一切都离不开指挥控制系统。

4. 打赢信息化条件下局部战争的根本保证

指挥控制系统是进行信息化条件下局部战争的基础，也是打赢信息化条件下局部战争的根本保证。在信息化条件下的局部战争中，作战力量的指挥控制将更加受制于复杂的战场环境。在包含大量信息化武器装备的数字化、网络化战场上，指挥控制系统能使信息与能量实现最佳结合，既能为战场上所有作战单位提供"无缝"的信息传输能力和互操作能力，又能在任何时间、任何地点，接收实时的、融合的、逼真的战场图像，准确提供敌人或潜在敌人指挥控制其所属部队的各种信息，可全向发布、响应命令，指挥控制已方部队。另外，指挥控制系统是取得信息优势的必备条件。实施信息战的主要任务是压制、削弱、破坏和摧毁敌方指挥控制系统，同时确保已方指挥控制系统免遭这种攻击，使已方的信息收集、处理、传输和利用等不受影响，建立起信息优势。

为此，敌对双方可能采取的战法主要有网络战、病毒战、干扰欺骗、实体摧毁等。这些对抗行动都将主要集中在指挥控制系统上，显然，其性能优劣将决定着信息战的成败。

七、新概念武器

新概念武器是指与传统武器相比，在基本原理、杀伤破坏机理和作战方式上都有本质区别，尚处于研制或探索之中的一类新型武器。近年来，科技革命浪潮的蓬勃兴起，使得一个个具有划时代意义的新概念武器正在不断走出实验室进入战场，这些与传统武器装备具有本质区别的新概念武器的出现和陆续实用化，必将对 21 世纪的军事理论、作战方式、军队体制编制等产生一系列革命性的影响。

（一）激光武器

激光武器是利用激光的能量直接摧毁目标或使其失去战斗力的定向能武器。根据激光功率的大小和用途的不同，激光武器可分为激光干扰与致盲武器、战术激光武器、战区激光武器和战略激光武器。激光干扰与致盲武器是低能激光武器，在武器装备的分类中属光电对抗装备。后三者为高能激光武器，也就是通常意义上的激光武器。高能激光武器又叫做强激光武器或激光炮。高能激光武器的杀伤破坏效应，主要是烧蚀效应、激波效应、辐射效应。

与火炮、导弹武器等相比，激光武器具有许多独特的性能：

（1）反应迅速。光速以近 30 万千米每秒的速度传输，打击战术目标基本不需要计算射击提前量，瞬发即中。

（2）可在电子战环境中工作。激光传输不受外界电磁波的干扰，目标难以利用电磁干扰手段避开激光武器的射击。

（3）转移火力快。激光束发射时无后坐力，可连续射击，能在很短时间内转移射击方向，是拦截多目标的理想武器。

（4）作战效费比高。化学激光武器仅耗费燃料，每次发射费用为数千美元，远低于防空导弹的单发费用。

激光武器的研制始于 20 世纪 60 年代末期。经过 30 多年的发展，美、俄、英、德、法、以色列等国在激光武器研制方面均已取得长足进步。目前，强激光武器以发展高能氟化氘化学激光武器技术和高能氧碘化学激光武器技术为主，现已形成战术、战区和战略多层次防空、反导及反卫星激光武器技术体系。战术激光武器技术基本成熟，已研制出武器样机。美空军正在大力推进大型机载激光器计划，美陆军拟发展小型无人机载固体激光器方案。美国"阿尔法"激光器现已将输出功率提高到 500 万瓦，天基激光武器所需要的所有关键技术都通过了验证，并成功地进行了兆瓦级高功率激光器与光束控制、瞄准子系统的地面集成综合试验。其他国家也在大力发展强激光武器技术，俄罗斯的战术防空激光武器已具备实现武器化的技术能力，其天基激光武器系统的核心部件也正在接近百万瓦级的武器化技术指标。

当前各国正在发展的第一代强激光武器因体积和质量大，机动性和灵活性比较差。下一代强激光武器技术将向二极管泵浦固体激光武器技术、激光二极管相控阵列技术和自由电子激光武器技术等方向发展，器件将实现小型化，可实现在战斗机等小平台上使用。

（二）粒子束武器

粒子束武器是以电子、质子、离子或中性粒子为弹丸，通过高能加速器将其加速到接近光速，聚集成密集的束流射向目标，以束流的动能或其他效能杀伤破坏目标的定向能武器。粒子束武器具有快速、高能、灵活、干净、全天候等特点。射击不用提前量，0.001秒就能改变射向，在极短的时间内从容地对付多批目标的饱和攻击，是打击空间飞行器、洲际导弹和其他高速运动点状目标的理想武器。

高能粒子束主要有三种破坏作用：一是使目标物质结构材料汽化或融化。二是提前引爆目标中的引爆炸药或破坏目标中的核材料。三是使目标的电路被破坏、电子装置失灵。根据研究结果，粒子束武器在现代战争中的应用主要是识别和拦截洲际导弹。这是因为，洲际导弹在飞行中段除了释放弹头之外，还释放出大量的诱饵假弹头，只有中性粒子才能有效地对真假弹头进行识别，由此可见，粒子束武器是识别和拦截洲际导弹的最佳选择。

粒子束武器的技术原理是：用高能加速器将粒子加速到接近光速，并用磁场把它们聚集成密集的束流，直接或去掉电荷后射向目标，靠束流的动能或其他效应使目标失效。当然，作为完整的粒子束武器只有粒子加速器是不够的，它还应包括能源、目标识别和跟踪、粒子束瞄准定位、拦截结果鉴定和指挥控制等分系统。粒子束武器的原理尽管不复杂，但要实现战斗力它还有一系列关键技术需要解决。

（三）动能拦截弹

动能拦截弹是以火箭发动机增速获得巨大动能，然后通过精确地直接碰撞方式毁伤目标的动能武器。动能拦截弹的特点如下：

（1）命中精度高，拦截脱靶量接近零。动能拦截器采用焦平面凝视成像导引头，没有角噪声，不会形成盲控距离，且利用快响应发动机进行直接侧向力控制，响应时延小于10毫秒，与目标的碰撞点不会越出目标本体，从而实现零脱靶量。

（2）杀伤力强，可有效对付核生化等大规模杀伤性武器。动能拦截弹与目标碰撞时的相对速度理论上可达5～10km/秒，与目标碰撞时的质量至少为6～15kg。如此高的速度和质量，在碰撞时产生的能量可高达数亿焦，将会产生汽化效应，形成几百万摄氏度甚至几千万摄氏度的高温高压等离子体，其瞬间的爆炸威力足以彻底摧毁现有任何类型的目标，包括弹道导弹所携带的核、生、化弹头，并且能够消除生物和化学弹头可能造成的污染。

（3）轻质小型，机动性好。动能拦截弹采用碰撞杀伤方式，所携带动能杀伤拦截器的质量远小于传统的高爆战斗部。因为战斗部的质量较小，其运载器的尺寸也可减小，从而使得整个拦截弹的尺寸可得以缩减。另外由于质量小，在同等推力下具有更高的机动能力。

（4）采用直接侧向力控制，可在大气层内外作战。常规导弹依赖气动力进行控制，只能在大气层内作战。动能拦截弹采取的是直接侧向力控制方式，不依赖于气动力，既可在大气层内作战，也可在大气层外作战。

（5）在拦截弹道导弹时不存在引战配合问题。常规导弹带有战斗部和引信，在拦截弹道导弹上必须采用引战配合技术，即利用引信在适当的时候引爆战斗部，使得战斗部爆炸产生的破片正好覆盖目标的要害部位，以达到杀伤的目的。而动能拦截弹对弹道导弹实施拦截时，依靠很高的制导控制精度来实现对目标的直接碰撞，利用碰撞产生的巨大动能摧毁目标,故不要求引战配合。

目前,美、英、法、俄和以色列等国都致力于发展动能拦截弹技术。美国是世界上最积极发展动能拦截弹技术的国家,主要用于导弹防御计划和动能反卫星(KE – ASAT)计划。迄今为止,美国正在研制五种动能拦截弹,分别是地基拦截弹、陆基战区高空区域防御拦截弹、舰载"标准" – 3(SM – 3)拦截弹和陆基"爱国者先进能力" – 3(PAC – 3)拦截弹,以及地基动能反卫星(KE – ASAT)拦截弹。其中最为成熟的是 PAC – 3 拦截弹,是导弹防御系统的主要力量之一。

动能拦截弹作为新型的防空导弹,毫无疑问能够对飞机、巡航导弹等目标实施防御。在远期,动能拦截弹将作为未来可能发生的空间战的主战武器之一。

(四)电炮

电炮是利用脉冲能源提供的电能或利用电能与化学能相结合,使弹丸或其他有效载荷达到的速度或动能大大超过传统发射方式,是一类新原理的发射技术。电炮总体上分为两大类:电磁炮和电热炮(化学炮)。

1. 电磁炮

电磁炮是利用运动电荷或载流导体在磁场中切割磁力线,产生的电磁力(洛伦兹力)来加速弹丸,是完全依赖电能和电磁力加速弹丸的一种超高速发射装置。电磁炮主要分为电磁线圈炮、电磁轨道炮两类。电磁线圈炮是利用感应耦合的固定线圈产生的磁场与弹丸线圈上的感应电流相互作用产生的电磁力,推动弹丸加速;电磁轨道炮是利用流经导电轨道和滑动电枢的强电流与其所产生的磁场作用的电磁力驱动弹丸。目前国外发展的电磁炮主要是轨道炮,其炮口初速可远高于其他类型的电磁发射器,理论上可达每秒十几千米至几十千米,美国研制的电磁轨道炮预计 2010～2015 年间通过演示验证。

与常规火炮相比,电磁炮炮口初速高,轻小型化、隐蔽性好,射击速率高,可控性好。电磁炮独特的优点,使其在未来战场的广泛领域中拥有重要的应用价值。在防空、防天与反导方面,电磁炮可广泛用于反飞机、反巡航导弹、反弹道导弹甚至反卫星作战。在反装甲方面,电磁炮将成为侵彻各种新型装甲的有效途径,炮口动能 15MJ 以上的电磁炮可以击毁常规火炮不能击毁的未来坦克。此外,在反舰、航天发射等方面也具有非常广泛的应用前景。1992 年美国对电磁轨道炮进行靶场实验,炮本身质量为 25 吨,发射所需电流 300A,弹丸质量为 2.384kg,炮口动能 8.8MJ,可穿透世界上任何一种坦克。

2. 电热炮

电热炮是利用放电方法产生的等离子体,在封闭的放电管或炮膛内做功来推动弹丸。按照等离子体形成方法的差异,电热炮又分为直热式和间热式两种。

直热式电热炮就是通常所说的纯电热炮,它是完全依靠电能工作,利用高功率脉冲电源放电产生高温高压等离子体,以等离子体膨胀做功直接推动弹丸前进;间热式电热炮是先利用高功率脉冲电源放电产生高温高压等离子体,然后再用此等离子体去加热化学工质,产生高温、高压燃气,膨胀做功来推动弹丸。由于间热式电热炮的能量部分来自电能,部分来自化学能,因此又称作电热化学炮。目前电热化学炮技术在电炮中发展最快,美国预计电热化学炮可于 2010 年前后首先装备陆军部队。

（五）环境武器

环境武器是指通过利用或改变自然环境状态所产生的巨大能量，以战胜或危害敌人的作战行动的武器。战争总是在一定的环境中进行的，随着科学技术的发展，在未来的战争中，交战军队将有能力借助先进技术更大程度地利用自然环境中潜在的巨大能量呼风唤雨，让人工灾难降临到敌人头上。

目前，环境武器主要分如下三种类型：

气象型：利用云和大气中微粒的微观不稳定性，人为地制造出洪暴、干旱、闪电冰雹和大雾；利用大气中的不稳定性人工引起飓风、龙卷风以及台风等自然灾害，进而对人和生物等造成危害。

地震作用型：地壳中隐藏的热应力分布不均，具有极强的不稳定性。因此通过人为激发可以诱发"人造地震"。实验证明，当量为 100 万吨 TNT 的核爆炸可能引发里氏 6.9 级地震。

生态型：通过向敌方地区撒播能阻止地球表面热量散发的化学物质，使敌国的大地变成干燥的沙漠，导致生态环境变化；还可以把大量的溴或氯释放到敌方上空，破坏臭氧层，使之形成"空洞"，让大量的紫外线辐射到敌国地面。

目前，气象武器具备的作战技术性能主要如下：

洪水技术：用飞机向敌方上空的云层中投放硝酸银颗粒，这些颗粒很小，与注射针头相仿，它们能使云层中的水蒸气形成大雨，从而造成特大洪水，将地面上的敌人全部冲得七零八落。

严寒技术：在敌方距离地面 17km 左右的高空爆炸装有甲烷或二氧化碳的炸弹，释放出来的甲烷或二氧化碳密布天空，遮住太阳光，敌方阵地的广大地区一片黑暗，温度下降到很低的程度，使敌方人员或死或伤，设备无法使用。

热风暴技术：在沙漠地区使用激光将空气加热，形成龙卷风和沙漠风暴，将敌方的人员和设备卷走。

水柱技术：在海底 30m 深处投放巨大威力的炸弹，形成海底地震，造成海啸，掀翻敌方军舰，冲垮海岸上的敌方阵地和卷走敌方人员。

浓云掩体技术：利用微波技术，在自己阵地上空制造乌云，使敌方飞机无法进入。

毛毛雨技术：利用微波技术，使敌方阵地下起毛毛细雨，雨滴虽小，但密度很大，形成一个"雨帘"，使敌方的雷达找不到目标。

未来还可能利用纳米技术，制造更小的"雄蜂"，随心所欲地远距离改变敌方天空的云层状况，为自己向敌军进攻创造条件。

（六）次声武器

次声武器是利用低于 50Hz 的低频声波在短时间内使人体器官产生强烈的共振，从而使人头昏、恶心、肌肉痉挛、神经错乱、呼吸困难、惶惶不安。次声对机体的基本作用原理是生物共振，人体内部各器官的振动频率均在次声频率范围内。当人体处于次声作用下时，只要声压级达到一定程度，体内器官就会发生共振，结果是各部位出现不同程度的不适，甚至造成器官破坏。次声武器有以下四个基本特点：

（1）传播速度快。次声在空气中以340m/秒速度传播。在水中传播速度更快，可达6 000km/时。

（2）不易察觉，便于突袭。只要强度不是特别高，次声就不能为人耳所听觉。

（3）不易被吸收，传播距离远。由于空气的热传导、黏滞和分子吸收效应与频率的平方成正比，而次声的频率低，所以衰减小。例如，核爆炸所产生的次声可绕地球好几圈。

（4）穿透力强，不易防护。声波的穿透能力与频率成反比。例如，7 000Hz的声波可用一张厚纸挡住，而对于7Hz的次声，墙壁也阻挡不住。实验表明，次声可穿透十多米的钢筋混凝土、建筑物、坦克、装甲车、深水下的潜艇等。

（七）非致命武器

非致命武器是指为达到使人员或装备失能，并使附带破坏最小化而专门设计的武器系统。由于它不以杀伤人员和毁坏装备、设施为目的，而是针对人员、装备、基础设施的薄弱环节，使其失去作战能力或不能正常发挥作用，从而达到作战目的，因此又称失能武器或非杀伤武器。从广义上讲，它是涵盖信息战装备、反机动、反人员等各种非杀伤性武器的一种新概念武器群体。目前，国外发展的非致命武器，按照用途基本上可分为反装备非致命武器和反人员非致命武器两大类。

1. 反装备非致命武器

反装备非致命武器，主要是通过破坏装备本身的材料结构或外部条件，使其无法正常发挥作用，通常以阻止装备快速实施机动为主要目的。主要包括以下五种武器：

（1）强力黏结剂武器

强力黏结剂武器源于美国的"粘苍蝇纸"方案，它是通过飞机或炮弹（航空炮弹、炮弹、火箭弹等）将一些具有极强粘合力的以聚合物为基础的雾状黏结剂喷洒或投放在预定目标上，使飞机粘在机场跑道上而无法起飞，使车辆粘在公路上而不能行驶，使枪炮、通信设施或其他装备粘住而不能操作。这些物质如果在空中飘浮，还能破坏飞机、坦克发动机的运转；如果由士兵携带的喷洒器布撒，能在120～200m的距离上粘住敌方人员，使其无法行动。

（2）特种润滑油武器

特种润滑油武器技术方案正好与强力黏结剂武器相反，它是将一类极细微的高性能润滑粉剂，用飞机或炮弹洒播在地面，使飞机跑道、公路、铁路等表面异常光滑，通过大大降低摩擦力，导致飞机无法起飞或降落、车辆失控、列车脱轨，造成各种事故或交通堵塞，从而达到破坏部队行动的目的。这种可供选择的特殊光滑的物质有特氟隆（聚四氟乙烯）和它的衍生物。特氟隆不仅几乎没有摩擦系数，而且还有一个特点，即很难"清洗"，除非用刮刀把它刮掉。

（3）超级腐蚀剂武器

超级腐蚀剂具有比氢氟酸还强的腐蚀性，可造成飞机和车辆的轮胎、人员的鞋底变质，破坏沥青路面、层段以及光学系统之类的装备。超级腐蚀剂可制成液体、粉末、凝胶或雾状，也可制成二元混合物，以便于安全使用。它可由飞机投放、用炮弹抛洒或由士兵施放在地面。美军在新武器构想中就推出了"钉在沥青路上"的方案，即在道路喷洒上一层能够很快使车辆的轮胎变质、破碎乃至爆裂的特殊物质，只要车辆从这里走过，就会受到严重损坏，最终成为一堆废铜烂铁。

（4）金属致脆剂武器

金属致脆剂是用化学方法使金属或合金的分子结构发生改变，从而使其强度大幅度降低。它几乎可以使所有金属变脆，破坏飞机、舰船、车辆、桥梁、建筑物钢结构部件等。金属致脆剂一般是清澈透明的液体状物质，几乎不含任何杂质，可以用飞机从空中喷洒，也可装在炮弹内发射到敌军上空，还可装在喷雾器内喷洒。

（5）动力系统熄火弹

动力系统熄火弹是利用阻燃剂来污染或改变燃料性能，使发动机不能正常工作而熄火的武器。美国将这种新概念武器视为遏制敌方坦克装甲车集群的有效手段之一。将一种特殊性能的化学添加剂，投射到敌阵地后弥漫在空气中，如果敌人的坦克发动机吸入后，将使燃料改变黏滞性和其他性能，阻滞燃料的正常工作而使发动机发生故障。

2. 反人员非致命武器

反人员非致命武器可使敌方战斗减员，给敌方造成沉重的伤员负担。目前，国外正在研究开发几种专门的非致命反人员能力；用于控制骚乱的非致命能力：使人员失能的能力；阻止人员进入某一（地面、海上和空中）区域的能力。主要有激光武器、次声武器、化学失能剂、刺激剂和黏性泡沫等类型。

从使用效果看，非致命武器在现代冲突中可以成为配合常规武器的重要补充手段，在某种条件下甚至可以起到战略性作用。例如，在冲突早期，非致命武器可以用作抑制冲突升级的压制性手段，从而能够有力地配合、支持经济制裁和军事打击。在高强度冲突中，非致命武器可以对敌武器系统、侦察通信系统、指挥控制系统、交通要道等目标进行干扰破坏，取得直接的战略性效果，从而加快战争进程。军事专家们预言，到2010年前后，非致命武器将广泛应用于战役和战略层次，它"具有极大地改变战争性质的潜能"，可能使未来战争的作战样式发生极大的变化。

第三节　高技术与新军事变革

当今世界，在以信息技术为核心的高技术推动下，军事领域正在发生着一场新的军事变革。这场军事变革的实质，是一场以信息化为主要特征的军事信息化革命。其产生的主要动因与高技术的发展密切相关。随着高技术的进一步发展，当前这场新军事变革已进入到一个新的质变阶段，并将发展成为一场遍及全球、涉及所有军事领域的深刻革命，将对世界军事形势、国际战略格局乃至战争形态的演变产生深刻影响。

一、新军事变革概述

"新军事变革"，是从英文 RMA（Revolution in the Military Affairs）翻译而来。目前，最热衷于这场军事变革的国家主要是美国等西方军事大国；然而，首先洞察这场军事变革的并不是美国人，而是苏联人。第二次世界大战后，随着信息技术的迅猛发展及在军事领域的广泛应用，使得军队指挥手段不断向自动化方向发展。20世纪70年代，美、苏等军事强国基于战略需求，基本都实现了军队指挥自动化。越南战争中，美国率先使用精确制导炸弹并产生出巨大的作战威力。此后，各军事大国纷纷投入巨资开始研制并生产这类精确制导武器。随着指挥自动化系统与精确制导武器的研制与发展，为军事变革的孕育提供了最基本的物质技术条件。在这种历史背景下，1979年由苏军总参谋长奥加尔科夫元帅提出"新军事技术革命"的概念。他认为，新兴技术将使军事学说、作战概念、训练、兵力结构、国防工业、研制重点发生革命性变化，即出现新的军事技术革命。

20世纪80年代初，美军领导人提出，目前工业时代正在产生第三次浪潮。这种由信息革命引发的第三次工业浪潮，必将在人类社会各个领域引发根本性变革，从而给军事领域带来一场深刻的革命。1982年，美军针对苏军在欧洲战场提出的"大纵深作战"理论，结合自身高技术武器装备的发展现状，提出了"空地一体战"理论，同时开始着手重点发展精确制导武器，调整军队体制编制，以适应第三次浪潮战争形态的变化。1991年海湾战争爆发，从而正式拉开了这场世界性军事变革的序幕。1993年8月，时任美国国防部基本评估办公室主任的资深分析家马歇尔以更深邃的目光对"新军事技术革命"概念提出异议，他认为："对军事革命的含义常有误解，我们打算不用早些时候的军事技术革命这一术语，因为它把重点放在了技术上。技术使得革命有可能出现，但只有制订了新的作战概念，在许多情况下，建立了新的军事组织的时候才会发生革命。"为此，他建议改称"新军事革命"。1994年1月，美国国防部接受了这一提法，并正式组建"军事革命高级指导委员会"进行官方研究。1995年底，美军在深化理论研究的基础上开始采取实际步骤进行军事变革的一系列实验。

1996年5月，美参联会公布《2010联合作战构想》（简称《构想》）。在《构想》中提出："机动制敌、精确打击、全维防护和聚焦保障"，勾画了今后15年美国武装力量建设和作战蓝图。同年12月，美国防部又正式颁布《信息作战》纲要。至此，美军开始全面推动军事变革。2003年3月伊拉克战争爆发。美军在这场战争中全面检验了这几年新军事变革的重大成果。从战争结局上看，美军在军事上取得了巨大成功。如果说1991年的海湾战争是介于机械化战争和信息化战争之间的话，那么，伊拉克战争则标志着人类战争已经进入到一个新的发展阶段。在这场战争中，美军只用了海湾战争一半的兵力、时间和物资消耗，就达到了推翻萨达姆政权的战略目的。这除了美、伊两国巨大的经济差距（美国GDP是伊拉克的260倍）以及其他政治因素外，主要是因为美国在军事上占据着绝对优势，具体来讲，就是通过不断推进新军事变革，使得美军建立起了一套高度机械化和半信息化的军事体系，而与此相对抗的伊拉克军队，则仍处于机械化半机械化阶段，从而使双方在军事力量的对比上形成了巨大的"时代差"。透过这场战争，人们不仅看到军事变革给当代世界军事领域所带来的巨大冲击。同时，也看到了军事变革所塑造出的信息化军队的作战威力。

通过大力推进新军事变革，美军获得了超强的作战能力，这使世界各主要大国在震惊的同时，更增强了紧迫感和危机感，围绕如何缩小与美国的"时代差"和"技术差"而纷纷制定措施，竞相加快了军事变革的步伐。一些国家结合伊拉克战争的主要做法及前期军事变革的经验教训，出台了一系列新军事变革的新举措，推动军事变革在更高的层次、更广的领域、更大的范围加速发展，从而使世界新军事变革进入到一个整体质变的发展阶段。

二、新军事变革的主要动因

新军事变革的主要动因，是科学技术的突破性发展、军事需求的强力拉动以及军事理论的有力牵引等。其中，科学技术的突破性发展是新军事变革产生的重要因素。

（一）科学技术的突破性发展是新军事变革的强大动因

马克思主义认为，科学技术是最高意义上的革命力量，是推动社会进步和军事变革的强大动力。当代科学技术，特别是以信息技术为核心的高新技术的飞速发展是新军事变革最直接的推动力。以信息技术为核心，以航天技术、生物技术、新材料技术、新能源技术和海洋开发技术等为代表的一大批高新技术和高技术产业蓬勃兴起，在被广泛应用于军事领域后，催生了新军事变革，并不断推动世界新军事变革向深度和广度发展，成为推动世界新军事变革最有力的杠杆。同时，新军事变革的出现和不断发展，又必然要求武器装备的不断更新，从而牵引和推动军事高技术的深入发展。

在当代高技术领域，信息技术是基础、是核心。信息技术在军事领域引发的变化，主要表现在它物化出新一代的信息化武器装备，并使军事理论和体制编制发生革命性的变化。其中，武器装备及其体系的变化是直接的、基础的和革命性的。

（1）信息技术的迅猛发展导致武器装备信息化。现代武器装备广泛采用侦察监视、网络通信、导航定位等信息技术，大量装备传感器、计算机、显示器、控制器等先进的电子设备；除此之外，武器装备信息获取、信息处理、信息传输和信息对抗等信息能力的不断增强，使得战场感知、横向组网、远程精确打击和对抗等作战能力取得了长足的发展。

（2）信息领域的激烈对抗导致信息系统武器化。现代战争，信息优势的争夺成为现代战争的重要内容。信息装备及其组成的信息系统作为武器装备体系新的、重要的组成部分，大大提高了信息获取、信息传输、信息处理和信息控制等能力，使传统意义的作战能力得到了飞速增强。信息系统作为现代作战的重要手段，具备攻防兼备的功能，从而使武器化的信息系统在现代战争中发挥着日益重要的作用。

（3）信息技术的综合应用导致指挥系统自动化，成为军队战斗力的倍增器。信息技术的不断发展和综合应用，推进了指挥系统的自动化，使得指挥自动化系统的地位作用日益突出。近几场高技术局部战争表明，指挥自动化系统不仅已经成为装备体系的"黏合剂"，成为指挥决策的"智囊"，而且已经成为战斗力的"倍增器"。

（二）军事需求的强力拉动是新军事变革产生的内在动因

军事变革不是自然发生的客观物质运动，而是对抗主体之间的主观能动行为，是军事需求驱动和军事主体选择的必然结果。因此，在一定物质技术基础上，战略需求和战略主体的选择便成为决定军事变革进程和结局的重要因素。

就当前这场新军事变革而言，正是源于冷战时代敌对国家、政治集团对抗的需要，是美国与苏联之间争夺世界霸权的需要。在冷战结束，两极格局解体后，世界安全形势发生了深刻变化，信息化战争成为新的战争形态，国际恐怖主义成为当今世界的主要威胁，这种新的军事需求使得军事斗争的形式和手段又发生了新的变化，它使冷战时期那种建立在机械化战争基础上，准备打大规模战争甚至核战争的军事斗争方式和军队建设模式，难以适应新的安全需求。因此，必须对建立在机械化战争基础上的军队进行彻底改革，以满足新的需要。美国先于其他国家推行军事变革，率先把美军建设成为世界上第一支信息化军队，从而为在 21 世纪按照美国的意愿"塑造世界"提供强大的后盾。

（三）军事理论的创新是新军事变革产生与发展的基础和先导

军事理论的创新，对新军事变革的产生与发展起着基础性和先导性的作用。

20 世纪 50 年代以来，随着军事理论的不断创新与发展，引导着新军事变革沿着正确的方向顺利进行，从而使新军事变革的进程缩短、速度加快。军事理论的创新促进了军事战略的调整。冷战结束后，世界各军事大国和强国的军事战略已经由机械化战争形态下的军事战略向信息化战争形态下的军事战略转变。军队建设理论的创新引导了军队的改革与发展，军队建设的质量特别是高科技含量在不断提高。作战理论的创新推动了作战方式的变革。"空地一体战"理论、信息作战理论、空间作战理论和联合作战理论等相继提出与运用，催生了超视距打击、精确打击等新的作战方式，极大地改变了现代战争的面貌。

三、新军事变革的基本内容

新军事变革的本质与核心是信息化。其目的是建设信息化军队，打赢信息化战争。基本内容可概括为"四新一变"。

（一）创新军事技术，实现武器装备的信息化

武器装备的断代性发展，是军事领域出现革命性变化的重要标志。现阶段，主要是应用信息技术成果对现有武器装备进行改造，同时研制和发展新型信息化武器系统，从而实现武器装备的信息化、智能化和高效化。目前，发达国家军队已经实现了高度机械化和部分信息化。同时，在战争中大量使用经过信息化改造的精确制导武器。2003 年 5 月，伊拉克战争结束不久，美国副总统切尼就宣布："从战场投放的精确制导弹药占总投弹量的比例看，海湾战争是 9% 左右，这次伊拉克战争则占到 68%。"

（二）创新体制编制，重组军队组织结构

一场军事变革的完成，是以军队组织结构调整的最终实现为标志。调整改革军队的体制编制，是实现人与武器有机结合，最终完成军事变革的关键。世界各国为适应世界新军事变革的发展，高度重视优化军队的内部结构，使军队的体制编制向着精干、高效、合成的方向发展。总的趋势是，压缩常备军规模，裁减一般部队，增编高技术军兵种部队，使军队向小型化、多能化、一体化方向发展。现阶段，主要是建设便于灵活组合的中小型模块式部队，建立适合信息快速流通的扁平式作战指挥体制。伊拉克战争中，美军在指挥上，改变了以往各军兵种分别指挥的方式，由联合作战中心实行一体化指挥；在保障上，改变了以往逐级实施的方式，由后方基地统供，直接投送到前沿部队和分队，这就是所谓的"聚焦后勤"。

（三）创新军事理论

随着高新技术武器装备的发展，传统的战争理论、作战原则以及战略、战役、战术之间的关系等都随之发生变化，出现了一些建立在新的物质基础之上的军事理论。如信息化战争理论、信息战理论、联合作战理论、精确化作战理论、非对称作战理论、空间作战理论、非接触作战理论和网络中心战理论等。在伊拉克战争中，美军所使用的"快速决定性作战"理论，就是一种全新的作战理论。它强调作战行动必须充分利用信息化装备优势，采取"远程精确打击＋小规模地面快速突击"的新战法，尽快由有限规模的战役行动达成战略目的。通过实战检验，这一理论得到了充分验证，说明适应信息化战争要求的创新的军事理论是完全必需的。

（四）创新作战方式

20世纪90年代以来，非接触、非线式作战日益成为重要作战方式。网络中心战、太空攻防战等也将在不久的将来登上实战舞台。美军在伊拉克战争中所采用的基本方式就是非接触和非线式作战。这种作战方式不再是逐次突破推进，而是一开始就超越防御地带和自然地理屏障，直接对敌战役和战略纵深目标实施中远程精确打击，通过瘫痪对方的整个作战体系、摧毁对方的战争潜力和国家意志来达成战略目的。2003年3月20日凌晨战争一打响，美军第3机步师就从科威特出动，第二天便深入伊拉克腹地160km，5天内急进400多公里，直插巴格达外围。不少人认为，这样用兵是孤军冒险。其实，这正是为了以最快的速度推翻萨达姆政权。这种"闪电"行动，使伊拉克军队来不及纵火焚烧油田、炸毁桥梁、设置交通障碍，更来不及组织坚强有力的巴格达防御战。

（五）战争形态由机械化战争向信息化战争转变

（1）战场空间日益扩展。由过去的陆、海、空三维空间，扩展为现在的陆、海、空、天、电以及心理六维空间。

（2）战争节奏日益加快。过去战争往往以年、月计算，现代战争则往往以小时计算。

（3）战略、战役、战术行动融为一体。通过对要害目标特别是首脑目标实施中远程精确打击来直接达成战略目的。最典型的作战方式就是"斩首"行动。

（4）制信息权成为争夺战场主动权的焦点。

（5）军队作战一体化程度日益提高。通过信息网络把各种武器装备横向链接起来，朝着指挥一体化、部队编组一体化、各个作战单元行动一体化和补给保障一体化的方向发展。

（6）前方与后方的界限日趋模糊。战争一开始就在作战一方国土的全纵深同时展开，国家战略资源和要害性设施的防护问题空前突出，全社会民众的战争意志坚强与否成为战争胜负的决定性因素。

四、新军事变革的重要影响

这场新军事变革，促进了世界军事力量的大发展、大动荡和大调整。将对重建国际军事安全秩序、重建世界军事力量格局、重塑未来战争形态和重建未来型军队等产生决定性影响。

（一）进一步加剧了世界战略力量对比的失衡态势

在历次军事变革中，尽管霸权主义国家能够实现局部扩张，但没有哪一个帝国能够随心所欲地对全球进行控制，新军事变革却截然不同。作为这场新军事变革"领头羊"的美国，拥有当今世界上最雄厚的经济实力、最先进的科学技术和最强大的军事力量，加重了其称霸世界的筹码，使它有可能具备全球投送、全球抵达、全球作战的能力，实施全球性扩张、干涉和控制。根据美陆军《目标部队》白皮书，至 2020 年前，美军可在 4 天内向全球地区部署 1 个旅战斗队，5 天内部署 1 个师，30 天内部署 5 个师。空军可在很短时间内到达全球各地，战略轰炸机经空中加油可连续飞行 18 000km 以上。这种结果，必将导致世界军事力量的严重失衡，使弱国与强国之间已经存在的差距越拉越大，并由此引发新一轮军事装备竞赛。

目前，不仅世界大国加快了军事变革的步伐，一些中小国家也积极创造条件进行军事变革，大力推进军事理论、作战思想、武器装备、组织体制、教育训练、后勤保障等各个方面的创新，从而使新军事变革呈现出向广度和深度加速发展的趋势。英国、法国、德国、日本等发达国家和俄罗斯，为拉近与美国的距离，正逐步增大投入，力争在某些领域谋取优势；许多发展中国家，为避免陷入被动挨打的境地，也在千方百计发展国力，壮大军力，力求防止和消除出现"隔代差"。这就构成了一种各国竞相发展、全球战略互动的新局面。

（二）进一步推动了世界各国军事战略的全面调整

新军事变革极大地冲击了传统的战争理念，改变了现代战争面貌，促使各国重新审视安全环境和战略策略，依据客观环境和主观需求积极主动地进行战略调整。自 20 世纪 90 年代以来，美国出于维护其霸权的需要，先后进行过四次军事战略调整。俄罗斯从苏联解体后到现在也已调整了三次军事战略。英、法、德等欧盟集团，出于集团利益的需要，在反映各成员国战略主张的同时，积极谋求"联盟战略"。日本以建立"合理、高效、精干"军队为目标，对其军事战略进行了全面调整。此外，一些发展中国家基于维护自身安全的考虑，在战略上也作出了必要调整。可以预见，随着新军事变革的深入发展，各国还会进行新的战略调整并促进国际战略格局进行新的整合。

（三）进一步拉大了世界各国军队武器装备和作战能力上的"时代差距"

在机械化战争时代，武器装备和作战方式上的"时代差距"，曾经使法西斯德国军队在第二次世界大战初期的陆战场上取得了显赫战果，也曾使日本军国主义在海战场上独占鳌头，但与其主要对手的差距往往并不是很大。而新军事变革中所产生的武器装备和作战能力上的"时代差距"，却使优劣差距极端明显。一旦存在"时代差距"的两军在战场上对垒，就会出现"占有优势的一方，可以看到劣势的一方，而劣势的一方却看不到优势的一方；优势的一方可以打到劣势的一方，而劣势的一方却根本打不到优势的一方；优势的一方可做到攻守自如，而劣势的一方则手足无措"局面。这就是这场新军事变革在武器装备和作战能力上所产生的"时代差距"的突出表象。

（四）进一步增强了军事手段维护国家安全的作用

新军事变革的飞速发展，使强国在短时间内变得越强，弱国变得越弱，两者之间的差距可能越拉越大，而且这种差距一旦形成，则难以消除，其结果是一方面力量的失衡导致战争的危险性增加；另一方面，由于代差性的形成，增强了战争的可控性，从而为强国运用军事手段达成政治目的，提供了低风险、高效益、多样化的战略选择。据统计，冷战时期发生的局部战争和武装冲突年均为 10 次，而冷战后年均却达 10 次之多。特别是 20 世纪 90 年代以来发生的海湾战争、科索沃战争、阿富汗战争、伊拉克战争，更显示出军事手段在解决争端中的"泛化"趋势。以美国为首的西方发达国家认为，拥有绝对军事优势是处理国际危机的前提。在这种理念支配下，自 1990 年以来，美国对外出兵达 60 多次，占第二次世界大战后对外出兵总数的一半以上。由此可见，新军事变革不仅使军事手段的地位和作用明显上升，而且刺激了新干涉主义进一步抬头，给世界和平与地区安全带来了新的威胁和挑战。

五、新军事变革的发展趋势

未来 10～20 年，随着纳米技术、隐形技术和定向能技术的更新突破，将为世界新军事变革提供新的物质技术基础。在可以预测的未来，新军事变革将呈现出以下趋势。

（一）军事科学技术的发展水平将有进一步突破

20 世纪 70 年代起，属于信息化军事范畴的信息革命便拉开序幕，这场信息革命分为军事传感革命和军事通信革命两个阶段。军事传感革命主要表现为：出现了计算机控制的探测器材以及单个作战平台和武器系统的计算机化，武器的命中精度有了极大提高，单个作战平台的性能成倍地提升。据测算，装有新型传感器的作战平台，其探测距离相当于过去的 5 倍，探测范围和探测到的信息量是过去的 25 倍。目前，在成熟探测技术的基础上，人们又大力发展人工智能技术，目标是使探测与智能相结合，从而实现探测的智能化和无人化。现阶段，人工智能技术已经能造出可供实战使用的机器人；新材料技术、遥控技术和遥感技术的不断发展，使无人机变得日趋轻巧灵便，作战效能增强。

预计 2020 年前后，一批更加高效的新型武器将陆续出现，用信息网络技术把它们链接起来，就能为新军事变革提供新的物质技术基础，推动军事信息化变革向高级阶段发展。

（二）武器装备信息化建设将进一步向广度和深度发展

当前，世界各国武器装备发展的大趋势是由机械化逐步向信息化过渡。自海湾战争以来，人们发现，经信息化改造的武器装备都具有较强的综合作战效能，为此，世界各国开始投入巨大的人力、物力和财力来加强武器装备的信息化建设。

空间武器将逐步由后台走向前台。从发展的角度看，空间作战飞行器和空天飞机将是未来空间作战的威慑和实战力量，可以在数十千米的高空或数百千米的近地轨道上执行多种作战任务。空天飞机集飞机、运载器、航天器等多种功能于一身，将是 21 世纪全球作战乃至控制空间、争夺制天权的"杀手锏"装备。美国已把重点放在发展空间作战飞行器上，把研制空天飞机作为20年后的长远目标，近期将推出技术难度比较小的具有空天飞机部分功能的空间作战飞行器。

（三）军事组织体制将向便于信息快速流动与使用的方向发展

新军事变革主要内容之一，就是使军事组织体制实现从工业时代向信息时代的跨时代跃升。这种跃升的实质，是使信息这一主导要素能在军队内部和战场上快速、顺畅、有序地流动，以适应打未来信息化战争的要求。反映到体制编制上，就是用信息化时代的体制编制改革工业时代机械化的军事形态，从而使信息化武器装备和创新性作战理论所蕴含的作战潜力实现"物化"。因此，军队体制编制改革的总体趋势，是向便于信息快速流动和使用的方向发展：

（1）变纵长形"树"状领导指挥体制为扁平形"网"状领导指挥体制。近期几场局部战争表明，工业时代构建的适用机械化战争要求的领导指挥体制已不再适应信息化战争的要求，在实战中已暴露出信息流程长、信息流动速度慢、抗毁能力差等弊端。为了改变这种情况，世界各国正逐步建立外形扁平、横向联通、纵横一体的网状领导指挥体制。

（2）进行陆军结构改革。近期高技术局部战争表明，陆军的地位和作用与以往相比在下降，陆、海、空协同作战的理念正日益深入人心。为此，改变陆军结构就成了各国面临的重大军事问题，小型化、轻型化、多能化，是军事强国陆军改革的大方向。

（3）组建信息战部（分）队。为了实施和打赢信息战，一些国家开始组建信息攻防部（分）队，如建立专门负责实施进攻信息战的航空队，"黑客"与"反黑客"等各种计算机应急反应分队和计算机网络防护分队等。这些新型部队的建立，将在未来信息化战争中发挥举足轻重的作用。

（四）作战双方的对抗方式将呈现出以网络为中心的体系对抗

随着以计算机为核心的网络技术的发展，战争中作战双方不再是力量单元之间的较量，而是以网络为纽带、整体对抗为表现形式的体系与体系之间的对抗。在这种以网络为中心的体系对抗中，作战人员并不像过去那样仅仅依赖单元武器装备，每个作战人员面对的是己方和敌方两大网络化的信息网络系统，一切作战资源，都必须依赖信息网络才能发挥最大的作战效能。双方对抗中，谁先获取信息，并以最快的速度处理信息、分发信息，谁就能夺取制空权和制海权，进而谁就能够掌握战争的主动权。如果从武器装备构成体系上分析，在未来战争中，武器装备的使用将从突出强调利用坦克、飞机、军舰等作战平台的单元作战性能，转到强调综合利用信息化武器装备系统的整体效能上来，突出武器装备系统的体系对抗。目前，美军正加紧研制 C^4KISR 系统，该系统是将预警、侦察、监视、指挥、控制、通信、计算机和情报系统与精确打击系统联成一体，从而形成一个以网络为中心的庞大的武器装备系统。在未来战争中，计算机网络和通信网络将把信息化作战平台与各种探测系统、指挥控制系统、精确打击系统集成为一体化的军事信息系统，使武器装备体系的整体性更强、更完善，从而使信息化战争中体系对抗的特征表现得更为鲜明。

（五）战争形态将逐步由机械化战争向信息化战争转变

随着信息化武器装备的大量使用，战争形态正逐渐由机械化战争向信息化战争转变。据统计，海湾战争中，使用的信息化武器装备只占8%，科索沃战争中则占到了35%，阿富汗战争中占到了56%，而到了伊拉克战争，信息化武器装备占到了美军装备总量的70%。由此可以看出，信息化武器装备在战争中的使用量在不断增加。由于信息化武器装备的大量使用，使得战争双方在信息空间的争夺日趋激烈，继争夺制陆权、制海权和制空权之后，争夺制信息权已成为战争双方争夺的新焦点，并出现诸如信息战、网络战、指挥控制战、心理战等许多新的作战样式，战场空间也从三维地理空间拓展到电磁空间、心理空间、信息空间等多维空间，并形成陆、海、空、天、电以及心理等多维一体的全方位联合作战，战争的形态也开始由机械化战争向信息化战争转变。这些变化，都与信息化武器装备的性质和结构的发展变化有关。可以预测，未来10～20年，随着信息化武器装备的大量使用，将有力推进机械化战争向信息化战争的加速转型，并最终实现完全意义上的信息化战争。

思考题

1. 军事高技术的内涵、分类和主要特点是什么？
2. 精确制导武器的种类和在现代战争中的作用是什么？
3. 侦察监视技术现状和发展趋势怎样？
4. 伪装与隐身技术有哪些？
5. 电子对抗技术现状及发展趋势怎样？其作战运用有哪些？
6. 军事航天技术、指挥控制技术的运用有哪些？
7. 新概念武器主要有哪些？各有何特点？
8. 新军事变革的主要动因和基本内容是什么？

第五章 信息化战争

第一节 信息化战争的概述

一、信息化战争的概念

运用信息、信息系统和信息化武器装备进行的战争被称作信息化战争。它以信息技术为核心，通过信息网络系统，综合运用作战保密、军事欺骗、电子战、心理战和实体摧毁等手段对敌方的信源、信道和信宿实施有效控制，进而瓦解或摧毁敌方战争意志、战争能力、战争潜力的军事活动。

信息化战争与其他战争相区别就是"信息化"。也可以说，信息化是信息时代战争的根本特征和主要标志。不认识和不理解信息化，就难以正确把握信息化战争。

从信息化概念的提出至今，无论是对信息化概念本身，还是对社会信息化、军事信息化或战争信息化，学术界的认识并不完全一致。

有的认为："所谓信息化，就是充分利用当今迅速发展的信息硬件和软件技术，把一个个分散的系统综合集成为一个一体化的大系统，并运用信息时代的军队创新方法，提高军队创新体系在军队信息化建设领域中的创新能力。"这个定义是从军事创新角度认识信息化的，核心是用信息技术综合集成，形成大的系统，目标在于"提高能力"。

也有的认为："军队信息化建设，是以提高信息能力为根本目的，以'系统集成'为主要途径，最终把以物质和能量为主要作战能力构成要素的、适于打机械化战争的机械化军队，建设成以信息和知识为主要作战构成要素的、适于打信息化战争的信息化军队的过程。这个观点也强调信息化是一个过程，是一个以提高能力为目标的系统集成过程。"

还有观点认为：信息化由"四大要素"构成，也就是数字化、网络化、精确化和智能化。其中，数字化是条件，网络化是基础，精确化是目的，智能化是方向。它的本质就是系统化，就是借助数字和网络，最大限度地发挥信息的"链接""融合"与"倍增"功能，实现人与武器、人与战场的最完美结合。

我国著名科学家钱学森认为，信息化战争是以信息为基础的战争。他指出：远程核武器的巨大破坏力，再加上现在高速发展的信息技术，就形成现阶段和即将到来的 21 世纪的战争形式——核威慑下的信息化战争。军事科学院编著的《信息化作战理论学习指南》一书对信息化战争的解释是：信息化战争是人类社会进入信息化时代后，交战双方依托信息化战场，以信息化军队为主要作战力量，以信息化武器装备为主要作战手段而进行的战争行为，是由信息时代战争形势、军事力量状态和诸多兵器的技术形态等决定的战争动因、性质、规模等整体的表现形态。信息化战争是一种新型战争形态，既不同于农业时代的冷兵器战争形态，也不同于工业时代的热兵器战争形态，它属于知识经济、信息时代的高技术战争形态，在当前，是信息技术主导的机械化战争的高级阶段。

二、信息化战争产生的动因和国际背景

（一）信息化战争是信息技术催化的产物

由于光缆通讯、计算机技术、虚拟仿真及传感技术、信息联网及数字化网络技术的出现，并逐渐形成社会的网络化、系统化和一体化；由于这种不断加快的社会网络化、系统化和一体化通过计算机和通讯网络把国家的军事、政治、经济、文化等领域联为一体的发展趋势，为信息化战争的产生提供了物质技术基础，也为新时期研究信息化战争的战争形态、攻防手段、信息化战场及数字化军队建设，数字化武器装备建设，信息化战争的目的、任务、性质等信息化战争观等理论提供了物质基础。

（二）信息化战争是人类社会进入信息化时代的突出表现

以美国为首的发达国家，在开发利用信息网络技术方面，不管是军用还是民用方面都在世界上处于领先地位。美国推行"横向一体化"的原则，把军用和民用的网络技术互相兼顾，充分利用民用信息网络技术尖端成果来建设数字化军队和发展信息化武器。于是，以美国为首的发达国家，首先出现了信息化技术含量很高 C^4I 系统、信息化战场、数字化军队、信息化弹药、信息化作战平台以及信息化高速公路、战场信息高速公路等，如美国的"路易斯安娜演习战斗实验室"，英国的"作战地理仿真研究中心"等。在发达国家的带动下，不少中小发展中国家也纷纷调整军事发展战略，加快筹建数字化战略部队和"虚拟仿真训练中心"等相应的信息化技术含量很高的军事机构。

（三）信息化战争是新军事变革推动的结果

新技术革命必将猛烈冲击传统的军事思想和战争观念，引发一场新的军事变革。20 世纪 90 年代以来发生的世界性的军事变革，是在表现为军事技术和武器装备的根本性变化基础之上的，包括作战理论、作战方法、军队体制编制等军事领域各方面的全面变革。它给军事形态带来的影响实质上是一场军事信息化的革命，而信息化还成为军队战斗力的倍增器。从而，新军事变革推动了信息化战争的形成和发展。

（四）霸权主义是信息化战争产生的根源

在世界上信息技术处于领先地位的美国一贯追求的是以美国为首的单极世界"世界领导权"（即全球霸权）。美国在其主旨的信息化战争中关于"级差"原则指出："与农业国家和工业国家交战时，同样打信息化战争，不降低自身的级差去进行农业和工业时代的战争。"美国出于自身的政治目的和国家利益以及它的科技优势和综合国力优势，在信息化时代的国际事务及军事活动中要推行霸权主义是必然的，由此引发其它一些国家和地区推行地区信息霸权主义的可能性也存在。

信息时代的信息霸权主义是信息化战争产生的根源。美国要推行信息霸权主义，就必然会产生反信息霸权主义。广大中小国家为了自己的生存与发展，为了创造一个有利的发展空间和良好的国际政治、经济和信息的新秩序，进而有一个良好的国际环境，必然要在信息化技术研究、信息化作战平台建设、信息化数字化军队及其武器装备建设乃至在进行信息化战争方面，采取相应的反对信息霸权主义方面的措施。

三、信息化战争的基本内容

信息化战争所包含的内容是多方面的，有专家把它归纳为：一个核心，两大支柱，三个能力，四种形式。

一个核心：指挥控制战。即在情报信息系统的支援下，综合运用军事欺骗、作战保密、心理战、电子战和实体摧毁等手段，攻击包括人员在内的整个敌方信息系统，破坏敌方信息流，以影响、削弱和摧毁敌方指挥能力，同时保护己方的指挥能力免遭敌方类似行动的攻击。在信息化战争中，指挥系统是整个战场信息获取、控制和利用的心脏，是整个战场的神经中枢，保卫或摧毁这个心脏和神经中枢，加强全面应用信息技术及时获取或削弱、消除这个心脏和神经中枢都是信息化战争的首要任务。因此，指挥控制战是信息化战争的核心。

两大支柱：数字化战场和信息化军队。数字化战场是由覆盖整个作战空间的通讯系统、情报传输系统、计算机与各级指挥终端组成的，能指挥所属部队并能够提供与作战有关的大量实时信息的综合网络系统，亦称之为战场信息高速公路。信息化军队即由掌握信息化弹药及装备的信息化士兵所组成的，以"信息为作战基础"的全新的作战部队。美国根据其"21世纪士兵系统计划"，估计到21世纪中叶前后可能建成世界第一支信息化部队。

三个能力：全面掌握战场信息的能力；多种有效的攻击能力；对被攻击目标实施毁伤评估的能力。要打赢信息化战争必须具备这三种能力。

四种形式：精确战、计算机战、隐身战和"虚拟现实"战。

精确战是指精确与反精确的对抗。包括：精确侦察预警与反精确侦察预警；精确情报传递与反精确情报传递；精确指挥控制与反精确指挥控制；精确机动定位与反精确机动定位；精确打击与反精确打击；精确毁伤评估与反精确毁伤评估。"精确"将成为未来战争的一个重要特征，而精确与反精确的对抗实质上就是一种信息对抗。因此，精确战将成为未来信息化战争的一种重要表现形式。

计算机战是指以计算机为作战对象的干扰与反干扰、破坏与反破坏、窃取与反窃取的对抗。随着新军事变革的实施，武器装备的计算机化将进一步加强，计算机也成为信息化战争的主要目标。计算机战主要有两种表现，即计算机病毒战与计算机网络战。

隐身战是指隐身与反隐身的对抗。隐身化已成为现代武器装备发展的一个基本趋势，也是未来战争的一个重要特征，在未来的信息化战争中隐身与反隐身的对抗将日益激烈。

"虚拟现实"战是用虚拟现实技术对敌进行信息欺骗、心理威慑等。虚拟现实技术又称为灵境技术，它是利用计算机等现代化手段来产生一种与真实环境几乎完全相同的图像或情景，因此，它具有很大的欺骗性。

在未来的战争中信息化战争的上述四种形式的作战效益往往可以同时发挥出来。

第二节　信息化战争的特征与发展趋势

一、信息化战争的特征

信息化战争的特征直接影响战争的指导，确立信息化条件下战争指导的前提，首先应掌握信息化战争的特征。不同时代的战争有不同的特征，新战争形态的特征往往是与上一代战争形态相比较凸显出来的。形成信息时代信息化战争的典型特征是由许多不同因素决定的，是与上一代机械化战争形态相比较而言的。通过分析机械化战争和近期几场高技术局部战争，我们可以清晰地看到信息化战争具有以下主要特征：

（一）作战手段信息化

信息化战争的首要标志是作战手段的信息化。作战手段信息化主要是指使用信息化武器装备进行战争，武器装备信息化是进行信息化战争的基础和前提，是真正具备信息化战争能力的关键因素。工业时代的战争是以机械化武器装备为物质基础所进行的战争，进行战争的手段是作战飞机、坦克、军舰、枪炮、导弹等硬杀伤武器装备，虽然它们也含有电子信息技术的成分，但其含量并不高。而信息化战争是以信息化武器装备系统为物质基础所进行的战争，进行战争的手段不再仅仅是硬杀伤武器装备，而是精巧的智能化武器装备。工业时代所进行的机械化战争，强调的是火力的运用，需要的是钢铁，而信息化战争则十分注重打击对方的信息设施，强调的是信息的控制，需要的是硅片。在信息化战争中，信息化能力优势的一方，将拥有战场上的主动权。

信息化武器装备是指具有信息探测、传输、处理、控制、制导、对抗等功能的作战和保障装备。主要包括作战平台、弹药、指挥控制系统、单兵作战装备等。

在信息化战争中，坦克、装甲车辆、火炮、导弹、作战飞机、作战舰艇等武器载体装有多种信息系统并联为一体，能为作战行动提供及时而有效的帮助。信息化作战平台不仅装备有多种信息传感设备可探测敌方目标，为实施精确的火力打击提供目标信息，而且还有足够的计算机系统及联网能力，能为各种作战行动及时而有效地提供辅助信息。从当代的几场局部战争就可看出，信息化作战平台为远离战场的远程打击提供了有利条件，使潜艇距离战场约 1 600 千米发射巡航导弹，空射巡航导弹从 2 000 千米外发射并命中目标。信息化作战平台极大地提高了作战能力和效果。从阿富汗战争看，美国已将地面、空中、太空、海上信息与作战平台联为一体。

在信息化战争中，将会普遍应用智能型精确制导弹药。在武器系统具有自动完成对目标的探测、分析、攻击和评估能力的基础上，信息化弹药具有"发射后不用管"、自主识别和攻击目标的能力。例如，美军研制的"黄蜂"反坦克导弹，在超低空远距离发射后，能自动爬高，自动搜索、发现和识别敌方坦克，自动攻击目标的要害部位，作战指挥控制系统的信息化、一体化。现代战争 C^4I 系统是军队作战的神经中枢和"大脑"。作战指挥控制要依靠一体的网络化来保障和调动各个方面的军事力量进行作战。信息化战争主要是通过 C^4I 系统使作战指挥成为一体，使整个信息化武器系统和军队成为有机的整体，形成强大的力量。

单兵作战装备的信息化。信息化的单兵作战装备是指单兵作战实现攻击、防护的一体化和观察、通信、定位、实时侦察以及传递信息的人机一体化。

武器系统的信息化是武器装备发展史上一次革命性变革。这种变革的作用非常大，最大的特点是使武器装备智能化，使武器装备具有类似人脑的部分功能，能自动侦察和识别目标，掌握最佳攻击时机，精确打击目标。信息化使武器装备的作战效能极大地提高，使武器装备显示出的巨大作战效能，这是以往的传统武器无法比拟的。当前发展信息化武器装备的主要目的是使作战兵器精确化、智能化、远程化，作战指挥控制系统自动化，以此来夺取战场上的主动权和优势。

如果说以往美军打仗时是"钢铁和核武器崇拜狂"，那么今天美军则把重点放在了信息技术领域。美国认为未来信息化作战主要分为三部分：第一部分是侦察监视体系，即依靠天基侦察与监视卫星、空中侦察机、无人机、陆上携带各种数据处理系统的特种侦察部队，对整个战场空间进行全面和实时的侦察和监视，使战场"透明"；第二部分是指挥控制体系，即以此来处理战场侦察监视体系的信息和进行战况评估，把所要打击的目标传送给打击体系；第三部分是打击体系，主要是陆海空的远程精确打击和运用各种作战力量实施有效的攻击和防御。以上三部分中第一部分是信息化作战的核心。

在信息化武器装备不断发展的同时，在技术力量的推动下，激光武器、粒子束武器、微波武器、动能武器等新概念武器也会不断地发展和运用于战场，成为未来信息化战争的新型作战手段。

（二）作战空间多维化

作战空间多维化和每维空间扩大化是信息化战争一个显著特征。作战空间的拓展随着科学技术和武器装备的发展而不断变化。例如，由于飞机和航空技术的发展，由陆海平面战场发展为陆海空三位一体的立体战场；由于航天技术的发展，又由陆海空战场发展为陆海空天四位一体的战场；由于信息技术的发展，现代战场又由陆海空天战场发展为陆、海、空、天、信息等多维空间一体的战场。信息化战争战场呈现出大纵深、高立体、全方位的特征，除了陆、海、空、天战场不断扩大外，还将会出现网络战场、数字化战场、虚拟战场等新的战场，信息空间、电磁空间、网络空间、心理空间等也成为斗争更为激烈的领域。电磁空间的电子战将会成为"兵马未动，电子战先行"的作战首选行动。总之，随着科学技术的发展，作战空间多维化的特征将更加突出。

另一方面，现代作战的每维空间的内涵也大大拓展，战场不断地扩大。在现代战争中，以往的陆、海、空战场也不是原来意义的范围。例如，第一次世界大战的主要战役，战场范围仅有数百至数千平方千米；第二次世界大战的主要战役，战场范围也不过只有数万或数十万平方千米；而海湾战争，战场空间急剧扩展，东起波斯湾，西至地中海，南到红海，北达土耳其，总面积达 1 400 万平方千米。

信息化条件下战争要特别注意太空战场。现代战争的太空（太空的下限距离地面120千米）成为国际军事竞争新的制高点，争夺制天权成了进行信息化战争达成军事目的的重要手段。在现代战争中，制天权对夺取战争的主动权具有十分重要的意义。例如，在第四次中东战争中，当以色列军队在埃及军队的突然打击下，陷入全面被动时，以色列国内一片恐慌。就在这时，美国的"大鸟"侦察卫星给以色列送来了无比珍贵的情报，发现在埃及军队进攻的正面上，在埃及军队第2、第3军团的接合部有一个10多千米的间隙。以军据此情报，在埃及军队第2、第3军团的接合部地域实施反击，一举获得成功，扭转了战局，显示了太空提供情报的重要价值。在信息化条件下的战争中，美国十分重视太空战场的作用。例如，美国在海湾战争中使用了60多颗卫星，在科索沃战争中使用了89颗卫星，在阿富汗战争中使用了94颗卫星为陆、海、空军作战提供保障。美军对未来战争中进行太空战还进行了演练，并设想2017年发生的太空战，模拟用太空武器进行空间较量，连续3天共有250人参加了演习，这说明美国对太空战研究探讨已经接近实际运用阶段。这些情况告诉人们，天战即将成为人们面临的一种新的作战形式。

太空是未来战场的制高点，谁能控制外层空间战场，谁就能"居高临下"地控制陆海空战场，具有优势和主动地位。美国参议员罗伯特·史密斯说："谁控制了太空，谁就将控制地球的命运！"由于近年来太空在战争制胜中所显示的作用，太空和航天领域备受青睐和关注。美军航天司令部在其"2020年设想"中称，美军今天的军事作战十分依赖于航天能力，在21世纪将更加依靠航天能力。美陆军强调，在信息化条件下，战争的成败将取决于各方所具有的空间实力。俄罗斯在军事学说中称：信息化条件下战争将以天基为中心，制天权将成为争夺制空权和制海权的主要条件之一。当前，各主要军事大国都在竞相发展高新技术武器装备和天基信息系统，以争取战争的主动地位。因此，研究组建人类高智能、高技术集合体的"天军"是发展的趋势，探讨太空信息战、太空封锁战、太空轨道破击战、太空防卫战和太空对地突击战等作战样式也是非常必要的。

在科学技术飞速发展的今天，人们不禁要问：当运载火箭把军用卫星送上太空；当载人宇宙飞船把宇航员运抵月球；当核动力潜艇游弋于大洋之下；当战略轰炸机经空中加油实现数小时内"全球到达"；当洲际弹道导弹数十分钟内可以精确地摧毁地球上任何一个目标；当信息等非致命武器装备用于争夺战争胜负的时候，现代战场疆界究竟在哪里？

总之，信息化战争战场空间维数增多，每维空间无限扩大，都是信息化战争的一个显著特征。

（三）作战形式非接触非线式化

作战形式非接触非线式化是信息化战争的一个鲜明特征。出现非接触非线式的崭新作战样式，是以信息技术为核心的高技术武器装备发展带来的必然结果，是武器装备打击距离增大、精度增高、作战平台远程机动能力增强、C⁴ISR系统广泛运用于作战的必然反映。它是敌对双方在不接触的情况下，利用信息系统和远程作战武器在防区外实施打击的作战样式。美国陆军提出的21世纪信息化战场上的基本作战方针是"以情报信息发现敌人，以火力战杀伤敌人，以机动战最终完成战斗"，意思就是以远距离精确火力战大量杀伤敌人后，再以机动部队投入作战，完成任务。在科索沃战争中，美军之所以实现零伤亡，实际上是非接触作战的结果。

在信息化战争中，由于兵力兵器分布在陆、海、空、天这个广阔战场上，由信息网络联为一体，打击的目标覆盖敌方全纵深，很难像以往战争那样划出清晰的战线，作战空间、作战形式呈现出非线性特征。非线式作战是远程精确打击、非接触作战的必然结果，是信息化战争所表现出的一种客观形态。

从近期几场局部战争看，非接触非线式作战已走上战争的舞台。这种作战形式的主要特征是"全纵深展开、多方向多手段实施、远程攻击、精确打击"。这一新作战样式从总体上看，它否定了机械化战争时期集中重兵、前沿突破、梯次攻击、逐步推进的作战程序，否定了过去"层层扒皮"的进攻方式和"节节抵御"的防御方式，使作战一开始就使敌前后方"内外同时受挤压"，使战争从一开始就展现出速决性和决战性等鲜明特征。它具有全纵深作战、震慑力大、易攻难守、攻主动防被动、伤亡代价小等优点。这种作战形式是指挥人员依靠天空和太空等远距离侦察信息系统和远程作战武器，在遥远的战场之外指挥控制战争，利用远程航空兵和巡航导弹部队为作战的主体力量，对敌方军事指挥控制系统及政治经济等目标进行打击。例如，在海湾战争中，以美国为首的多国部队在太空部署了 60 余颗侦察、预警卫星；在空中部署了 300 多架侦察、预警飞机；在地面部署了 21 个侦察营和 39 个无线技侦站，还派遣特种部队 3 000 余人潜入伊拉克境内进行侦察，从而构成了覆盖整个海湾战场的立体化探测、侦察体系，为实施非接触作战提供条件。依靠这些目标信息的支持，多国部队使用 B－2A 战略轰炸机从 1.2 万千米外出动实施隐形突袭和半临空轰炸，使用 B－52 轰炸机从"不远万里"的美国本土起飞，在到达距攻击目标约 800 千米的地中海上空发射巡航导弹，使用 B－52H 和 B－1B 战略轰炸机从 2 000 千米外出动，在距离目标 800 千米外发射巡航导弹，美军从舰艇上发射的 54 枚"战斧"巡航导弹可以远距离攻击 1 000 余千米以外的目标，战术飞机在 200～1 600 千米以外出动实施高空轰炸，空对地导弹在 30 千米以外、4 000～5 000 米高度进行发射，对敌进行打击。在 42 天的海湾战争中，就有 38 天是远距离打击。这是真正与对手展开的一场不见面的"非接触作战"。在科索沃战争中，北约以远程和高空打击为主要作战样式，在 78 天中投掷炸弹、发射导弹约 2.3 万枚，空袭成为达到战争目的的唯一手段，是一场典型的非接触非线式战争。

非接触非线式作战着重于使敌方作战体系瘫痪。精心选择支撑敌作战体系的"节点"进行打击，是实现非接触非线式作战的重要举措。只有这样，才能使敌作战体系瘫痪，彻底丧失其抵抗意志。

非接触非线式作战形式是未来作战不可回避的新的作战样式。面对这一新的发展，我军的现代化建设任重道远。目前，我军以机械化为基本特征的军队现代化的任务还没有完成，又面临着机械化战争正在向信息化战争转变的世界军事发展趋势的严峻挑战。21 世纪前 50 年，我军必须完成向机械化、信息化转变的历史任务，实现"三步走"的战略目标。我们既要研究机械化战争时期的接触、线式作战样式，又要探索信息化战争的非接触非线式作战样式；既要研究进行非接触非线式作战的进攻行动，又要研究对付敌方非接触非线式作战的防御方法。尤其是我们非接触作战的精确化方面有大量工作要做，如何精确探测、精确定位、精确指挥、精确打击等有大量科技攻关和学术研究工作需要深入探索。

（四）作战力量一体化

信息化战争的一个突出特征是作战力量"一体化"。作战力量向一体化、整体化趋势的发展是科学技术发展在军事领域的体现。信息技术的发展正在把各个作战系统连接成一个"一体化"的整体。"一体化"就是通过信息化、网络化把人的智能、软杀伤和硬打击融为一体，就是在战争中利用信息技术把作战力量的各个部分、各个层次、各种要素快速、便捷、高效地连成一体，使作战力量成为一体化的整体对抗力量与敌作战，从而决定战争的胜负。其特征为：一是作战的决策指挥和战略、战役、战术行动高度融合；二是人与武器装备的结合空前紧密；三是战斗部队、支援部队、勤务保障部队紧密合成、协调行动；四是诸军兵种高度合成、联合作战；五是指挥、控制、通信、计算机、情报和侦察、监视、杀伤紧密结合成 C^4KISR 系统。

未来的作战不是单个作战兵器的对抗，也不是作战单元与单元的对抗，而是将各种作战兵器、各种作战单元、各种作战要素综合为一体的体系对抗，体系对抗将成为信息化战争作战的基本特征。在机械化战争中，作战力量主要由陆军、海军、空军、战略导弹部队等单一作战单元构成，基本上在陆、海、空三维空间独立进行，作战力量主要是由单一军种为基本单位所构成。在信息化战争中，新型的作战系统将取代原有的以军种为基本单元的力量构成模式，未来作战就是要把信息技术、武器装备、情报侦察、指挥控制、后勤保障等形成一体化作战体系。

在信息化战场的支持下，作战力量将由战场感知系统、网络通信系统、指挥控制系统、打击系统、支援保障系统等五大分系统构成，这五大分系统是未来战场作战力量的构成模式。它在作战中完全可以打破军种界限，根据不同的作战任务，按照五个大系统的要求，进行模块化编组，形成高效、精干的整体力量进行作战。

总之，信息化战争同以往的战争相比发生了许多重大变化。例如，战略、战役、战术界限模糊，制约战争的因素和机制作用增大，作战强度和行动可控性增强，作战形式出现新的样式。要打赢信息化战争，就要根据其基本特征积极探索应对措施，就要加快发展进行信息化战争的武器装备，搞好军队作战力量一体化整编，解放思想探讨信息化战争规律和指导规律，以打赢信息化战争的要求进行教育训练等。只有根据信息化战争的基本特征探索应对措施，才能较好地应对未来的信息化战争，这是我们探讨研究信息化战争基本特征的目的。

二、信息化战争的发展趋势

信息技术的迅猛发展和在军事领域的广泛应用，为军队大量利用信息提供了前所未有的条件，并将引发一场涉及整个军事领域的变革，信息化战争将呈现以下发展趋势：

（一）智能化武器装备将大量涌现

智能化武器装备是指不用人直接操作和控制，采用了人工智能技术，可自行按照人的意志完成侦察、搜索、瞄准、攻击目标以及情报的收集、处理、综合等多种军事任务的高技术武器装备。智能化武器装备给未来信息化战争注入了新的活力，从而使军队的编制更精干，传统的作战方式也将被改变。

军用智能化武器装备主要有智能机器人、智能坦克车辆、智能导弹、智能地雷等。智能机器人是智能化武器装备的集中代表，它具有一定程度的感觉以及分析、判断、推理与决策能力，能模仿人的行为执行多种军事任务。智能坦克、车辆是一种由计算机控制中心、信息接收和处理系统、指令执行系统及各种功能组件组成的能自主完成不同军事任务的新型坦克和车辆。其中，智能作战坦克可越过各种障碍物，识别目标的不同特征及威胁程度，并通过比较确定最佳行动方案，控制武器射击。智能军用车辆能观测方向、测定距离、分辨道路、绕过障碍，把所需物资送到指定地点。人工智能弹药是一种采用了现代电子技术和子母弹技术，从而使其具有人的某些智能的弹药。这种弹药不仅能自动寻找和判定攻击目标，而且能自动发现和攻击目标的薄弱部位，命中精度比普通弹药高几十倍。智能导弹是一种能自动搜查识别和攻击目标，具有思维、判断和决策能力的新型导弹。战争中，由飞机远距离发射后，它会自动跃升至几千米高空，然后自行对目标进行攻击，具有发射后不用管的特点。智能地雷，是一种能自动识别目标，自动控制起爆，并能在最有利时机主动毁伤目标的新型地雷。

（二）信息化作战平台将成为战场支撑

信息化作战平台是指信息化弹药所依托的作战平台。电子信息技术广泛渗透到武器系统的各个领域，为作战平台的信息化提供了空前的机遇。未来的作战飞机、舰艇、坦克，直至外层空间的卫星等都将装备大量先进的电子信息系统与电子战系统，使每一个信息化作战平台都成为 C^4ISR 系统的一个节点，具备电子战能力，并向隐形化、遥控化、小型化和全智能化方向发展，使作战平台的纵深突防能力，攻击能力和生存能力大大增强。特别是隐形飞行器、隐形舰船以及无人机等将成为未来信息化战场上新型的信息化作战平台，这些信息化作战平台将与有人驾驶飞机和舰船相辅相成，形成一支互为依存的强大空中、海上打击力量，从而成为信息化战场的主要支撑。

（三）作战形式将发生质的跃进

随着信息技术的发展和武器装备性能的改进，武器装备的精度、杀伤力、机动性、生存力、隐蔽性、反应速度和目标捕捉能力将大大提高，进而引起作战形式发生质的跃进。一是电子战将贯穿始终。未来信息化战争中的电子装备种类将更加繁多，部署密度更大，电磁信号更加密集，电子战频谱更宽，信号特征更复杂，为夺取制电磁权而展开的电子战将渗透到各个作战领域，贯穿于战争的始终。二是机动战将广泛实施。未来信息化战争中的机动战不仅包括兵力、兵器机动，而且包括火力机动和软杀伤力机动，尤其是软杀伤力机动将成为兵力机动和火力机动的前提而大量运用。三是计算机病毒战将普遍展开。计算机病毒是一种价格低廉使用方便的软杀伤性武器，它将随着计算机的广泛使用而普遍展开。四是非接触作战将成为主要作战方式。随着武器装备远程打击能力的提高和信息化侦察控制系统的完善，非接触作战将越来越多地成为未来信息化战争的主要作战方式。五是隐形战将充满战场空间。隐形技术的飞速发展，为隐形战的运用提供了机遇。未来信息化战争中，隐形飞机、隐形导弹、隐形舰船、隐形战车将在战场上大量出现，在看不见的战场上进行隐形较量将是未来信息化战争的一个突出特征。六是太空战将大大开展。随着航天技术的发展和军用卫星、航天飞机、载人飞船、太空站的增多，将把众多的军用航天器部署在太空，从而将促进天军的组建和太空战的展开。七是虚拟战场欺骗战将悄然兴起。虚拟现实技术的发展使虚拟战场成为可能。战争中，通过运用信息化战场上的某一网络节点，将虚拟现实技术植入敌方指挥控制系统，向敌方传送假命令、假计划，从而使其军事行动陷入混乱。

（四）作战思想将发生重大变化

未来信息化战争中，战争目的将由"消灭敌人、保存自己"转变为"控制敌人，保护自己"；表现形式将由血与火有声战争的搏斗转变为精神、意志、智慧无声战场的角逐；信息作战的目标将由侧重以信息系统为核心的物质目标转变为侧重以认识体系为核心的精神目标；信息作战的目的将由用信息流控制能量流、物质流，取得战场主动权转变为用信息流直接控制战争的策划者和决策者，从而达到"不战而屈人之兵"的目的。

第三节 信息化战争与国防建设

在以信息技术为核心的新军事革命的冲击下，国防和军队建设出现了许多新情况、新问题，亟待我们认真研究和深入探讨。

一、拓展信息化条件下国防安全的思路

（一）信息化条件下国防安全面临的新题

在当今以信息技术为代表的高技术革命时代，国防安全的内涵受到了冲击，人们关于国防安全的认识与以前相比也正在发生变化。

以往人们一提到国防安全问题，自然想到的是国家有形的陆海空防问题。当今在新技术革命的冲击下，国防安全不仅仅是有形的陆海空防问题，国防安全的内涵大大拓展了。从涉及的领域看，已从政治、军事领域扩大到经济、外交、文化、科技、信息、环境资源等领域。从时空上看，由过去人们一般认为国防安全主要是指陆海空安全及国内稳定，拓展到太空、电磁信息领域，陆、海、空、天、信息等空间都成了国防安全的领域。从国防安全的发展趋势看，由过去国防安全注重地缘明确的"硬范围"向注重超越地缘界线的"软领域"发展。

国防虽然由疆域和力量构成，但在信息技术条件下，信息贯穿于疆域和力量之中，疆域要素中包含有信息疆域，力量要素中包含有信息力量，从而使保护信息安全成为捍卫国防安全的重要内容。在当代，随着科学技术的发展，信息领域已成为国家安全不可忽视的重要方面。例如，美国就是一个信息技术发达的国家，信息系统关系到它的国计民生，美国的国防、军事系统完全依靠网络信息系统来运作。

（二）信息化条件下维护国防安全的思路

由于以信息技术为核心的高新技术的发展，使影响国防安全的因素更加复杂和解决国防安全的矛盾斗争难度增大，同时也使维护国防安全、进行国防斗争的手段增多，为人们维护国防安全拓展思路创造了有利条件。

今后维护国防安全比较明显的变化有两个方面：一是利用综合因素和综合力量来维护国防安全。现代的国防安全观不同于以前，现代的国防观是一种综合安全观。现代国防安全包括经济安全、军事安全、政治安全、文化安全和信息安全等。在当今社会的国防安全中，虽然军事安全仍是国防安全的基石，但经济安全地位上升，信息安全已成为国防安全的重心。在当代，利用信息手段维护国防安全已成为国家是否安全的关注焦点。在维护国家安全斗争的手段上，现在不仅从军事斗争的手段上考虑问题，而是把政治、经济、军事、外交、科

技、文化等斗争手段综合为一体，共同为维护国防安全发挥作用。在建立国防安全的保障体制上，也是采取包括政治、经济、军事、外交、地理、资源以及国家各行各业的综合因素来建立大安全保障系统。因此，信息化条件下维护国防安全，不仅要搞好以军队建设为主体的硬件建设，还要搞好以维护信息安全为主的软件建设；不仅要着眼于军队本身，更要依托全社会的力量，全方位地维护国防安全。二是把维护国家的主权和安全放在第一位，争取用和平的方法解决争端。当大多数人还在大谈国际主义、阶级利益的时候，邓小平指出，国家的主权、国家的安全要始终放在第一位。要以关心自己的国家利益为最高准则来谈论和处理问题。世界两极体制对峙，战火不断的情况下，邓小平就指出，希望用和平方式解决争端。这是 20 世纪 80 年代邓小平关于维护国家主权和安全的重要思想，也是加强国防安全、解决国际矛盾斗争的根本性思路。尽管加强国防安全中有国防力量和国防动员等许许多多工作要做，但在信息化条件下解决国防安全的思路是至关重要的。按照这个思路工作，既可以不动干戈地维护国家主权、国家安全和国家利益，又可以减少国家为准备使用武力解决矛盾的大量经费开支，有利于国家经济建设和发展。

二、确立信息化思想新观念

要打赢信息化战争，必须在器物层和观念层同时演进，既要发展信息化武器装备，更要适应信息时代的要求，实现思想观念的先期转型。观念决定思路，思路决定发展。如果发展观念滞后，即使信息化装备的比例提高，也难以发挥先进科技应有的效能。我们要打赢信息化战争，就要不断激发军事理论创新的强烈意识，确立适应信息时代要求的创新观念。

纵观军事斗争的发展历史，每一次战争形态的变化，往往首先表现并取决于观念上的进步。信息化战争的出现，反映在人的头脑中首先要解决的也是要进行思想观念上的转变。目前，我军作战力量机械化尚未完成，又面临信息化战争这个崭新的课题，如果我们仍然以传统的战争观念去思考信息化战争，如果我们还沉浸在以往革命战争中的辉煌历史而止步不前，将新事物拒之门外，我们将失去难得的历史机遇。面对强劲的信息革命的飓风，我们必须从工业时代的思维中解放出来，按照信息化战争的要求实现思想观念的根本性转变。

首先，要改变传统的"火力中心"观念，把国防建设的中心转移到信息上来，把提高我国的信息国防能力作为国防建设的重中之重。其次，要抓住信息化浪潮给我们提供的极为宝贵的发展机遇，瞄准世界强国，高标准地进行我国的信息国防建设，使我国在下一轮的军事竞争中占据有利的战略地位。再次，要具有创新的观念和勇气，敢于大胆想象，善于科学创新，准确把握信息化战争的方向，加快我国国防信息化建设的发展速度。

2005 年 10 月 8 日，胡锦涛指出：我国要适应国际、国内形势的发展变化，按照建设信息化军队、打赢信息化战争的战略目标，全面推进国防和军队现代化建设。2005 年 10 月 11 日，胡锦涛明确提出了"坚持自主创新，建设创新型国家"这一重大命题，阐述了中国特色的科技创新之路，要求"大力提高原始创新能力、集成创新能力和引进消化吸收再创新能力"。这三个创新，都具有很强的现实性和针对性。原始创新是基础，是根本性突破。集成创新是突破，是信息时代的必然要求。引进消化吸收再创新是特色，是发展中国家提高自主创新能力的突破点。这三个创新对国防和军队建设具有极其深刻的内涵，对推进建设信息化军队和打赢信息化战争具有极其重要的现实指导意义。胡锦涛还提出了"实施激励自主创新的各项政策""加强科技队伍建设"等重大问题。这些问题与国防和军队建设密切相关，与军事理论创新密切相关。

2005 年 10 月 25 日，胡锦涛会见国防大学第四次党代会代表时深刻指出：要坚持理论联系实际的方针，密切跟踪世界军事发展趋势，与时俱进，开拓创新，不断提高人才培养的质量和科研成果的质量，努力适应国防和军队建设的需要、适应军事斗争准备的需要。胡锦涛的这些论述，对于强化军事创新，提高打赢信息化战争的能力，具有十分重要的现实意义和深远的历史意义。

在信息时代，信息成为一个国家的重要资源，成为经济和社会发展中不可缺少的财富。信息时代的客观形势迫使我们更新观念。当前，一场全球性的信息技术对抗已经全面展开。在这种对抗中，军事行动的主动权将依赖于信息、信息系统和信息优势。信息时代对作战理论、武器装备、指挥体系带来的严峻挑战，几乎是强制性地改变着军事观念。当我们面对由预警飞机、全球定位系统、侦察卫星、车载无线电系统等一系列高科技孕育出的数字化战场和信息战时，当我们面对一支数字化军队时，必须改变以往那种对阵搏杀的观念，开拓视野，用信息和数据库等新观念去思考信息化战争和 21 世纪的军队，探索信息和信息源对军事斗争的深刻影响，大胆改革，客观地迎接信息时代的挑战。要更新人才培养的观念，驾驭数字化军队需要一大批懂得高技术知识、能胜任现代化指挥的优秀人才。要更新运用战法的观念，信息时代将创造出全新的数字化战场，只有运用适应数字化战场要求的新战法，才能掌握信息化战场的主动权。

三、加快信息化条件下军队的建设

（一）信息化条件下军队建设的发展趋势

对于信息化条件下军队的建设，我军的以革命化、正规化、现代化建设为核心的一系列军队建设思想，政治合格、军事过硬、作风优良、纪律严明、保障有力的总要求等仍然是我军建设的指导思想，是打赢信息化战争军队建设所必须遵循的。

然而，当今的社会发展和新技术革命必将影响军队建设思想的变化。以信息技术为核心的高技术群在军事领域的广泛运用，机械化部队将被数字化部队取代，军队编制体制必将引起深刻变革，促使军队的构建更加趋向灵活、高效、合理。

根据目前新军事革命露出的端倪，军队建设将会发生许多新变化。

从打赢信息化战争的需要来看，信息化条件下军队的建设主要向以下四个方向发展：

1. 军队建设向信息化方向发展

军队建设信息化是军队建设指导思想的重要转折。军队的信息化是军队战斗力的标志和反映。在当代信息化战争中，信息上升为构成战斗力的主导因素。因此，我们一定要以积极的姿态、时不待我的精神和踏踏实实的工作作风，努力赶上先进国家的军队信息化建设水平。具体方法如下：

（1）要树立军队信息化武器装备的发展必须依赖于社会、国家经济和科学技术发展的思想。要在国家经济发展和科学技术发展的基础上，大力发展军队的信息化武器装备，大力探索民为军用的发展路子和方法，发挥民用科技在信息化战争中的作用。

（2）重点发展电子技术，使信息和信息技术在国防和军队建设中的应用在广度和深度上有较大的提高，这是打赢信息化战争的决定性因素。大力发展信息化武器装备应着力朝两方面努力：一方面要提升单个武器装备和各种作战要素的信息化水平，使武器装备的性能倍增，看得更远更清，打得更远更准，走得更远更快。另一方面要着力发展综合集成一体化作战体系。体系对抗是未来作战的最大特点，是信息化战争的基本特征。如何把侦察、情报、通信、指挥，武器装备的打击能力、后勤保障等联为一体，是打信息化战争的关键要素。对于正处于半机械化向机械化建设发展的我军，既是严峻的挑战，同时也是发展的机遇。但任务非常艰巨，既要以信息化技术加强我军机械化建设，在夯实机械化建设的基础上，努力实现"跨越式"发展，又要积极瞄准信息化建设目标，努力发展具有我军特色的"杀手锏"，完成信息武器系统及信息化战争所需求的武器装备配套建设，掌握信息化战场的主动权，确保战争目的的实现。

（3）要走积极引进，以我为主的发展路子。必须明确，先进的武器装备是以一个国家国民经济和科学技术发展为前提的，没有一定的科学技术，生产先进的武器装备难度很大。因此，积极引进是赶上和超过先进国家的捷径。但只依靠引进，打起仗来容易受制于人，必须通过积极引进，加强消化，以自我发展为主。只有这样，才能是真正为打赢未来信息化战争作扎实的准备。

2. 军队规模向小型化方向发展

军队规模的小型化是随着军事技术和武器装备的变革形成的一种带倾向性的军队建设思想。

为什么军队规模向小型化发展呢？一是由于军事技术的发展，使军队数量、质量与战斗力高低的关系发生了变化。在以往的战争中，军队力量主要是由军队和武器装备等有形因素构成，但在以信息技术为核心的新军事革命时期，军队作战力量中最重要的武器将不再是高性能的战斗机、坦克、战舰，而是在信息系统控制下充分发挥兵器的作用。二是由于高技术武器装备提高了部队的战斗力，为缩小军队规模提供了物质基础。高技术武器装备精度高、威力大，部队的战斗力强。具有先进武器装备的军队可以用少量部队完成原来需要大量部队来完成的任务。

由于国际形势的发展、新技术革命、武器装备的革新等原因，军队裁减员额，缩小规模成为不可逆转的潮流。压缩军队规模是当今世界各国军队建设的普遍选择。"冷战"结束后，大多数国家对军队规模作了较大幅度的压缩。俄军由苏联时期的440万人减少到120万人，美军由217万人减少到140万人，还准备再裁减6万人，英军由33万人减少到21万人，法军由56万人减少到35万人，日本由27万人减少到18万人，东、西德军队由统一前的67万人减少到33万人。从发展趋势看，美国、俄罗斯、英国、法国、德国、日本等国，根据国际形势、科学技术和武器装备的发展，军队还将会精简机构、裁减员额、缩小规模。我国军队随着形势的发展、武器装备的改善和作战能力的提高，也会逐渐压缩规模和减少员额。建国初期，我军550万人，1950年压缩到400万人，抗美援朝时期，军队员额增至611万人，1958年减为240万人，20世纪70年代增至600多万人，1982年减为423.8万人，1985年压缩到不足300万人，到1999年减到250万人左右。因此，军队规模小型化，战斗力增强，是当今形势发展，新军事革命发展的必然趋势。

3. 军队指挥体制向灵活高效、扁平网络化方向发展

在信息化条件下，军队指挥体制向灵活高效、扁平网络化的方向发展。传统军队指挥体制中存在信息流程长、横向沟通能力弱、抗毁能力差等弊端。为了减少和克服这些弊端，各国军队普遍利用信息流动快的特性来改革指挥体制，将垂直指挥关系为主的树状结构体系，改变为横宽纵短的扁平网状结构体系，减少指挥层次，增强横纵向联系传递方式，实现信息传输快、指挥灵活高效的体制。这种指挥体制具有两个特征，即指挥体系扁平化和指挥系统网络化。

美军积极推进这种指挥体制的发展，将这种指挥体制的组织结构推向信息化、一体化、多能化。他们准备在 2020 年以后，将在各军种组织结构数字化的基础上，实现全军组织结构的信息化，并建成世界上第一支信息化军队。

"信息化军队"是通信技术数字化，指挥、控制、通信、情报一体化，武器装备智能化，各种作战系统网络化的军队。这种组织结构的指挥体制，将具备高度的灵活性，使军队的编成十分灵活而富有弹性。军队根据作战任务的需求进行多样化的编组。军队的编成不一定要按武器类型、任务功能区分，它可以像"魔方"或"积木"那样，随时混编、改制、重组，突破军兵种界限，一个小的作战单位就可能有军舰、飞机和远程精确打击武器的支援，并随时都能得到国家级和战区级信息等的支援。

4. 军队建设向"一体化"方向发展

军队建设向"一体化"趋势发展是科学技术发展在军事领域的体现。

信息技术的发展正在把各个作战系统连接成一个"一体化"的整体，使军队建设必然朝"一体化"的方向迈进。军队建设的"一体化"就是将军队的决策指挥系统、武器装备系统、战斗部队、支援部队、勤务保障部队等融为一体，高度合成。打破传统军兵种界限，将在建制上分属各军兵种的陆、海、空、天、信息多维作战力量和作战平台，在统一协调下进行多维立体作战，真正形成陆、海、空、天、信息等一体化作战力量，实现最佳作战效果。美军极力推动各项改革，充分利用信息技术的优势，建立一支快速机动、一体化并能全球到达的联合快速反应部队。为了满足未来作战的需要，必须构建陆海空天信息"一体化"的整体体系。"一体化"是指军队系统化的整体水平，是以信息技术为核心的高新技术成果在军队编组上的反映。为了便于综合运用各种作战力量、作战方式和打击手段，提高全维作战能力，军队的编组必然向高度协调的一体化方向转变。形成一种高效能的战争体系是打赢信息化战争的必然选择。

（二）信息化条件下我军建设应着力关注的问题

1. 精简机构，调整编制体制，加强军队质量建设

把军队搞精干，全面提高战斗力，是和平时期军队建设的重要任务。质量高低是影响战争胜败的关键，只讲数量，不讲质量，会耽误大事。中国还穷，养兵不能太多。中国又是一个大国，周边环境比较复杂，养兵太少也会影响国家安全。

因此，军队的数量与规模要控制在国家安全和国力所能允许的范围之内。像中国这样的国家，没有适当的力量不行，但这个力量要顶用，要精，要把技术搞上去，把质量搞上去。主要措施有三方面：一是要压缩员额，精简那些对军队战斗力没有多大作用的人员和部队；二是要精简机关、机构，调整利于生成战斗力的灵便精干的指挥机构；三是要着重于全面提

高官兵素质，真正做到人少效率高、战斗力强。

把军队质量搞上去的一项重要工作，就是要调整部队结构，组建快速反应部队。在信息化条件下，要应付局部危机和冲突，对付局部战争，就要利用高新武器装备，组建精干的快速反应部队。因此，军队建设朝着高质量、高技术、高效率和快速反应的方向发展，成为当今世界大部分国家军队建设的一种趋势。我军也应顺应这种潮流，根据中国国情和军队所担负的任务，加快部队内部结构调整，要加强应急部队建设，适当减少其他部队，同时加强预备役部队建设。

2. 积极研制和发展高技术武器装备，加强军队现代化建设

积极研制和发展高技术武器装备，加强军队现代化建设，是信息化条件下军队打赢局部战争的关键。西方国家认为战争的胜利主要取决于先进技术，技术优势是赖以抵消对手兵力并减少自身伤亡的重要因素。保持技术优势，发展高技术装备，在军事领域发挥高科技的作用，一直是西方国家追求的目标。美国和西欧各国大力发展新兴"技术群"，从电子、空间、聚能、生物工程、海洋工程、新型材料等技术领域选准突破口，攻下难关，占据优势。西方国家大力利用新兴技术于军事领域，重点建设监视、捕获、跟踪、火控、精确制导、C^4ISR 等系统，研制和发展高技术的常规武器装备，完善武器装备的成龙配套，以形成最大的战斗力。美军认为训练有素的人员，强大的战术空中力量，先进的通信系统、天基侦察系统和其他先进的武器装备是美国在未来战争中赢得胜利的重要手段。我们虽然不像西方国家认为技术、武器装备决定战争的胜负，但也必须看到夺取信息化条件下的战争胜利，武器装备的作用越来越大，成为至关重要的因素。发展先进的武器装备，加强军队的现代化建设已成为我军打赢未来信息化战争的关键性条件。

军队和国防现代化是我国社会主义现代化的一个重要方面，关系到国家安全大局。像中国这样一个社会主义国家，离开军队和国防的现代化，就不足以成为对国际事务有重要影响的大国之一，就不足以显示社会主义制度的优越性，就不足以振奋民族自尊心和自信心。因此，我们必须在国民经济不断发展的基础上，合理确定国防投入比例，相应改善武器装备，加速国防现代化建设。

3. 强化信息化条件下的军事训练，提高军队的战斗力

重视军事训练是提高军队在信息化战争中的作战能力所需。在军事技术装备日新月异，现代化程度日益提高的情况下，强化军事训练是使军队适应信息化条件下战争的重要举措。邓小平强调在新时期要把教育训练提高到战略地位。他指出，进行现代化战争，需要掌握多方面的知识和能力，天上、地下、陆上、水下，包括通信联络都要懂得。在战争年代，人民解放军主要是从战争中学习战争，那是最过硬的学习。在和平时期，就要从教育训练着手来提高干部战士的素质，提高军队战斗力。把教育训练提高到战略地位这一方针具体化，需要从两个方面去做，一方面是部队本身要提倡苦学苦练，另一方面是通过办学校来解决部队教育训练问题。

在现代条件下，各国都极为注重军事训练在军队建设中的地位和作用。美军强调军事训练对战斗力和战备具有生死攸关的意义，是新式武器发挥最大威力的先决条件，是提高战备水平和推进军队现代化的关键。美军把军队高强度的训练作为建军方针的重要内容。德国也认为，军事训练是武装力量平时最重要的任务。西方各国军队都强调按照现代战争的要求训练部队，大多把训练区分为院校训练、部队训练、预备役训练、军外训练若干体系，既独立

又衔接，形成完整的训练体系，着重提高部队的初战能力、快速反应能力、协同作战能力、持续作战能力以及使用高科技武器的能力，并强调精神教育和军人品德教育，强化心理训练和体能训练。全面提高官兵的体力、心理承受力，以适应信息化战争的需要。西方国家军事训练的一些好经验和好做法是值得我们借鉴的。

4. 加强信息化条件下军事指挥人才的培养，确保全面合格

军队人才的培养事关军队建设和能否打赢信息化条件下战争的大局。江泽民指出，培养大批高素质新型军事人才是中国特色的军事变革的重要内容，也是推进这一变革的重要保证。必须下大气力抓好人才战略工程，重点抓好中高级指挥军官队伍、参谋队伍、科学家队伍、技术专家队伍和士官队伍的建设……我们要大兴学习之风，在全军部队形成一个学习科学理论和现代科学文化知识的热潮，为我军现代化建设和军事斗争准备提供强大的人才和智力支持。要推进中国特色的军事变革，最根本、最突出、最紧迫的就是人才的培养。我军指挥人才培养应在以下几个方面下工夫：

（1）大力强化军事指挥人才的政治素质。政治素质是军事指挥人才的关键性素质，它决定军事指挥人才的发展方向和内在动力。政治素质越高，军事指挥人才为党为国家为人民而献身和工作的内在动力就越强。人民解放军要始终不渝地坚持人民军队的性质，这个性质就是军队是党的军队、国家的军队、人民的军队。这个性质决定了首先着力培养忠于党、忠于国家、忠于人民、忠于社会主义的军事人才。我们的军事指挥人才不管在任何情况下必须清醒地明白，军队始终是党领导的，党要管军队，军队要听党的话，任何时候都不能打自己的旗帜，不能搞小圈子。要坚持党领导军队的各项制度，尤其是通过中央军委来实现党的绝对领导，讲政治纪律，发扬我军的优良传统，发扬革命和拼搏精神，大公无私，先人后己，坚持革命乐观主义，排除万难去争取胜利的精神。个人必须服从组织，少数必须服从多数，下级必须服从上级，全党必须服从中央。在中共中央、中央军委的领导下，把军队建设得更好，为捍卫国家的独立和主权，捍卫国家的社会主义事业，捍卫党的路线、方针、政策，为完成和平统一祖国大业，作出更多、更大的贡献。

（2）注重培养具有现代知识的复合型军事指挥人才。这是由当今科学技术的发展和打赢信息化条件下战争的需要而决定的。江泽民说："当今世界，科学技术发展突飞猛进，军事领域也在发生深刻变革。在未来的信息化战场上，知识将成为战斗力的主导因素，敌对双方的较量将更突出地表现为高素质人才的较量。"

当今科学技术的发展，改变了战争的形态和样式。未来战争将是以信息技术为核心的高新技术的战争，高新技术武器装备种类多、性能复杂、技术含量高，一体化联合作战在"五维"空间进行，硬软打击兼顾，新的作战方式、方法层出不穷。这些变化，使军事指挥人才需要复合的新知识结构。现代条件下虽然对军事指挥人才"专"的要求更高了，但这种"专"是在军事人才具有广泛知识基础上的"专"，培养军事指挥人才现在朝着综合性、复合性的方向发展，要培养既懂政治又懂军事，既懂指挥管理又懂专业技术的复合型人才，真正做到广与专的统一。必须在全军上下营造尊重知识、尊重人才的氛围，必须解放思想，破除陈规陋习，在人才培养和使用上开拓出一条新路，促使拔尖人才脱颖而出。

（3）着力培养具有高超驾驭能力的军事指挥人才。现代指挥作战不同于以往。邓小平说："现在当个连长，同过去的连长可不一样了。过去的连长，驳壳枪一举，就是'冲啊'！现在连长的知识要求比过去多得多，更不用说连以上的干部了。打起仗来，给你配几辆坦克，配一个炮兵连，还要进行对空联络，你怎么指挥啊？这就要求提高干部的指挥水平。"现在打仗，我们的军官没有现代化战争的知识不行，部队各级干部要努力学习现代化战争知识和其他许多必要的政治文化科技知识，要使自己成为善于驾驭现代战争的能手。要成为这种军事指挥人才，就要加强培养军事指挥人才的敏锐的洞察力、科学的判断力、良好的认知力、自主的创新力、高超的驾驭力等。只有这样，才能适应现代战争的变化，才能驾驭信息化条件下的战争。

对军事指挥人才的培养，关键是选好干部。要按照革命化、年轻化、知识化、专业化的方针和德才兼备的标准，培养和选拔军事指挥人才。要选用那些认真学习马克思主义，在斗争中经得起考验的人；选用党性强，能团结人，不信邪的人；选用艰苦朴素，实事求是，说老实话，办老实事，做老实人，作风正派的人；选用努力工作，联系群众，关心群众疾苦，有魄力，有实际经验，能够办事的人。总之，必须是真正的共产党员。

选拔干部时，要坚持公道正派，注意群众公论，反对宗派主义和山头主义。在选人的问题上不能感情用事，要用政治家的风度来处理问题。要逐步制定完善的干部制度，把坚持党管干部的原则同干部工作走群众路线紧密结合起来，用制度解决选人、用人、管人问题。只有按正确的思想、作风和方法，选准了干部，才能培养出有理想、有道德、有文化、有纪律，不怕艰难困苦、不怕流血牺牲的新一代军事指挥人才，才能使军事指挥人才成为适应信息化条件下战争的有用之才。

四、信息化条件下战争的后备力量

后备力量是国防和军队力量的基础和来源，是国家武装力量的重要组成部分，是维护国家安全和赢得未来战争胜利不可缺少的重要力量。后备力量建设是国防和军队建设中一个不可忽视的重要问题。面对世界新军事变革和我军的跨越式发展，后备力量建设的机遇和挑战更为严峻。

（一）加快后备力量建设势在必行

信息化条件下的后备力量建设不同于冷热兵器时代和机械化战争时代。在信息化条件下，要充分利用新军事革命的成果，将信息化带来的新观念、新技术、新方式方法融入、嵌入后备力量的建设之中，加快后备力量的信息化建设，构建一支结构优化、布局合理、编制科学、规模适度、科技密集、素质优良、指挥灵便、可靠管用、具备快速动员、执行各种保障任务和适应信息化战争的新型后备力量。只有这样，才能满足信息化条件下战争动员的需要。

（二）搞好常备军与后备力量的结合是建设强大国防的必由之路

虽然现在我国并不是战争迫在眉睫，但维护国家权益和实现祖国统一的任务艰巨。因此，我们要按照实行"三结合"武装力量体制的要求，既要大力加强常备军的革命化、现代化、正规化建设，又要高度重视后备力量建设。在后备力量建设上，应遵循质量为主、合理够用的原则，加大质量建设的力度，压缩数量规模，加强高新技术军兵种的后备力量建设，以适应信息化条件下战争的需要。

（三）完善后备力量动员体制是发挥国防潜力的关键

战事未起，动员先行，这是战争进行的基本程序。快速、高效地实行战争动员，将战争潜力迅速转变为战争实力，是赢得战争主动权的关键所在。江泽民指出，国防动员建设这些年有很大进展，但也还要在体制和机制上认真解决好战争潜力的动员问题，提高快速动员能力。总之，我们要尽快建立起一个结构合理、功能齐全、反应迅速，能够充分发挥诸军兵种联合作战效能和国家战争潜力的现代作战体系。

信息化条件下的战争节奏快、持续时间短、作战空间多维，后备力量动员复杂，需要完善的国防动员体制。在这种条件下，只有将科技型的、"一体化"的后备力量由"粗放型"向"精确型"快速、灵活地动员，投入到战场，才能为赢得战争胜利提供有力的保障。

思考题

1. 信息化战争的内涵、基本内容是什么？
2. 信息化战争的特征与发展趋势是什么？

附录《军事课》教学大纲

总学时数：156 学时，适用专业：高校各专业

依据《中华人民共和国国防法》、《中华人民共和国兵役法》、《中华人民共和国国防教育法》以及国务院、中央军委有关文件精神，按照教育部、总参谋部、总政治部的《普通高等学校军事课教学大纲》的要求，结合我校的实际情况，制订《湖北中医药高等专科学校军事课教学大纲》（以下简称《大纲》）。

一、课程教学目标

军事课程以国防教育为主线，通过军事课教学，使大学生掌握基本军事理论与军事技能，达到增强国防观念和国家安全意识，强化爱国主义、集体主义观念，加强组织纪律性，促进大学生综合素质的提高，为中国人民解放军训练后备兵员和培养预备役军官打下坚实基础。

二、课程性质、目的和任务

军事课程是普通高等学校的一门必修课。军事课程必须以马列主义、毛泽东思想、邓小平理论的重要论述为指导，按照教育要面向现代化、面向世界、面向未来的要求，适应我国人才培养的战略目标和加强国防后备力量建设的需要，为培养高素质的社会主义事业的建设者和保卫者服务。

三、课程教学的基本要求

1、军事课（含军事理论教学和实践与军事技能训练）列入学校的教学计划，成绩记入学生档案，按照《大纲》组织实施军事课教学，严格考勤考核制度。

2、军事理论和实践教学时数为 36 学时，学校在完成规定的学时之外，应积极开设选修课和举办讲座。在军事理论教学中，要掌握好深度和广度，不断改进教学方法，积极采用以计算机为中心的多媒体教学，确保教学质量。

3、军事技能训练时间为 2 周，实际训练时间不得少于 14 天（140 学时）。在组织军事技能训练时，要以中国人民解放军的条令、条例为依据，严格训练，严格要求，培养学生良好的军事素质。

四、课程教学内容和教学目标

军事理论教学

教学内容		教学目标
中国国防	一、国防概述 二、国防建设 三、国防法制 四、国防动员	了解我国国防历史和国防建设的现状及其发展趋势，熟悉国防法规和国防政策的基本内容，明确我军的性质、任务和军队建设的指导思想，掌握国防建设和国防动员的主要内容，增强依法建设国防的观念。
军事思想	一、军事思想概述 二、毛泽东军事思想 三、邓小平新时期军队建设思想 四、江泽民国防和军队建设思想 五、胡锦涛关于战军在新世纪新阶段历史使命的论述	了解军事思想的形成和发展过程，熟悉我国现代军事思想的主要内容、地位作用及科学含义，树立科学的战争观和方法论。
国际战略环境	一、国际战略环境判断及安全形势分析 二、世界主要国家的军事战略 三、我国周边安全环境	了解国际战略格局的现状、特点和发展趋势，正确认识我国的周边安全环境现状和安全策略，增强国家安全意识。
军事高技术	一、军事高技术概述 二、精确制导 三、侦察监视技术 四、伪装与隐身技术 五、电子对抗技术 六、航天技术 七、指挥控制技术 八、新概念武器 九、高技术与新军事变革	了解军事高技术的概念、分类、发展趋势及对现代战争的影响，熟悉高技术在军事上的应用范围和发展趋势，掌握高技术与新军事变革的关系，激发学生学习科学技术的热情。

信息化战争	一、信息化战争的概述 二、信息化战争的特征与发展趋势 三、信息化战争与国防建设	了解信息化战争的形成、发展趋势和与国防建设的关系，熟悉信息化战争的特征，树立打赢信息化战争的信心。

军事技能训练

	训练内容	教学目标
条令条例 教育与训练	一、《内务条令》教育 二、《纪律条令》教育 三、《队列条令》教育 1. 单个军人队列动作训练 2. 分队队列动作训练	了解中国人民解放军三大条令的主要内容，掌握队列动作的基本要领，养成良好的军人作风，增强组织纪律观念，培养集体主义的精神。
轻武器射击	一、武器常识 二、简易射击学原理 三、射击动作和方法 四、实弹射击	了解轻武器的战斗性能和基本射击理论，掌握半自动步枪射击的动作要领，完成第一练习实弹射击。
战术	一、战斗类型和战斗样式 二、战术基本原则 三、单兵战术动作	了解战斗的基本类型和基本样式，掌握战术基本原则的主要内容，学会单兵战术的基本动作要领。
军事地形学	一、地形对军队战斗行动的影响 二、地形图基本知识 三、现地使用地形图	了解地形对作战行动的影响，掌握地形图的基本知识，学会现地使用地形图的方法。
综合训练	一、行军 二、宿营 三、野外生存	了解行军，宿营的基本程序、方法，培养野外生存能力。

五、本课程与其他课程的关系

　　要求大学生熟悉马克思主义哲学的基本理论，掌握辩证唯物主义和历史唯物主义的认识论和方法论；熟悉中国革命史及物理、化学、生物等理化方面的基本知识。

六、教学时数分配

1、军事理论与实践课学时：36 学时

第一章 中国国防 6 学时

第二章 军事思想 8 学时

第三章 战略环境 6 学时

第四章 军事高技术 8 学时

第五章 信息化战争 8 学时

2、军事技能训练学时：120 学时

第一章 中国人民解放军条令教育训练 60 学时

第二章 轻武器射击训练 20 学时

第三章 战术 10 学时

第四章 军事地形学 10 学时

第五章 综合训练 20 学时

七、主要教学方法与多媒体要求

在教学过程中，一是用启发式、交流式的教学方法，培养学生在课堂上主动积极分析问题和解决问题的能力；二是引导和鼓励学生通过实践和自学获取知识，增强讨论课、现场课以及答疑质疑等教学环节；三是教师的"言传身教"与多媒体教学手段有机结合，使教学过程变得生动、直观、形象，从而激发学生的学习兴趣，大大地提高教学效果；四是进一步挖掘课时潜力，为军事课教学开拓更为广阔的空间。

八、推荐的教学网站和相关专业文献网站

全民国防教育网 http：//www. gf81. com. cn

中华军事网 http：//www. nationfield. com/

海峡军事 http：//mil. fjii. com/

中国国防报 http：//www. pladaily. com. cn/gb/defence/

兵器知识网站 http：//mil. qianlong. com/mil/bqzs/bqzs. htm

中华军事图库网 http：//www. nationfield. com/

九、其他

在军事课的教学过程中，教师要选择具有思考性、综合性和理论联系实际的题目，例如：对大学生进行军训的意义等，在教师的指导下有组织地进行讨论。要求教师善于抓住关键，及时引导学生围绕主要问题开展讨论。

教师讲完每章节后要有相应的练习题，要求命题既反映重点，又照顾全面，既检查学生

掌握知识的程度，又反映出学生运用知识、分析问题、解决问题及运用所学知识解决实际问题的综合能力。了解教与学的情况，及时改进教学。

军事课的考核必须按学校的有关考核规定执行，要求：

1、命题不得超出教学大纲所规定的知识范围，不出偏题、怪题；

2、着重考查学生的基本知识，基本理论和基本技能以及灵活运用的能力；

3、命题要有一定的深度和广度，难易比例适当，从易到难，形成一个适当的梯度；

4、题量的大小要与考试时间的长短相一致；

5、命题要使班级所有学生的考试成绩是"正态分布"，能够真实地反映出各个学生的实际水平。

参考文献

［1］宋时轮. 中国大百科全书（军事卷）. 北京：中国大百科全书出版社，1989

［2］毛泽东选集. 北京：人民出版社，1967

［3］邓小平文选. 北京：人民出版社，1989

［4］江泽民. 论科学技术. 中央文献出版社，2001

［5］张万年. 当代世界军事与中国国防. 北京：军事科学出版社，1999

［6］总参军训部. 军事高技术知识教材. 北京：解放军出版社，1995

［7］伍仁和. 信息化战争论. 北京：军事科学出版社，2004

［8］王文荣. 邓小平新时期军队建设思想述要. 北京：国防大学出版社，1993

［9］孙洪义. 当代军事理论新编. 北京：军事科学出版社，2006

［10］尹洪滨. 军事常识. 北京：高等教育出版社，2006

［11］姚有志. 新编大学军事教程. 北京：中国人民大学出版社，2007

［12］刘新民. 普通高等学校军事理论教程. 北京：国防工业出版社，2007

［13］洪保秀. 邓小平国防思想研究. 北京：解放军出版社，1998

［14］蔡仁照. 信息化战争论. 北京：国防大学出版社，2007